Wolfgang Johannes Bekh

Der Seher Mühlhiasl

Der Mühlhiasl,
Bleistiftzeichnung von Josef Fruth

Wolfgang Johannes Bekh

Der Seher Mühlhiasl

Die Geheimnisse und Deutungen des Waldpropheten

Bechtermünz Verlag

Genehmigte Lizenzausgabe für
Bechtermünz Verlag im
Weltbild Verlag GmbH, Augsburg 1996

Umschlagmotiv: Gottfried Weileder, Zell
Umschlaggestaltung: Adolf Bachmann, Reischach
Gesamtherstellung: Ebner Ulm
Printed in Germany
ISBN 3-86047-192-9

Inhalt

Obstupui, steteruntque comae, et vox faucibus haesit

Ich stand wie betäubt, die Haare richteten sich empor, die Stimme stockte im Halse

Vergil, Aeneis, 2. Buch

Die Seele des Waldes

Einleitung

Da saß ich also an einem blanken Holztisch im bescheidensten Wirthaus von Zwiesel und hatte zwei Einheimische vor mir, ein junges Paar. Etwas verblüffte mich an den Beiden: Trotz ihrer Jugend und obwohl sie motorisiert waren, hatte ihre Sprache noch keinen Teil an der Ferne genommen, war nah und blieb immer aufs Nächste beschränkt. Beschränkt in der edlen Bedeutung des Worts, nach der sich ein Meister erst in der Beschränkung zeigt. Wer etwa wüßte draußen in der »großen Welt«, was ein Reibndeuter ist? Am Auto der Blinker natürlich, der ein »Deuter«, ein Andeuter, ein Hindeuter ist. Und auf was deutet er hin? Auf eine Kurve, die im Bairischen »Reibn« heißt! Ein Reibndeuter also, ein Reibmdeiter, der in Bischofsmais, wo alle – ohnehin breit gesprochenen – »ei« zu »ä« werden, »Rämdäter« heißt. Recht österreichisch klingt das, wie das »Waidlerische«, das meine zwei Bezugspersonen redeten, überhaupt österreichisch klingt, etwa wenn der Mann sich die Finger am Sacktuch abwischte und bemerkte: »De Krenwürstl woan schoaf!«
Am nächsten Morgen dann die Übernachtungsquittung beim Janka und auf dem Platz heraussen mein erstauntes Heruntermurmeln der Namen vom Kriegerdenkmal: Dobetsberger, Gahleitner, Gandlgruber, Haderer, Klapfenböck, Perndorfer, Rappmannsberger, Sageder, Samhaber, Scheucher, Schratzenstaller, Wambrechtshamer, Zachbauer ... Da wimmelte es von Hinweisen auf Bauerntum und Handwerk, Holz und Wald. Welch selbstverständliche Beschränkung auf das Nächstliegende!
Dann eine tagelange Wanderung durchs Waldgebirg. Drüben in Fürsteneck – ich konnte jenseits der scharfen Täler von Ohe und Ilz die blaue Höhe erkennen – hauste,

wie ich wußte, in der Alten Wache Josef Fruth, ein Unverwechselbarer wie Alfred Kubin, ein Graphiker, dessen Tuschfeder und Sepiapinsel in fülliger Komposition und kräftigem Strich die Welt des Waldes beschwört, weiter drüben in Bischofsmais hatte Max Peinkofer gewohnt, ein echtbürtiger Sohn des Waldes. Richard Billinger, der Dichter der Rauhnacht, war aus dem Innviertel zu ihm gekommen, hatte dabei von Sankt Marienkirchen her den Sauwald überquert, von dem Uwe Dick ausdrucksstark in seiner Prosa kündet. Max Matheis hat auf den Schneehöhen von Nottau die Drangsal der Hausweber, die schweißtreibende Mühe der Steinhauer, die Gott-Ergebung der Austragsbauern besungen. Hans Carossa, ein Epiker von seraphischer Sprachschönheit (Freund Heinrich Lautensacks, des Passauer Außenseiters und Bürgerschrecks, der in der »Provinzialirrenanstalt« von Eberswalde endete), brach von den Ufern der Donau auf und wanderte nach Waldkirchen zum »Dichterweib« Emerenz Meier, der in dem dunklen Sang von der »Wederschwüln« ein Meisterwurf gelungen war. Emerenz, die so gut raunen konnte von den geheimnisvollen Kräften des tiefen Waldes und von umheimlichen Prophezeiungen, die dort umlaufen – auch sie starb in der Fremde, von der Sehnsucht (vulgo »Zeitlang«) nach ihrer verlorenen Heimat verzehrt. Und noch einmal huschte ein Gedanke an Heinrich Lautensack vorüber, der gleich Emerenz Meier in der Ferne hatte enden müssen. »Gerade vor dem Hintergrund des rationalen preußisch-protestantischen Berlin«, schreibt sein Biograph Wilhelm Lukas Kristl, »vor dem Hintergrund Brandenburg und Pommern mit den tristen Landarbeiter-Dörfern und ihrem Kartoffelschnaps malte ihm die Sehnsucht glühende Bilder von einem heiteren weiß-blauen Bierland, erstanden ihm die seltsamen Gesichte einer erdschweren bayerisch-lateinischen Mystik.«

Ich sog mich voll mit Namen und Gestalten, mit Worten

und Werken, und kam so nach Waldhäuser, wo nahe beim ehemaligen Domizil des unvergleichlichen Böhmerwaldmalers Reinhold Koeppel («vom kalten Monde weiß umflossen steht tot das altvertraute Haus«) ein anderer Großer sich niedergelassen hatte, Robert Link, der unermüdliche Sammler heimischen Liedguts, das er in der vielbändigen Reihe »Waldlerisch gsunga« herausgab. Den Antrieb, der ihn dabei leitete, hat er selbst unnachahmlich beschrieben, nannte seine Sammlung: »A Haufa Liadl aus da Freud und da Liab, gega's Hoamweh und d'Langweil, für d'Schulstubn und für d'Rockaroas«, womit er auf den alten Spinnrocken Bezug nahm, dem so viel Sagen- und Liedgut zu verdanken ist. (»Rockenreis« – wörtlich »Nachtbesuch mit dem Spinnrocken« – ist ein anderer Ausdruck für »Heimgarten« [Hoagart] oder »Sitzweil«, die winterliche Zusammenkunft auf den Dörfern, hervorgegangen aus der vom Erzählen und Singen begleiteten Tätigkeit in der Spinnstube.) Der begeisterte Liedersänger und -sammler war, wie ich mich erinnerte, ein Schmalzlerschnupfer gewesen, hatte auf den »Perlesreuter« geschworen. Im alten Forsthaus hatte er – sozusagen – überwintert, als hätte er sich in den prophezeiten Endzeiten an das traurigschöne Sonett gehalten, in dem es heißt: »Unter Wintern ist einer so endlos Winter, daß, überwinternd, dein Herz überhaupt übersteht.« Am 4. Oktober 1973, am Tage des heiligen Franz Seraph, ist Robert Link in seinem Forsthaus gestorben ...
Gleich hinter dem Forsthaus steigt der Wald als Mauer auf, abgestuft in die Ferne, blau und schweigend. Auf dem Pfad, der mit dem Luchs gezeichnet ist, klettert man auf den Lusen. Hier herauf hat sich die Urwelt zurückgezogen. Unter der hingeschütteten Granitwüste wächst nur noch die Heidelbeere. Zum Schluß der nackte, silbrig grün schimmernde, aus zyklopenhaften Felstrümmern aufgetürmte Gipfel! Fast erschreckend ist der Ausblick in die Waldberge des Böhmlandes. In Lackenhäuser hat Adal-

»Hier herauf hat sich die Urwelt zurückgezogen«
(Lusengipfel)

bert Stifter den »Witiko« geschrieben. Bei ihm lesen wir: »Das Land steigt staffelartig gegen jenen Wald empor, der der böhmisch-bayerische genannt wird. Es besteht aus vielen Berghalden, langgestreckten Rücken, manchen tiefen Rinnen und Kesseln, und obwohl es jetzt zum größten Teile mit Wiesen, Feldern und Wohnungen bedeckt ist, so gehört es doch dem Hauptwalde an, mit dem es vielleicht vor Jahren ununterbrochen überkleidet gewesen war. Es ist, je höher hinauf, immer mehr mit den Bäumen des Waldes geziert, es ist immer mehr von dem reinen Granitwasser durchrauscht, und von klareren und kühleren Lüften durchweht, bis es im Arber, im Lusen, im Hohensteine, im Berge der drei Sessel und im Blöckensteine die höchste Stelle und den dichtesten und an mehreren Orten undurchdringlichen Waldstand erreicht ...«
Es ist eine Landschaft, in der Urzeit und Endzeit ineinander übergehen. Wieder erinnern wir uns an ein Wort Stifters: »Die edlen Tannen, wie mächtig ihre Stämme auch sein mögen, stehen schlank wie die Kerzen da und wanken sanft in dem leisesten Luftzuge. Es ist wie das Atemholen des Waldes ...«
Gestern, bevor ich mich am nackten Wirtshaustisch niedergelassen hatte, war ich noch eingekehrt im verwaisten Haus eines anderen unvergeßlichen Heimgegangenen, des in Pronfelden bei Spiegelau geborenen Volkskundlers, Liedersammlers und Romanschriftstellers Paul Friedl, besser bekannt unter dem Namen »Baumsteftenlenz«. Die Witwe empfing mich in dem schon erstorbenen Haus. Der Rundblick über das Waldgebirg war noch ebenso frei wie ehedem, das Haus wirkte auf mich noch ebenso einfach und sauber, die Ehrenurkunden hingen immer noch gerahmt im Stiegenhaus; treppauf las ich den Lobpreis wie einst, buchstabierte: »Prinz-Alfons-Erinnerungszeichen, Erzählpreis der Neuen Linie, Schillerpreis, Johann-Andreas-Schmeller-Medaille, Bundesverdienstkreuz, Goldener Fink, Gotteszeller Volksliederpreis ...«, aber er

selbst sank mir zur Legende zurück – der Witwe erging es nicht anders –, oder war es bereits eine Überhöhung? Aus der Feder des Baumsteftenlenz stammt der Roman: »Das Lied vom Pascher Gump«. Vor Jahr und Tag hatte er mir eindringlich davon erzählt:
»Heit sans de politischen Grenzverhältnisse, de's Schwirzen, 's Paschen oder Schmuggeln so erschwert ham, daß's nimma geht. Aba i selba bin a ganz a Guada gwen. I bin mit an Feierzeig, des i do kaft hob, umi ganga und hob's entn gegen Krandl (Kronen) verkaft. No hob i mit demselben Geld herenten wieder zwanzg Feierzeig kafa kenna, und a so is da Handl hin und herganga. In da Fria um sieme hamma scho Sekt gsuffa, reich samma net worn. Die andern natirli, de Pferde und Ochsn gschmuggelt ham, de hams besser verstandn. De ham a Geld zammabracht.«
Der Baumsteftenlenz gab die Anregung zu einem Holzhauerwettbewerb, der nun Jahr für Jahr in Zwiesel ausgetragen wird. Man lernt in Zwiesel das Anritzen, die Vorbereitung des Ansatzes für den Schnitt, das Ansägen für den Schlag der Kerbe, die die Fallrichtung bestimmen soll. Dann muß man von der Gegenseite schneiden, keilen und durchschneiden, notfalls die Kerbe erweitern. Wenn man durch die Füße schaut, muß man den Gipfel sehen, – so weit fällt der Stamm. Ein Nadelbaum fällt wie geplant. Eine Buche dreht sich im Fall. Da heißt es: Rennen ums Leben.
Im Zwieseler Waldmuseum, dem ich schon so häufige Besuche abgestattet hatte, herrscht unübersehbar das Holz vor. Gleich beim Eingang wird die Schnittfläche einer Tanne gezeigt, die 450 Jahre alt geworden ist. Fähnchen sind in die Jahrringe gesteckt, wo markante Weltereignisse trafen. Als Amerika entdeckt wurde, stand die Tanne schon. Daneben aneinandergereiht alle Arten von Sägen und Sägemaschinen, getrieben von Wasserkraft, Turbine oder Dampf.
Der Baumsteftenlenz erzählt: »Im Sägewerk, mein Vater

war ja Sägemeister, in einem Sägewerk könnte ich, glaube ich, heut noch alle Maschinen bedienen: Die Abhängsäge, die Kettensäge, die Gattersäge.«
Dann die Kohlenmeiler, die Schlitten, mit Holz beladen, Alraunwurzeln wie Hexen, Männlein oder Teufelsgestalten, Spankörbe, Totenbretter, Holzschuhe, sogenannte Böhmschuhe, und Pribramer Madonnen.
Der Baumsteftenlenz: »... i bin a glernter Holzschnitzer ...« Von Grafenau und noch weiter südlich war man keineswegs nach Öding (Altötting) wallfahrten gegangen, sondern zur Muttergottes von Pribram bei Prag. Die Pribramer Madonnen waren Mitbringsel der Wallfahrer.
Auf die Frage nach gewissen Vorausahnungen, die es in Bayern und im Böhmland so häufig gibt, erzählte mir Paul Friedl aus dem Erinnerungsschatz. Sprachliche Holprigkeiten sind um der Echtheit des Berichtes willen nicht geglättet worden:
»Ich habe einmal eine Bauersfrau kennengelernt, gut kennengelernt, – von der möchte ich sagen: Sie war fast eine Prophetin. Sie hatte Vorahnungen, die fast Unglaubliches erbracht haben. Sie sagte zum Beispiel: Ich fürcht mich wegen nächster Woche, da kriegen wir ein rechts Kreuz ins Haus in der Familie; mir geht da ebbs vor. Und immer, wenn sie solche Vorahnungen hatte – sie bezog auch die Nachbarschaft ein oder andere Bekannte im Dorf –, trafen sie ein; sie war sich wahrscheinlich selber nicht bewußt, daß sie durch irgendeine Gabe, möge es das Zweite Gesicht gewesen sein, eine Verbindung zur Zukunft hatte. Ich nenne es: Vorahnung. Ich habe dann auch noch den Zwieseler, den Prokop, den Waldhirten gut gekannt, der in seinen so plötzlich hingeworfenen Äußerungen immer wieder Voraussagen gemacht hat. Er war Waldhirte aus dem Rugowitz, und wie das Hüten gar war, ist er Glasmacher geworden. Er ist 1965 gestorben, von seinen eigenen Angehörigen sehr mißverstanden. Da hat es allweil geheißen: Mein Gott, der macht die Leut noch ganz narrisch

mit seinem saudummen G'schmatz. Und seine eigene Frau, die hat allweil gesagt: ›Ja, was hast denn nur? Laß doch die Leut in Ruah! Was bringst denn allaweil daher!‹ Aber alle mußten bestätigen, daß das, was er gesagt hat, auch eingetroffen ist. Er war ein einfacher Mann, und er wollt auch gar nicht prophezeien.

Im Zwieseler Waldhaus sind wir einmal dringesessen im Wirtsgarten, da ist einer vorbeigegangen, ein gewisser Dirndorfer, ein Holzhauer. Da hat er gesagt: ›Mei, der arme Mann, den erschlägt der Baum!‹ Drei Monate später war es geschehen ... Ich bin Zeuge gewesen und habe Menschen mit dem Zweiten Gesicht kennengelernt, einen, der während des Weltkrieges für acht oder vierzehn Tage vorausgesehen hat: Am Montag oder Dienstag kriegt es der. Dieses ›Kriegen‹, das war der Blaue Brief, daß der Sohn gefallen ist. Das hat er für sein Dorf und für die weiteste Umgebung vorausgesagt, und es ist immer eingetroffen. Ja, woher kommt das? Mir fehlt die Erklärung, und ob es andere erklären können – ich weiß es nicht.«

Prokop, der Waldhirte vom Rugowitz-Schachten (der sich bürgerlich Joseph Schmid schrieb), hatte einmal eine frappierende Schau; der Baumsteftenlenz hat sie in den zwanziger Jahren genauso aufgeschrieben, wie der Waldhirt sie in seiner Mundart erzählte: »I schlof und schlof net, wenn i in der Nacht in meiner Hüttn lieg. Aber Sachan machts mir vür, zun Grausen! Und i schlof do net, weil i daußt meine Stier hör und an Wind und 'n Regen. Auf oamoi sehg i, wia da Wind 's Feuer daherbringt, und alle Baam brennan wia Zündhölzl. An andermal sehg i, daß drunten alles verkemma is, koa Mensch is mehr da und koa Haus. Grad mehr Mauertrümmer. Und allerweil wieder kemman Wolken, feuerrot, und es blitzt, aber es donnert net. Und auf amal is alles finster, und drunten auf der Waldhausstraß geht oana mit an brennandn Ast und schreit: Bin i wirkli no da Letzt? Bin i wirkli no da Oanzig?

Und nacha is wieder da Himmel gelb wiara Zitron und is so tiaf herunt. Koa Vogl singt, i find koan Stier mehr und koa Wasser. Aufn Berg is koans mehr und drunt im Regen aa koa Tropfa nimma. Muaß ja aso kemma, weil d'Leit nix mehr glaubn, a jeda tuat, als waar er allaweil aaf da Welt da.«

Zweierlei lernen wir aus dieser verblüffend eindringlichen Schau: Einmal erfahren wir vom Wassermangel nach der Katastrophe, der auch von anderen Sehern bestätigt wird. Die Flüsse führen »so wenig Wasser, daß man fast trockenen Fußes hindurch gehen kann«. Zum andern hören wir wieder einmal von der tiefen Frömmigkeit eines einfachen Sehers, die so gut wie beispielhaft für alle Sensitiven ist. Wer etwa einem Mühlhiasl Kirchenfeindschaft – in diesen Breiten und Zeiten unter allen Umständen Gottlosigkeit – andichtet, wie es in einer Biographie geschehen ist, macht sich unglaubwürdig. Die um sich greifende Kirchenfeindlichkeit, das Ersterben der Priesterberufe und vor allem der dramatisch zurückgehende Gottesdienstbesuch sind ja keineswegs Erscheinungen aus dem Lebensbereich der Seher, sondern Kennzeichen einer Endzeit, auf die sie nicht müde wurden, immer wieder hinzuweisen.

Weil vom Stammvater aller neueren Seher und Propheten, vom Thema und Titel dieses Buches erstmals die Rede ist, vom weitgehend schon legendären Leben und Wirken des Mühlhiasl, soll auch auf den literarischen Anspruch der Zeitlosigkeit hingewiesen werden, dem in dieser Arbeit (nur scheinbar) nicht genügt wird. Muß aber nicht eine auf die Zeit bezogene Aussage gleichsam immerfort zeitlich sein? Und ist nicht jede Zeit Summe aller Zeiten, so daß die Erfüllung der beschriebenen Gesichte nur in einem überzeitlichen Ziel ihren Abschluß finden kann? So gesehen ist auch der Wald als Ort und Raum nur stellvertretend für andere Orte und Räume, wenngleich das Guckfenster in einen Bereich, wo Zeit und Raum aufgehoben scheinen, hier im Wald am weitesten offensteht.

Der Münchner Gymnasiumsleiter und Kommunalpolitiker Winfried Zehetmeier erzählte mir um 1970 herum von einer Begebenheit aus dem Bayerischen Wald: »Als die nachmalige Klöppellehrerin Theresia Müllner, die ›Engel-Res‹ in Hohenbach, an die fünfzehn oder sechzehn Jahre alt war, ist sie einmal mit Gleichaltrigen vom Samstag-Rosenkranz heimgegangen. Es war noch hell. Plötzlich ist sie stehengeblieben, mitten auf der Straße, und hat ganz starr auf das Schneider-Haus hingeschaut. Die mit ihr gingen, hatten im ersten Augenblick gar nicht auf sie geachtet, sie dann aber angerufen und, als sie sich nicht rührte, mit sich weitergezerrt. – Die Engel-Res hat damals, wie sie anschließend erzählte, Folgendes gesehen: Neben der Tür vom Schneider, im Freien, war ein kleiner Kindersarg zu sehen. Er stand nur auf einem Stuhl, während Erwachsenensärge immer über zwei Stühle gelegt wurden. Der Kaplan, begleitet von zwei Ministranten, nahm die Aussegnung vor. Sie, die Res, stand mitten unter der Trauergemeinde. An der Hauswand, neben dem Sarg, lehnte ein weißes Holzkreuz. Nach zwei Wochen starb tatsächlich im Schneider-Haus ein Kind an eitriger Mandel-Entzündung. Die Aussegnung fand so statt, wie es die Engel-Res vorausgesehen hatte.«
Mir hat es von je als ausgemacht gegolten, daß die Gabe des Zweiten Gesichts ein Erbe der an Donau und Moldau ansässig gewesenen Kelten und ihrer Druiden ist. Auf die Frage, warum es so viele Hellseher im Bayerischen Wald gebe, wußte der Baumsteftenlenz im Verlauf unseres Gesprächs eine Erklärung, die zwar etwas anders klang, aber meiner Meinung nicht widersprach:
»Ich erinnere mich siebzig Jahre zurück. Diese arme Landschaft, dieser schwermütige Wald, das Traurigschöne an diesem Lande! Das hat doch unsere Menschen beeinflußt, das hat sie doch bedrückt, das hat sie doch dauernd beschäftigt und hat sie geprägt! Daß bei uns das Zweite Gesicht des öfteren vorkam, das weiß ich von meinen

Großeltern und von meinen Eltern. Es hat immer Leute gegeben, die bei uns, ich muß sagen, verschrien waren, die nicht angesehen waren deswegen, sondern verschrien, weil ...: ›Die haben ebbs kinnt, die haben ebbs gwißt! Dös is ein ganz ein anderer!‹ hat es geheißen. ›Der, der weiß mehrer wie mir!‹ Die hat es immer gegeben ... Es ist viel Aberglaube bei uns dagewesen von jeher in den Einöden, in den Dörfern. Da hat man ja auch von diesen Dingen geradezu gelebt. Das war ja der Erzählstoff, und man hat eben Geister gesehen dort, wo sie waren oder wo sie nicht waren. Ich weiß einen Spruch, der stand auf einem Totenbrett in Arnbruck:

›Bilde dir nicht ein,
du wärest hier allein.
Man hat auf dieser Welt
dir Geister zugesellt.‹«

Der Wald hat eine Seele, er holt – nach Adalbert Stifters Worten – Atem, er atmet mit uns. Fremdes und Urbekanntes raunt uns aus dem Rascheln seines Laubs ins Ohr, weht uns von den wiegenden, schwankenden Wipfeln entgegen, spricht uns aus Wurzelwerk und Fuchshöhle an. Ein uraltes Lied gluckst uns die Quelle, sprudelt uns das Bächlein vor. Nicht nur unerlöste Geister, auch die alten Götter der Heimat und ihre Erben, die hilfreichen Heiligen, leben in jedem fächelnden Farn, in jedem geäderten Stein, in jeder zerklüfteten Rinde. Wie alles Außen ein Innen hat, so ist diese herrliche Geschöpflichkeit nur Spiegel der verborgenen Größe des Schöpfers. Der Wald hat eine Seele. Vom noch nie gehörten Sterben einer Seele, vom Sterben der Seele des Waldes wird noch die Rede sein.

Die Mühle

Der Müller-Mathias von Apoig hielt einen Briefbogen in Händen; weich fühlte sich das Lumpenpapier an, kein Knistern und Knattern gab es beim Entfalten. Umso härter war die Botschaft. Er hatte vom Lesen einen höchst unzulänglichen Begriff, hielt sich den Bogen ganz nahe vor Augen, drückte den Bart beiseite. Sauber abgezirkelt und gut leserlich hatte der Schreiber die Buchstaben hingesetzt, ein wenig erregt mutete die Signatur des Abtes an. Keinen Prägestempel wies das Blatt auf, dafür baumelte das wächserne Klostersiegel (mit springendem Hund auf dem Rautenwappen) an gelbweißer Kordel hervor, als der Empfänger den Bogen sinken ließ. Frater Augustin, der Überbringer, der in schneeweißer Kutte neben ihm stand, erläuterte den Wortlaut.

»Abgestiftet«, will sagen: Des Pachtverhältnisses enthoben. So lautete die amtliche Mitteilung der klösterlichen Grundherrschaft. Es war ja richtig: Der Pater Kastner hatte ihn beim letzten Besuch in der Klosterkanzlei gefragt, ob er den Stift (die vom Pächter geforderte Pachtgebühr) entrichten werde, und er hatte dessen Vermahnung ausweichend beantwortet. Es war auch richtig: Er hatte seit dem Frühjahr 1799 keinen einzigen Gulden Pacht bezahlt. Von dem bei der Verstiftung der Mühle »armutshalber« zinslos gewährten Darlehen (fünfundsiebzig Gulden) war noch keine einzige Rate, noch kein einziger Kreuzer zurückerstattet. Man schrieb aber schon den Juli 1801. Richtig war, daß er auch sonst manchen Grund zur Beanstandung gegeben hatte, daß er mit der ans Kloster zu liefernden Mehlmenge im Rückstand blieb, daß die Reinheit seines Mahlguts zu wünschen übrig ließ. Da half ihm auch sein Vorwurf nichts, der Straubinger Kastner habe ihm nur schlechtes und wurmiges Getreide geliefert, daraus könne er kein gutes Mehl mahlen.

Es schlug ihm nun zum Unglück aus, daß unter Abt Joachim Eggmann eine heillose Mißwirtschaft geherrscht hatte. Krankhaft mißtrauisch, nahm dieser, obwohl er dazu keinerlei Befähigung besaß, die gesamte Verwaltung allein in die Hand, führte keinerlei Rechnung, fragte keinen Menschen um Rat, gewährte niemandem Einblick in den Gang der Dinge. Die Klosterämter besetzte er mit ungeeigneten Leuten. Jahrelang fand keine Profeßablegung mehr statt, weil der Abt von dem unüberwindlichen Angstkomplex verfolgt war, er könne seinen Konvent nicht ernähren. So kam es im Kloster zu Unzufriedenheit, Spaltung, Zwietracht. Abt Joachim sah zwar ein, daß er dem hohen Amt nicht gewachsen war, seinem zweifachen Gesuch um Resignation wurde aber zum Nachteil des Klosters nicht stattgegeben. Erst im Spätherbst 1799, als es zu einer Art Revolution im Kloster kam, wurde Joachims Abdankung erzwungen. Der im Dezember 1799 neugewählte Abt Ignaz Preu – bisheriger Prior –, der nicht umsonst nach dem streitbaren Gründer des Jesuitenordens genannt war, tat vielleicht in der Hitze der notwendigen Neuerungen manchmal des Guten zu viel, jedenfalls kehrte er mit eisernem Besen aus.
Es war ja nicht so, daß die Verwaltung eines großen Gemeinwesens, wie es ein Kloster darstellt, mit allen Kunstwerten, mit Kirchen und Kapellen, mit Ringmauern und Toren, mit Richterhaus, Gastbau, Kanzlei, Abtwohnung, Sommer- und Winterrefektorium, Konvent- und Bauhofküche, Prälatur, Konventgebäude, Noviziat, Kapitelsaal, Sakristei, Bibliothek, Zellen, Kreuzgang, Krypta und Gruft, mit allen Liegenschaften, mit Handwerkerstuben und ökonomischen Baulichkeiten, mit Stallungen und Städeln, mit Waschküchen und Backöfen, mit Brauerei und Gärtnerei, mit Pfarrhöfen und Widdumhäusern, mit einer schier ungeheuerlichen Bau- und Renovierungslast nicht strengster Sorgfalt unterliegen mußte. Gerade in Zeiten kirchenfeindlicher Aufklärung und frühindustriel-

len Aufschwungs war bei den Klöstern die Zahlungsunfähigkeit oft in greifbare Nähe gerückt. Das Kloster Windberg zeigte sich im Widerspruch zum eigenen Nutzen als milder Grundherr und stundete in schlechten Zeiten oft die Abgaben. (Bei der Säkularisation fand die Lokalkommission über 40000 Gulden Ausstände bei den Untertanen vor.)

Der saumselige Müller-Hias war also weit weniger ein Opfer äbtlicher Willkür, als eines dringend gebotenen strengeren Regiments. Das Kloster mußte sogar die als Darlehen an den Müller verabfolgte Summe verloren geben. Ein Härtefall ohne Zweifel: Der Vater Mathias Lang war in hohem Alter vor zwei Jahren verstorben (worauf die Pacht an den Sohn ging, der schon von Kindesbeinen an in der Klostermühle gearbeitet hatte), aber die Mutter lebte noch. Sein jüngster Bruder Joseph arbeitete im Haus als Mühlknecht. Er selbst hatte acht Kinder; fünf waren am Leben geblieben, das älteste zwölf Jahre, das jüngste erst ein Jahr alt. Der Müller aber zeitlebens ein wenig »bsunderlich«. Obwohl kernhaften Glaubens und ernster Lebensauffassung, war er geregelter Arbeit abhold, unstet und untüchtig, ein Herumstreicher in Feld und Flur, ein Träumer, ein Wanderer. Tag und Nacht in der weiß ausgestäubten Müllnerstube sitzen, in die Säcke mahlen und im Staub ersticken, immer wieder Getreide nachschütten, wenn der Mahlgang leer war, aufschrecken, wenn die Glocke bimmelte, die einen sogar nachts nicht schlafen ließ, wer konnte das? Er jedenfalls nicht. Es war aber notwendig, Tag und Nacht zu mahlen, sonst erzielte man die Hälfte des Mehlertrags oder noch weniger und kam auf keinen grünen Zweig. Sein ältestes Kind war eine Tochter, zwei Buben und ein Dirndl waren gestorben, der Knabe, der ihm hätte helfen können, war erst acht Jahre alt und für die schwere Arbeit noch zu schwach. Des Müllers Liebstes war es, auf dem Eglseer Weiher – der den Klosterherren Fische in die Fastenzeit lieferte – mit seinen

Kindern Schifferl zu fahren. Überhaupt das Wasser ...! Was für ein Glück, daß die Gattin Barbara tüchtig war, die er 1788 geehelicht hatte, eine geborene Lorenz, Bauerstochter vom nahen Weiler Recksberg in der Pfarrei Haibach (nach den Forschungen des Prämonstratensers Norbert Backmund soll es ein Racklberger Hof bei Haselbach gewesen sein). Sie stand neben ihm in der Wohnstube, blickte schräg her ins Blatt, ihre Hände vom Knödelwasser an der Schürze trocknend, und legte ihm die Rechte auf die Schulter. Um ihre Füße krabbelte der Jüngste, das Nesthäklein, der Johannes Evangelist. Während ihren Gatten ein leichtes Zittern überlief und Feuchtigkeit in seine Augen stieg, war sie ganz ruhig und blickte ihn aus trockenen, weit aufgerissenen Augen an, sprach ihm – ein wenig stockend – Mut zu, strich ihm sanft über die Schulter. Er aber schüttelte sich, ließ das Blatt auf den Bretterboden gleiten und stürzte hinaus, blieb erst auf dem hölzernen Steg stehen, setzte sich, nahm zwei Sprossen des Geländers zwischen die Beine und ließ die Füße auf das Wasser des Mühlbachs herunterbaumeln.

Abschied nehmen hieß es nun von der Mühle, auf der sein Vater schon Müller gewesen, auf der er selbst vor achtundvierzig Jahren geboren worden war. Die Geburtsmatrikel der Pfarrei Hunderdorf, der die paar Gehöfte und Sölden von Apoig zugehören, meldet: »Am 16. September 1753 wurde getauft Mathäus, legitimer Sohn des Mathias Lang, Müllers von Apoig, und seiner Ehefrau Anna Maria, geborener Iglberger von Grub. Taufpate Georg Bayr von Buchberg. Die Taufe spendete Pater Johann Nepomuk Altmann de Windberg.« (Der Weiler Grub liegt in der Nähe von Gaishausen, Buchberg unweit hinterhalb Windberg.)

Ja, er hieß eigentlich Matthäus. Weil man aber einen Matthäus in der Landessprache auf der ersten Silbe betont und *Mat*heis zu ihm sagt, liegt auch der ebenfalls auf der ersten Silbe betonte *Mat*hiers nahe. War der Schreiber schuld, war die des Schreibens und Lesens unkundige Bevölkerung schuld – er selbst war ja des Schreibens und Lesens nicht mächtig –, lag die Ursache darin, daß schon der Vater »Mühl-Hias« gerufen wurde? (Bemerkenswerte Überlegungen stellte der Straubinger Mühlhiasl-Forscher Rupert Sigl bezüglich des Vornamens an: Sowohl der Matthäustag, der 21. September, als der Mathiastag, der 24. Februar, galten als »Matheistag«; den ersten beging man als »Matheis im Herbst«, den zweiten als »Matheis in den Fasten«. Eine bekannte Wetterregel heißt: »Matheis brichts Eis«. Auch den »Matthäus« hat man übrigens mit nur einem t geschrieben. Die Wandlung des Rufnamens von Mathäus zu Mathias ist also – nach Sigl – für den Mühlhiasl nichts Außergewöhnliches.) Jedenfalls hatte er laut Eintrag in den Pfarrbüchern 1788 die Ehe unter dem Namen »Mathias« geschlossen, war die Apoiger Klostermühle 1799 von Abt Joachim an »Mathias Lang« verstiftet worden: Der Name hing ihm an, der Müllner hieß einfach Mühlhias.

Der Mann auf dem Steg starrte ins Wasser. Er war immer gern am Wasser gesessen, schon als Bub. Stundenlang hatte er am Bogenbach stehen können und zuschauen, wie das Wasser rinnt. Alles – dachte er – geht dahin wie das Wasser. Mit jedem Augenblick sind es tausend Tropfen, sind es tausend Wellen, es gibt nichts Gleiches. Jede Welle ist anders. Oft sind sie so friedsam, die Wellen, dann wieder haben sie es so eilig. Sie kommen aus den Quellen und laufen fort, immer und immer, nie mehr kehren sie zurück. So geht es auch uns, wir alle laufen fort, nie mehr kehren wir zurück. Heimat ist wo anders.

Hinter Büschen, die ihre im Winde lispelnden Blätter fast über dem Wasser zusammenschlossen, klapperte unter breitem Bretterverschlag das Mühlrad. Es lief unterschlächtig. Holzschaufel für Holzschaufel grub sich in den Mühlbach, Schaufel für Schaufel ohne Unterlaß. Es war dieses eintönige Klappern und Rauschen, das den Hiasl

Der Mühlbach von Apoig

seit Bubentagen schon zum Sinnieren gebracht hatte. Und jetzt war es wieder so. Wenn er hinträumend hinabblickte ins brodelnde Wellenspiel, waren ihm früher schon Gestalten erschienen, Gesichter, Menschen.

Er wollte sich dem Quälend-Entpersönlichenden, das derartige Augenblicke – oder waren es Anfälle? – brachten, entziehen und stürzte ins Mühlhaus. Gerade noch sah er, wie Frater Augustin zurück über die steinerne Brücke und bergan zum Kloster ging. Er hetzte in die Müllnerstube, tauchte unter den Bretterverschlag. Er schimpfte den nach seinem Beispiel saumseligen Joseph, der maulend in den Hühnerhof hinausschlurfte, füllte Getreide nach aus hölzernen Schaffeln und schaltete den Mahlgang ein, da überfiel ihn die Schau.

An dieser Stelle ist es angebracht, für einen Augenblick den Gang der Dinge zu unterbrechen und ein Wort über das Zustandekommen von Zukunftsvoraussagen, Visionen, Entrückungen einzufügen. Die echte Vision hebt gewöhnlich unerwartet mit einem sogenannten Raptus an, das heißt, mit einem plötzlichen ekstatischen Hingerissensein, mit einer Art Verzückung und Begeisterung mitten aus irgend einer Tätigkeit heraus oder aus einem Gespräch über ganz andere Dinge. Die Befähigung zu einer beobachtenden Aufnahme der Umgebung wird ebenso wie die Ansprechbarkeit durch die Umgebung ausgeschaltet, die Aufnahmebereitschaft des Sehers auf die ihn überfallenden Eindrücke gesammelt. Ähnliches berichten Zeitgenossen von einem viel später lebenden Sensitiven, von Alois Irlmaier: Immer wenn er etwas »schaute«, ging sein Blick gleichsam nach innen oder durch den Gesprächspartner hindurch. Sekunden-, ja minutenlang erblindete er für Gegenwart und Umgebung. Nicht anders kann es bei Mathias Lang gewesen sein. Er hatte nie recht ernst genommen, was er sah, jetzt aber bezog sich die Schau auf Windberg droben und auf das Schicksal des heiligen Berges. Er sah – konnte es wirklich sein? – den Abzug des

Konvents! Patres und Fratres in langer Reihe kamen schleppenden Schritts gegangen. Hinter rollenden Kutschen stiegen Staubwolken auf. Er sah die hohen Gemäuer leer stehen, sah Wagen um Wagen davonrollen mit Cimelien, Altargerät, priesterlichen Gewändern, Caseln und Ornat, mit Mobiliar, Büchern, Folianten, Handschriften, Gemälden, sah Mauern fallen, erblickte starr vor Schreck Riesenschutthäufen, sah, wie alle Kirchen abgebrochen wurden bis auf zwei, sah, wie sich Ziegelhalden türmten, erschauerte vor dem hastigen Werk der Zerstörung.
Dem alten Abt fühlte er sich verbunden, der lauter und fromm, der ein untadeliger Mann, der aber genauso unfähig und geschäftsuntüchtig gewesen war wie er. Als wegen der Unregelmäßigkeiten unter Abt Joachim eine Visitation stattfand, die dessen Abdankung zur Folge hatte, wurde jeder einzelne Konventual, auch jeder Klosterangestellte verhört, darunter der Klostermüller Mathias Lang. Er hatte damals nichts Schlechtes über seinen Herrn ausgesagt. Bitternis stieg jetzt auf in seiner Seele über die Tüchtigkeit und Härte des Abtes Ignaz. Das wollte er ihm ins Gesicht hineinschleudern. Er wollte nicht mehr hinter dem Berg halten mit seiner Abneigung, wollte nicht mehr zurückhalten mit allem Schrecken, den er geschaut hatte.
Über die Lebensweise, über vielerlei persönliche Umstände, über Charakter, Beruf und – vor allem – über die schon früh einsetzende hellseherische Begabung des Mathias Lang vulgo Mühlhiasl wissen wir zum Glück aus einer mündlichen Überlieferung. Sowohl der Traunsteiner Druckereibesitzer und Zeitungsredakteur Conrad Adlmaier, der zusammen mit dem Freilassinger Brunnenbauer Irlmaier das Prämonstratenserkloster Windberg besucht hatte, als auch Dr. Norbert Backmund, Pater des Klosters Windberg, der die Lebensschicksale des Klostermüllers Mathias Lang aus den Urkunden erforschte – ihm standen alle Stiftsakten und Pfarrarchive zur Verfügung –,

stützen sich auf eine lückenlose mündliche Überlieferung durch Pfarrer Johann Georg Mühlbauer, der am 18. Mai 1921 im Alter von 93 Jahren starb. Dessen Vater, der nahezu 97 Jahre alt geworden war, hatte den Mühlhiasl noch persönlich gekannt.
Die erste Veröffentlichung der Weissagungen des Mühlhiasl stammt von Johann Evangelist Landstorfer, lange Zeit Pfarrer und Dechant in Pinkofen bei Eggmühl, gestorben am 26. März 1949 in Oberalteich. Seine Veröffentlichung erschien am 28. Februar 1923 im Straubinger Tagblatt. Sie beansprucht, eine weit zurückliegende Überlieferung aufzugreifen. Landstorfer schreibt: »Da mir aus dem Munde des Pfarrers Mühlbauer ...« (Johann Georg Mühlbauer, am 29. Dezember 1827 in Ramersdorf bei Viechtach geboren, war von 1882 bis 1887 Pfarrer von Achslach, versah von 1887 bis 1904 die Pfarrstelle von Oberalteich und starb am 18. Mai 1921 mit fast vierundneunzig Jahren als Kommorant in Pinkofen, wo Landstorfer Pfarrer war. Ein Onkel Mühlbauers, Pater Isfried Mühlbauer, geboren 1774, war zum Zeitpunkt der Säkularisation Prämonstratenser in Windberg. Man sollte meinen, daß hier eine ziemlich zuverlässige Überlieferung vorliegt, die an die Quellen zurückreicht.) Landstorfer schreibt also: »Da mir aus dem Munde des Pfarrers Mühlbauer, dessen über sechsundneunzigjähriger Vater noch ein spezieller Freund des Mühlhiasl gewesen war, manches eigenartige Wort eingeprägt worden war, nahm ich mir die Mühe, noch das Weitere zusammenzutragen und festzuhalten, was in der Erinnerung der ganz alten Leute fortlebte.« Conrad Adlmaier resümiert, »... daß die mündliche Tradition durch diesen Mann (Landstorfer) am besten gewährleistet ist und eine Fälschung ausgeschlossen erscheint. An seiner Glaubwürdigkeit und an der seines Informanten Pfarrer Mühlbauer ist nicht zu rütteln. Da Mühlbauers Vater das hohe Alter von fast 97 Jahren erreichte, ist die mündliche Tradition lückenlos.« P. Isfried

Mühlbauer von Windberg wird aus dem Schatz seiner Erinnerungen ein übriges getan haben, um der Gestalt des Mühlhiasl deutliche Umrisse zu geben. Auch genug alte Leute konnten vor dem Ersten Weltkrieg, als Landstorfer forschte, noch aus den Erzählungen ihrer Eltern die Lebensumstände des prophezeienden Müllers von Apoig (gesprochen Apoing) lebendig schildern. Wer einmal erfahren hat, wie greifbar nah den in der ereignisarmen Einschicht lebenden Dörflern weit zurückliegende Ereignisse verfügbar sind, wird zudem für überzeugend halten, was der Baumsteftenlenz, von dessen Untersuchungen später die Rede sein soll, über seine Feldforschung in der Gegend um Sankt Englmar berichtet hat. Auch der sehr kritische, manchmal geradezu überkritische, keinerlei »Ungefähr« duldende Forscher Backmund bestätigt in seinen Schriften zur Mühlhiaslfrage die Stichhaltigkeit der Mühlbauerschen Überlieferung.

Nachbemerkungen des Verfassers zum Kapitel »Die Mühle«

Nachdem ich mich in die einschlägige Literatur, in Bücher, Aufsätze und Archivalien vertieft, verglichen und erwogen, exzerpiert und kombiniert hatte, suchte ich den Augenschein, das Lokalkolorit, fahndete nach sichtbaren Spuren des Menschen Mathias Lang, der ein Müller und ein Seher gewesen war.

Zuerst, als ich mit meinem PKW durch Oberalteich und Bogen bis Hunderdorf gekommen war, fiel mir an der Straßengabelung das Wirtshaus auf, wo Irlmaier nach der Erinnerung Conrad Adlmaiers »einen Russen bei jedem Fenster hatte hereinschauen sehen«. (Irlmaier, der die Voraussagen des Mühlhiasl noch nicht kannte, las die Texte, als Adlmaier sie ihm vorlegte, aufmerksam durch und sagte: »Ja, so sehe ich die Dinge im großen und ganzen auch.«) Aber ach, weder unheimlich noch wenigstens

romantisch, weder altväterisch noch historisch konnte ich dieses Gasthaus finden, wo ich zu Mittag aß, wohlfeil und reichlich übrigens. Man hatte das Gebäude »neu-renoviert« – nach dem Geschmack der sechziger und siebziger Jahre. Mit keinem geringen finanziellen Aufwand war das blitzsaubere Ergebnis erreicht: Nackte Wände, glatte einscheibige Fenster, pflegeleichter Plattenbelag, eloxiertes Metall, mit einem Wort: »Putzfrauenästhetik«. Wie zum Hohn hatte man ein paar zaghafte Schnörkel über den Rolladenkästen an die Mauer gepinselt; sogar einige wackere Blümchen hatte der Maler dreingegeben. Echt urig! Aber leider vergeblich, denn davor dehnte sich eine Endlosigkeit aus Asphalt. Als blanke Ironie flog mich der Refrain eines bekannten Liedes an: »Der Woid is schö!«
Nur tröstlich: Im Hintergrund stiegen grüne Hügel an. Zuoberst, hinter Baumwipfeln, sah ich Windberg thronen, das Prämonstratenser-Kloster, mit zeigefingergleich emporgestrecktem Kirchenturm. Ließ man die schnelle Hauptstraße, die großzügigen Kreuzungen und Parkplatzflächen hinter sich, gewann die Landschaft wieder ihr altes, vertrautes Gesicht, gab es Felder, Wiesen und Wälder, Buckel und Mulden, Kirchen und Konturen, liefen immer noch schmale Pfade, plätscherte immer noch der Bogenbach donauzu, der aus dem tiefen Inneren des Waldes kam, stand immer noch, wenn man vor der kleinen Brücke links abzweigte, zwischen den paar alten Sölden von Apoig die Mühle im Grün. Es war ein breitgelagerter, niedriger Bau mit hochgezogenem Dach, in der Mitte ein zweiachsiger aufgemauerter Giebelstock, eine Art Durchhaus, das auf der Rückseite wiederkehrte. Leider war das beherrschende Dach nicht mehr mit Schindeln oder mit geradegeschnittenen sogenannten Kirchenbibern, sondern mit schweren Falzziegeln gedeckt, vermutlich seit dem Ersten Weltkrieg, als diese Art von Dachdeckung aufkam. Unvermeidlich war auch die neuere Bau-Sünde einscheibiger Kippfenster. Von diesen Einbußen abgesehen,

Die Klostermühle von Apoig

Das Mühlrad von Apoig

erhob sich das Haus aus der Landschaft wie vor zweihundert Jahren.

Während ich so betrachte und überlege, tritt ein Mann aus der Tür; ich müßte ihn augenblicklich für den Mühlhiasl halten, wenn ich nicht wüßte, daß wir das Jahr 1991 schreiben. Als Widerspruch zum schwarzen Stiftenkopf fällt ihm ein eisgrauer Vollbart, wie er eisgrauer und voller nicht sein könnte, über den Arbeitskittel von weißlich-gräulicher Bleichheit. Er will wissen, was ich da mache. Als er meines Photoapparats ansichtig wird, bittet er um einen Abzug und brummt, es wäre sowieso das erste Mal, wenn er von einem Photographen seines Hauses je wieder etwas hören würde. Alle Daumenlang komme einer und schaue sich in des Mühlhiasls Heimat um.

Auch ich tue es und stelle mir vor, hier unter der Eingangstür, gleich hinter der Gred müsse es gewesen sein, wo der untüchtige Müller, der »bsunderliche« Mann, aus dem Schreckenspapier von seiner Abstiftung erfahren hat. Und ich stelle mir vor, daß ihn seine Barbara aus aufgerissenen Augen angestarrt und ihm beruhigend über die Schulter gestrichen hat. Es bleibt nicht beim äußeren Eindruck. Der bärtige Besitzer, ein Herr Georg Schneider, gelernter Bäcker und Feinmechaniker, schon früh statt am Backofen von Hunderdorf am Brennofen der Ziegelei von Bärndorf beschäftigt, später als Straßenbauer bis ins Badische hinausgekommen, gleich dem Hias ein unruhiger Geist, lebt längst im Ruhestand. Er weist mir seine Sammlung selbstgemalter Hinterglasbilder – Herz Jesu, Maria, Sankt Nepomuk und Florian, aber auch Landschaften, Blumen, Tiere – und führt mich ins Mühlenhaus. Dort hat sich nichts verändert, immer noch schaufelt sich das fünf oder sechs Meter hohe gespeichte Mühlrad tapfer durch den Mühlbach, dreht klappernd die Wasserfracht; unten strudelt und kocht es, weiße Schaumkronen sprühen auf, Sturzbäche wallen und gischten zurück in die schießende Flut. Aber keinen Mahlgang sehe ich mehr, das ist ein er-

heblicher Unterschied gegen damals, die Achse – der Wellbaum oder »Grindel« – treibt Förderreifen, Zahnräder, Transmissionen, speist ein Aggregat und liefert Strom (früher Gleich-, jetzt Wechselstrom).
Wir mutmaßen, wie es zu Mühlhiasls Prophezeiungen kam, wiederholen uns gegenseitig seine bedrohlichen Voraussagen. Der Bärtige wird nun gesprächiger. Aber wir verlieren uns nicht in Einzelheiten, wissen zu gut, was der Müller seinen Urenkeln und Ururenkeln ankündigte. Nur über einen Zweifelsfall gehen unsere Meinungen auseinander. Ich frage ihn, wieso im unteren Bayerischen Wald, hinterhalb Zwiesel, eine andere prophetische Gestalt auftauche, ein sogenannter »Stormberger«, von dem der Geburtsort unbekannt sei, der aber mit großer Wahrscheinlichkeit auf dem alten Gottesacker von Zwiesel begraben liege oder zumindest außerhalb der Friedhofsmauer, während Mathias Langs Geburtstag und -ort aktenmäßig erfaßt, jedoch der Todes- und Begräbnisort unbekannt sei? Ob man daraus nicht schließen könne, daß es sich um ein und dieselbe Gestalt handle, wie es etwa vom Baumsteftenlenz in seinem Roman »Mühlhiasl, der Waldprophet« angenommen oder wie es im »Gläsernen Stadel« von Rauhbühl bei Neunußberg – sozusagen als Illustration des Romans – glaubhaft gemacht werde.
Schneider darauf: »Falsch. Es handelt sich um zwei verschiedene Gestalten.«
Wie es dann komme, daß deren Voraussagen sich manchmal stark ähnelten, ja stellenweise glichen? Wieso sagen beide im Grunde dasselbe voraus?
Prompt bekomme ich zur Antwort: »Weil die Ereignisse, die eingetroffen sind oder noch eintreffen werden, dieselben sind.«
Gleichwohl fände ich es schade, daß nur vom Stormberger, nicht auch vom Mühlhiasl ein Sterbeort, eine Begräbnisstätte bekannt sei. Schneider blinzelt mich an: »Wer sagt Ihnen, daß der Begräbnisort Mathias Langs unbe-

kannt ist?« Und nun eröffnete er mir derartig Verblüffendes, daß ich mich zunächst einmal niedersetzen mußte (an ein Tischlein, dessen »Platte« aus einem Basalt-Mühlrad konstruiert war). Was mir dieser Mann ganz trocken wie eine Selbstverständlichkeit ins Gesicht hinein sagte, schien alle bisher erforschten oder nicht erforschten Einzelheiten um den Seher des Bayerischen Waldes über den Haufen zu werfen, erschien mir im ersten Moment geradezu revolutionär. Ich wußte ja nur soviel, daß die umfassendsten Ergebnisse von dem wohl eifrigsten und zuverlässigsten Erkunder des Problems, dem Expositus Georg Hofmann aus Schönau bei Viechtach vorgelegt worden waren. Er hatte sich noch 1948 über zwei Stunden lang mit Pfarrer Landstorfer besprochen und die Summe seiner Tätigkeit 1952 in der Fachzeitschrift »Der Familienforscher in Bayern« unter dem Titel »Dem Mühlhiasl auf der Spur« veröffentlicht. Er nennt einen schon bei Conrad Adlmaier erwähnten Bruder des Waldpropheten, den Apoiger Hüter Johann Lang (geboren am 28. April 1755, gestorben am 6. Juli 1825): »Mathias Lang war ein schlechter Wirtschafter, kaufte schlechtes, wurmiges Getreide und verdarb sich das Geschäft. 1799 nahm er beim Kloster ein Darlehen von 75 Gulden auf, für das er wegen Armut keinen Zins zu zahlen brauchte, er sollte aber alle Jahre fünf Gulden zurückzahlen. Da er dies nicht konnte, mußte er von der Mühle weichen.«
Auch dem rührigen Hofmann war es trotz angestrengtester Bemühung nicht gelungen, irgend etwas über die Frage zu ermitteln, wo, wann und woran Mathias Lang starb. Von der Zwieseler Variante war schon die Rede, auch die Krankenspitäler von Straubing oder Deggendorf waren lange in die Überlegungen über Langs Sterbeort einbezogen worden. In seiner Heimatpfarrei ist Lang jedenfalls nicht begraben worden. Als Todesjahr des Waldsehers ergibt eine gewisse Wahrscheinlichkeitsrechnung die Zeit von 1825 bis 1830, da – wie Conrad Adlmaier schreibt –

»der Erlebensstandard damals selten über siebzig Jahre hinausging.«
Schneider behauptete nicht mehr und nicht weniger, als daß der Mühlhiasl auf dem alten Gottesacker von Sankt Englmar begraben liege. Woher er das wissen wolle? Die Antwort kam schlagartig: Der Mühlhiasl selbst habe es angegeben. Nach einer Pause der Sprachlosigkeit fragte ich heiser: »Wie und wann und wem?« Ich wußte wohl, daß ich mich mitten im Wald befand mit keltischer Totenbeschwörung und heidnischer Dämonenaustreibung, daß es in jedem Waldlerhaus »weijaze«, wie der Baumsteftenlenz zur Gitarre gesungen hatte, – doch auf eine unmittelbare Gegenüberstellung mit dem Unfaßbaren war ich nicht vorbereitet. Wie sollte ich einem heutigen, zumeist skeptischen Zuhörer, einem grundsätzlich zweifelnden Leser gar, die immer noch umstrittene Wissenschaft von der Präkognition glaubhaft machen, wenn ich mit solchem Spuk anrückte? Genug, mein bärtiger Gegenüber blieb mit großer Bestimmtheit bei seiner Aussage. Hartnäckig beharrte er, die Straubinger Freundin seiner Tochter habe hier in der Stube ein Gespräch mit Mathias Lang geführt. Er, Schneider, habe die (ihn, mich und nahezu jedermann) bedrängende Frage eingeworfen, wo Lang begraben liege, worauf die Antwort blitzschnell gekommen sei: »In Sankt Englmar«. Schneider habe gleich die Frage nachgeschickt, wie man denn sein Grab finde, wer nach ihm dort bestattet wurde, weil ja sicherlich sein Grab längst neu belegt worden sei? Und noch einmal habe er Antwort erhalten: In seinem Grab liege ein gewisser »Mathias Glashütt«.
Was das wirklich Aufsehenerregende und Außergewöhnliche war: Er, Schneider, habe sich gleich nach Engelmar fahren lassen, vor vielleicht sieben Jahren sei es gewesen, um sich davon zu überzeugen, daß es mit allem seine Richtigkeit habe. In der Tat habe er die halbverwitterte Inschrift auf einem sehr alten granitenen Grabstein gele-

sen. Das Grab, das ihm genannt worden sei, existiere, darüber gebe es keinen Zweifel. Schneider beschrieb mir die Lage des Grabes von der Anhöhe hinter der Kirche her.
Ich muß gestehen, daß ich heftig an diesen Angaben zweifelte und mir vornahm, der Sache nachzugehen, vor allem ein Gespräch mit Schneiders Tochter zu führen und mich im Englmarer Gottesacker umzusehen. Vom Ergebnis meiner Forschungen soll noch die Rede sein.
Fürs erste hatten die Angaben meines Gewährsmannes, mochten sie auch unwahrscheinlich klingen, etwas Wahrscheinliches für sich, kannte ich doch Paul Friedls Hinweis: »Es gibt kaum alte Handniederschriften über die Voraussagen des Mühlhiasl, wohl aber eine stets ziemlich ausführliche mündliche Überlieferung, besonders in der Gegend von Sankt Englmar. Dort fand ich auch in den zwanziger Jahren bei den Familien Schötz, Bernhard, Haimerl und Feldmeier die besten und interessantesten Überlieferungsformen und im alten Postillon Peter Haimerl einen ausgezeichneten Erzähler.« (Daß in der Nähe von Sankt Englmar die Mühlhiasl-Überlieferung am dichtesten wird, läßt vermuten, daß an der Existenz des Lang-Grabes auf dem dortigen Friedhof etwas Wahres ist. Sankt Englmar war Pfarre des Klosters Windberg, zudem könnte Mathias Lang mit mehr Wahrscheinlichkeit als anderswo dort gelebt haben, wo die Erinnerungen an ihn am lebhaftesten sind.)
Seinen Aufzeichnungen schickt Paul Friedl (1902–1989) die Versicherung voraus, er wolle Vermutungen und Annahmen weglassen und nur festhalten, was die mündliche Überlieferung der genannten Familien von Sankt Englmar als Mühlhiasl-Prophezeiung berichte. Nahezu alle von Friedl aufgeführten Weissagungen des Mühlhiasl gehen auf die minutiöse Erzählung des alten Haimerl-Peter von Englmar zurück. Was der alte Postillon berichtete, war Wort für Wort schon vor der Jahrhundertwende bekannt, so daß Johann Evangelist Landstorfer seiner Auf-

zeichnung der vom 1827 geborenen Johann Georg Mühldorfer erhaltenen Voraussagen mit gutem Gewissen hinzufügen konnte: »Kindisch wäre der Einwand, die Äußerungen, soweit sie zutreffen, wären etwa hinterher auf die Ereignisse zurechtgeschnitten und ihnen angepaßt worden, da deren Originalität und Alter durch die aus unseren Kindheitstagen bekannten übererbten Erzählungen der Ahnen hundertfach feststeht.« Paul Friedl wiederum schreibt über die durch den alten Haimerl-Peter jahrzehntelang im selben Wortlaut (ohne Wissen, was damit gemeint sein könnte) weitergegebenen Voraussagen des Mühlhiasl, der die »eiserne Straße« durch den Vorwald angekündigt hatte: »Als am 1. August 1914 der erste Weltkrieg begann und am selben Tag auch eine Eisenbahn im Vorwald, die Strecke Deggendorf-Kalteneck, eröffnet wurde, war sein Glaube an die Prophezeiung nicht mehr zu erschüttern.«

Paul Friedl vermerkt auch: »Niemand konnte bisher ermitteln, wohin sich der Mühlhiasl nach der Vertreibung von der Klostermühle (in Apoig) gewandt hat«. Offenbar wußte der Prämonstratenser-Pater Dr. Norbert Backmund, der im Anschluß an Friedls Aufzeichnungen unermüdlich weiterforschte, mehr. Er war es ja, der zum ersten Mal (nach dem Studium der in Windberg zur Verfügung stehenden Quellen) mitteilte, Mathias Lang sei in der an einen Vetter verstifteten »unteren Klostermühle« untergekommen (am Dambach, in »Klostermühl«, tausend bis fünfzehnhundert Meter von Apoig entfernt).

Ich blickte hinauf zum Hügel, von dem sich majestätisch die Mauern des uralten Stiftes und Klosters Windberg erhoben. Windumblasen mutete der Berg beim bloßen Hinaufschauen schon an, sodaß die Namensgebung scheinbar einleuchtete. (In Wahrheit bezieht sich der Name auf einen sagenhaften Einsiedler Winith, der an dieser Stelle im zehnten Jahrhundert eine erste Kapelle erbaut hat.) Kloster Windberg, so lesen wir bei Backmund, »wurde

1130/40 von den Grafen von Bogen gegründet.« Das weißblaue Rautenwappen, von dem sich im Mittelfeld der springende Hund abhebt, war vom Stiftergeschlechte, den Grafen von Bogen, übernommen worden. Diesem Kloster »war seit 1616 die seelsorgliche Betreuung der nahen Pfarrei Hunderdorf übertragen, aus der Mathias Lang stammt. 1803 wurde es aufgehoben, jedoch 1923 vom Prämonstratenserorden zurückerworben. Die beiden Mühlen« (die obere und untere Klostermühle) »sind heute natürlich in Privatbesitz.«
So nahm ich vom bärtigen »Privatbesitzer« der oberen Klostermühle Abschied und lenkte meine Schritte dem »heiligen Berg« zu, wo ich vor Jahr und Tag, noch zu Lebzeiten des am 1. Februar 1987 verstorbenen Paters Norbert Backmund, schon einmal zu Gast gewesen war, um nun entscheidend Näheres über die untere Klostermühle und über Archiveintragungen zu erfahren, die den Mühlenpächter Mathias Lang betrafen.

Wahrheit, im Kleide des Reizes

Eine Nacht schlief Mathias über dem Schrecken. Das heißt, er lag in der ehelichen Kammer auf dem Strohsack mit offenen Augen. Den anderen Morgen stieg er hinan. Das Wetter war umgeschlagen. Bis ins Tal herein hingen die Wolken, der Berg hüllte sein Haupt in Dunst. Von den Ruten der Büsche, die in den Weg hereinstarrten, tropfte das Wasser. Kühl war es geworden, den bergan Steigenden schauerte. Bäche rieselten felsab und sprangen über den Weg. Vom Tal dampfte Nebel auf, die moosigen Wiesen verloren ihre Wärme, über Nacht war es Winter geworden; bloß herunten – diesen Eindruck wurde er nicht los – war es noch aper. Von kalter Nässe angefeuchtet und fröstelnd gelangte er ans Kirchenportal, das in ein ernstes, vielstufiges romanisches Gewände gesenkt war. Er hemmte den Schritt, stemmte das Tor auf; zur Klosterpforte hätte er noch mehr als hundert Schritte zu gehen gehabt, ums Eck des Prälatenstocks herum.

Schlagartig wurde er überwältigt von einer Welt heiterster Helligkeit. War die Wolkendecke in diesem Augenblick aufgerissen worden (und hatte eine lichte Lücke für den Sonnenschein freigegeben) oder lag es an der außerordentlichen Weiße der Wände, an dem leuchtenden Farbenspiel der Altäre, daß er geblendet wurde? Fast wollte er nun seinem Vorhaben, der Beschwerde über empfangene Unbill, der Klage über die Härte der Entstiftung untreu werden. Er nahm die Haube ab und beugte das Knie vor der Schönheit, aber nicht nur vor ihr; sie wurde ihm auf der kalten Erde zur Insel des Ganz-Anderen, zum Hereinragen des Überzeitlichen in die Zeit. Abt Bernhard Strelin aus Landau an der Isar, der von 1735 bis 1777 regiert hatte – Mathias Lang entsann sich genau des achtunggebietenden Mannes mit Mitra und Stab – hatte als nimmermüder Arbeitgeber von Handwerkern und Künstlern eine

Windberger Prälatenstock und Klosterkirche

Sentenz des Thomas von Aquin – »Pulchritudo Splendor Veritatis« – in Architektur umgesetzt. Beim Altar der heiligen Katharina wurde das besonders deutlich. Im Rahmen des Bücherwissens der scientia celestis, eingeschlossen in einen von Folianten überquellenden Bücherschrank, zuckte ein Blitz vom Himmel hernieder auf das Wagenrad ihrer Marter. Daß die aus der Mißachtung des Leidens zu himmlischer Glorie erhobene Jungfrau nicht nur als Patronin der Philosophen verehrt, sondern von einem begnadeten Bildhauer in überirdischer Schönheit gezeigt wurde, war ein unverhohlener Angriff des schönheitshungrigen Abtes auf die »heiligsten Güter« der Aufklärung.

Was hatte Mathias Lang mit Philosophen zu tun? Wenig mit Philosophen, umso mehr mit Katharina! Da sie auf dem Rad gemartert worden war, verehrten die Müller sie seit Jahrhunderten als ihre Patronin. Katharina war *seine* Patronin, daher verharrte er an ihrem Altar im stummen Gebet.

Fast kam der Beschwerdeführer sich nun ein wenig kleinlich vor. Er ahnte keineswegs, daß die sieben Stufen, über denen sich hinter braun gesprenkeltem Intarsiengestühl des Mönchschors der Hochaltar erhob, als Gleichnis der sieben zum Tempel von Jerusalem führenden Stufen verstanden werden sollten. Er mußte sich einfach an den gedrechselten Balustern des Speisgitters auf beide Knie niederlassen. Im Strahlenbündel aller gleichsam dort oben zusammengezogenen Herrlichkeiten verehrte er den gegenwärtigen Gott. Pulchritudo Splendor Veritatis.

So könnte es gewesen sein. »Der deutsche Mensch kniet nicht«, polterte ein großer Diktator, der nur 88 Jahre später geboren wurde. Eines ist sicher: Mathias Lang, der abgestiftete Müller, kniete. Mit einer Feststellung sei daher der Handlung vorgegriffen: Mathias Lang konnte den kommenden Religionsverfall nur voraussehen, weil er selbst religiös war.

Was nun folgte, hat sich mit Zuverlässigkeit so zugetragen:
Es gab ein Rascheln. Aus der Sakristeitür näherte sich ein Chorherr in weißer Kutte, ein Kleriker mit rundlichem Gesicht und schwarzen schweren Augen unter ebenso schwarzen buschigen Brauen, um die fünfzig herum: Pater Blasius Pfeiffer. Der gebürtige Böhme hatte von 1788 bis 96 die Windberger Pfarre versehen. Im Zweiundneunziger Jahr war ihm dazu das Kastneramt übertragen worden. Dieser Stellung entspricht in anderen Klöstern der Cellerarius (kontinuierlich römisch: Kellermeister), der die Schlüssel zu den Vorräten in Küche und Weinkeller führt. Bei der Bezeichnung »Kastner« überwiegt hingegen die Verwaltung des »Kastens«, des Getreidekastens (wie die Windberger einen sehr geräumigen in Straubing unterhielten, für den zwischen 1791 und 1802 Pater Norbert von Asch zuständig war). Im Kloster Windberg hatte der Kastner von jeher die Verantwortung eines Cellerarius mitgetragen. Vor fünf Jahren war Pater Blasius von seinen Ämtern krankheitshalber beurlaubt worden. Er hatte aber 1799 seine Tätigkeit als Kastner wieder aufgenommen und in dieser Eigenschaft ein Wort für die Verstiftung der Apoiger Mühle an den als unzuverlässig geltenden Sohn des alten Müllers eingelegt. Er war, als er ins Kirchenschiff trat, reisefertig. Er wollte ein letztes Gebet am Tabernakel verrichten, bevor er in der Konventkutsche nach Sossau bei Straubing fahren und von der vakant gewordenen Pfarrstelle Besitz ergreifen würde. Kein schlechter Tausch: Prälatur und Festsaal der schmucken Marienwallfahrt Sossau galten als Tusculum des Konvents. Hier pflegte jeder Konventual einige Wochen im Jahr zu verbringen. Das Windberger Klostervieh kam im Sommer nach Sossau auf die Weide. Das in mildem Klima gelegene Gut Sossau war der einträglichste und schönste Besitz des Klosters, der Aufenthalt in dieser lichten Auenlandschaft eine Erholung von der düsteren Strenge des Waldes.

Pater Blasius hatte sich der Entlassung Langs nicht widersetzen können. Er wußte, ohne erst fragen zu müssen, wie es dem Beter am Speisgitter ums Herz war. Mit einem lächelnd gekrümmten Zeigefinger lockte er ihn zur Sakristeitür, aus der er eben selbst hervorgetreten war. Der Müller hatte noch nie einen Fuß in den inneren Bereich des Monasteriums gesetzt, seine Welt war die ökonomische gewesen, der Städel und Stallungen, der Tennen und Getreidekästen. Staunend sah er sich von prunkvollen, gleich dem Chorgestühl aufs lebhafteste eingelegten und blankpolierten, mit den Jahreszahlen 1722 und 1723 bezeichneten Schränken umgeben. Das verschieden braungetönte Nußbaumholz reichte mit ausladenden Sprenggiebeln bis unter die ausgemalte Decke.
Dann ein Warten im romanischen Kreuzgang, der altväterisch und schattengrau vor sich hindämmerte wie das Portal. Pater Blasius meldete den Müller bei Abt Ignaz in der Prälatur. Nach geraumer Weile kehrte er allein zurück und geleitete den Beschwerdeführer in den oberen Konventgang, weiß, kühl, gewölbt; hinter Eichentüren lagen in regelmäßigen Abständen die Zellen. Hin und wieder rauschte ein Pater vorbei, dessen Kuttenweiß vom Kalkweiß des Gangs kaum sich abhob. Der eine oder andere verharrte, bis urplötzlich Abt Ignaz Preu zwischen ihnen stand. Lauter glattrasierte Kleriker, der bärtige Müller mitten unter ihnen. Der Abt, im Gegensatz zu seinem eher kindlich und weich wirkenden Vorgänger, mit energisch vorgerecktem Kinn, einer angedeuteten Vorwegnahme des »Duce« ähnelnd, mit scharfwinkligen Lippen und kritischem Blick, ließ den unsicher gewordenen Müller gar nicht erst reden, bat ihn auch in kein Gemach, rechtfertigte seine Entscheidung schroff und versuchte sie – als er die Verlegenheit seines Gegenübers bemerkte – begreiflich zu machen. Keineswegs ungewöhnlich sei es, daß am selben Tag, an dem eine Grundherrschaft von ihren Pächtern den Pachtzins nimmt, auch die Pachtver-

hältnisse bestätigt, erneuert oder aufgehoben werden. Er wisse, leitete er zu einer versöhnlicheren Tonart über, daß viele Klosterbedienstete in der Abtei weniger die Gemeinschaft frommer Geistlicher als den unbarmherzigen Grundherrn sähen, dem Abgaben, Zehnten, Gilten, Scharwerk und Fron zu leisten seien. Wenn der Müller aber bedenke, welche Verantwortung ein Abt für das Überdauern der Kommunität trage, würde er nicht wünschen, an seiner Stelle zu stehen.

Der Müller drehte die Haube zwischen den Händen und erwiderte nichts, kam aber endlich auf seine Schau vom künftigen Schicksal des Monasteriums zu reden. Es ist später dieser Aussprache – über die Angaben hinaus, die der Müller selbst gemacht hat – manche Ausschmückung beigefügt worden: Die Auseinandersetzung soll hitzig verlaufen sein, hieß es. Der Müllner-Hias habe gesagt: »Gut, ich gehe, aber so wie ihr mich hinaustut, werdet auch ihr aus dem Kloster hinausgetan werden. Weiber und Kinder werden aus den Fenstern herausschauen, und Brennesseln werden in eurem Garten wachsen.« Conrad Adlmaier schrieb 1955 über diese Version der Auseinandersetzung: »Heute ist ein Teil des Klosters wieder im Besitz des Ordens, aber die Weiber und Kinder schauen auch jetzt noch aus den Fenstern, weil viele Flüchtlinge dort einquartiert wurden.«

Es trifft keineswegs zu (wie Norbert Backmund vermutete), daß Mathias Lang dem Abt längst Bekanntes gesagt habe; aus unverständlichen Gründen datierte der Forscher das Gespräch zwischen Abt und Müller aufs Jahr der Klosteraufhebung 1803 selbst, während es in Wirklichkeit unmittelbar mit Langs Abstiftung zusammenhing und im Juli 1801 geführt wurde. Zum Zeitpunkt der ersten überlieferten Prophezeiung des Mühlhiasl wußte noch niemand vom künftigen Schicksal des Klosters. Im Gegenteil: Abt Ignaz versuchte, die lange vernachlässigten klösterlichen Belange mit Umsicht und Sachverstand in Ordnung zu bringen. Er hatte durch seine Zähigkeit und – wenn man so will – Härte auch schon Erfolge zu verbuchen. Vielleicht sprach er gerade deshalb auf die »Schau« seines ehemaligen Klostermüllers ein wenig heftig an. Er konnte nicht recht glauben, was der Müller ihm als Zukunft auftischte, faßte dessen Unheilsvoraussage sogar als versteckte Drohung auf. Er war ja wirklich ernsthaft und erfolgversprechend bemüht, endlich das Blatt zu wenden. Allerdings kam er nicht leicht gegen Widerstände im Innern des Klosters auf. Einige jugendlich-stürmische Konventualen taten sich nicht etwa als wackere Streiter gegen den Zeitgeist, sondern als schlaue Anpasser hervor. Das jederlei Umsturz deckende Wort vom »vorauseilenden Gehorsam« war zwar noch nicht erfunden, die Terminologie war bei weitem noch nicht so intellektuell, aber der Geist der Zeit war im Grunde schon damals der Herren eigener Geist. Ein »Modernist« reinsten Wassers war Pater Englmar, seines nicht viel anders klingenden bürgerlichen Namens Engelhard, gebürtig in Rohrbach, soeben von der Kooperatorenstelle der Pfarrei Sankt Englmar in die Abtei zurückgekehrt, um hier Theologieprofessor und Klosterbibliothekar zu werden. Seine Predigten, in denen er der Windberger Bevölkerung zu deren Erstaunen kundtat, wie vieles in der Kirche unwesentlich und wie weniges wesentlich sei, wurde von Münchner Regierungsstellen ausdrücklich belobigt. Viel zu vieles Unwesentliche, meinte er, könne geändert werden, ohne dem wenigen Wesentlichen Abbruch zu tun. Er pries die Anweisungen eines aufgeklärten Kurfürsten (der den Anregungen seiner protestantischen Gattin bereitwillig folgte) in hohen Tönen als »äußerst weise«. Was vom Landesherrn »abgeändert werden solle«, so seine Worte, »betreffe bloß Nebensächliches, das dem Wesentlichen eher hinderlich und nachteilig als förderlich sei.« Besonders lobte er den kurfürstlichen Befehl, in der Kirche statt Gregorianik deutschen Volksgesang einzuführen, und stellte den möglicherweise bevorstehenden deutschen Sprachgebrauch für den Meßkanon als Vorteil hin. Es gab auch andere kritische Köpfe im Konvent, die um eine vernunftsgemäße Begründung der Religion rangen – und völlig an den Bedürfnissen des kleinen Mannes vorbeidachten.

Pater Blasius, der von den Vertretern der Aufklärung, an deren Spitze sich Pater Englmar stellte, als »obskurer Finsterling« bezeichnet wurde (der mit der »neuen Zeit« nicht mitkomme), hatte Verständnis für den Mühlhiasl und seine Prophetie. Das mangelnde Einvernehmen mit Konventualen vom Schlage eines Pater Englmar war auch der Hauptbeweggrund seines Ausweichens nach Sossau. Er hörte die Voraussage des gekündigten Pächters mit wachsender Anteilnahme (und sollte auf seinem ferneren Lebensweg mit gleichbleibendem Interesse von den Zukunftsvoraussagen des Apoiger Mühlhiasl Kenntnis nehmen). Den Anfang seiner Neigung und Neugier hat man in diesem Ende Juli 1801 mit Abt Ignaz geführten Gespräch zu suchen. Die Verblüffung, ja geradezu Ergriffenheit sind bei ihm allerdings erst seit 1802 – als er Anfang Juli in sein Kastneramt wiedereintrat – und vor allem seit 1803 anzusetzen, als ihm klar wurde, daß er – nach des Klostermüllers Voraussage – der letzte Kastner in der Windberger Klostergeschichte sein werde. Der weitere Lebensweg des von Mühlhiasls Weissagungen so eingenommenen Paters wird uns noch beschäftigen.

Der herrische Abt hatte sich beruhigt und beruhigte umgekehrt auch den niedergeschlagenen Müller. Die Tatsache, daß die Apoiger Klostermühle an den Müller Lettl von Irlbach neu verstiftet worden sei, lasse sich nicht aus der Welt schaffen. Auch die untere Klostermühle am Dambach sei im Zuge der Neuordnung an einen anderen Müller verstiftet worden. Da dort unten aber des Beschwerdeführers leiblicher Vetter Johann Georg Lang, ein Sohn seines Vaterbruders, als neuer Pächter aufgezogen sei, empfehle er ihm, sich vorderhand, bis er eine andere

Bleibe gefunden habe, mit seiner Familie dort einzumieten. Er könne den Umzug in aller Ruhe bewerkstelligen. Und gern sei er ihm auch durch eine Empfehlung dabei behilflich, sein Fortkommen als »Mühlenrichter« zu finden; es handle sich um einen hochnotwendigen Beruf, denn Mühlen gebe es genug, die Tag und Nacht laufen, also regelmäßiger Pflege und Wartung bedürfen, die, mit einem Wort, »gerichtet« werden müssen. Und ihm sage – wie der Abt aus der Beobachtung von Langs bisheriger Lebensweise schließe, fügte er augenzwinkernd hinzu – das Herumwandern in unserem schönen Wald vielleicht sogar besser zu als die Seßhaftigkeit?
Es kam alles nach Wunsch. Dem Hias blieb reichlich Zeit, sein spärliches Hauswesen, das ohne Schwierigkeit per pedes befördert werden konnte, zum gutmütigen Vetter in die Untere Mühle zu bringen. Sein fast gleichaltriger Bruder Johann – zeitweise Hüter des Klosters – blieb als Mühlknecht beim Lettl. (Von seinem 1781 geborenen Bruder Joseph allerdings verliert sich jede Spur.) Sein zwölfjähriger Ältester wurde beim Vetter angelernt, seine beiden Töchter verdingten sich in fremde Hauswesen und wurden jung verheiratet. Nur die beiden jüngsten Buben lebten mit ihrer Mutter in einer bescheidenen Kammer des Wohnhauses. Und es zeigte sich zweimal Freund Hein als grausamer Gast: In ihrer Austragskammer starb die Großmutter ob der erlittenen Strapazen bereits im Jahr nach dem Umzug. Und einer der Buben überlebte die Kindsblattern nicht. Nächtelang weinte die Mutter.
In der Tiefe kauerte sich das Mühlhaus an den Bach. Vom untersten der drei Fischweiher, zu denen der Dambach aufgestaut war, eilte durch eine Holzrinne der Mühlschuß oberschlächtig aufs Rad. Weiter hinten bahnte sich der Dambach rauschend seinen Weg durchs Geklüft. Eingebettet war die Szenerie in eine steil abfallende abenteuerliche Schlucht. Buchenriesen und jahrhundertmächtige Eichen verschränkten ihre laubreichen Äste zu einem grü-

Die untere Klostermühle am Dambach

nen Geflecht, einer verwunschenen Wildnis. Das Wohnhaus klebte am Felsen, der nur ein Teil jenes aus vielen Blöcken übereinandergeschichteten weit gewaltigeren Felsens war, auf dem zuoberst Windberg mit seinen Kirchen und Kapellen thronte. In einer winzigen Kammer dieses Wohnhauses, unter niedrigen Deckenbalken, war der Hias mit seinem klaglosen Eheweib und seinen Kindern daheim. Obwohl sich deren Zahl bis auf zuletzt eines verminderte, brachte ihn die Enge fast um. Nicht nur, um den Lebensunterhalt seiner Angehörigen zu verdienen, sondern aus Wanderlust und Freiheitsdrang – ein Vorläufer des »Taugenichts« – zog er hinaus in die Ferne.
Er verdiente nun sein karges Brot als »Mühlenrichter«. Mit Recht und Gericht hatte das nichts zu tun, sondern mit dem landläufigen Wort »richten«, »herrichten«, »in Stand setzen« – reparieren. An einer Mühle gab es nämlich – worauf schon der Abt hingewiesen hatte – viel zu »richten«. Der Mahlgang war ein komplizierter Mechanismus: Der untere Mahlstein, gewöhnlich aus Granit, war fest verankert und hieß darum »Bodenstein« oder »Ste-

her«. Über ihm drehte sich der sogenannte »Läufer« um eine vertikale Achse. Er war der Höhe nach verstellbar und bestand in der Regel aus Basalt oder Sandstein, einem gelblichen vom Bayerischen Wald. Sogenannte »Franzosen« (Süßwasserquarz aus der Champagne) gab es damals noch kaum. Den mahlenden Steinen waren tiefe radiale Furchen zur Abführung des Mahlguts eingemeißelt. Es gab Zahnräder, von denen immer ein hölzernes in einem eisernen lief, und es gab Fördergurten. Aus hölzernen »Troidschaffeln« (Getreideschäffeln) wurden die Körner in die »Gosse«, einen schrägen, vierkantigen Trichter, gefüllt. Es gab sogenannte Trommelsichter: mit feinen Sieben bespannte rotierende Trommeln, und es gab die sogenannte Flachmüllerei für Roggenverarbeitung. Der Weizen hingegen wurde in der sogenannten Hochmüllerei (zwischen etwas weiter voneinander abstehenden Steinen) geschrotet. In der Grießputzmaschine wurden Schalenteilchen abgesondert. Beim üblichen Tag- und Nachtbetrieb war die Abnützung der Maschinenteile gewaltig, immer wieder mußte der Mahlgang abgestellt werden. Ein »Mühlenrichter« hatte ein weites Betätigungsfeld.

Mathias Lang zog von Mühle zu Mühle. Der Bogenbach (für den das Kloster zwischen Steinburg und Bogen das Fischrecht besaß), trieb viele Mühlen. Mathias verbrachte die wenigste Zeit in der Kammer beim Vetter, übernachtete (wie Störnähter oder Störschuster) immer dort, wo er gerade arbeitete. So gab sich der Müller-Hias einem unsteten Wanderleben hin. Die Überlieferung will, daß er lieber »auf Wanderschaft« war, als einer seßhaften Tätigkeit nachging. Von Mühle zu Mühle, von Fluß zu Fluß, von Ufer zu Ufer durchstreifte er das Land. Hatte er sein Tagewerk vollbracht, ging's an ein Erzählen und Phantasieren; der »Mühlenarzt« verglich gewöhnlich das Treiben auf Erden – da er den Fastenpredigten der Patres immer aufmerksam gelauscht hatte und sich der kirchlichen Benennung der Dinge bediente – mit »Noe-Zeiten«. Gottes Gerte könne die Übel noch im Zaum halten, aber wehe, wenn das in heißen Adern sitzende Gift über die Welt komme! Sollten einmal die Glaubenssterne verlöschen, würden auch die Quader der Ordnung bersten. Sei der Mensch auf sich allein gestellt, bringe er die Erde und sich selber um. »Die Menschen werden die Erde vernichten, aber die Erde wird auch die Menschen vernichten.« Man kannte solche Reden des alten Sonderlings zur Genüge, nahm sie hin, lachte höchstens hinter vorgehaltener Hand. Wenn er dann aber weiterredete, später vor allem, als er älter und härter wurde, verging seinen Zuhörern das Lachen.

Wir können selbstverständlich auf keine bildliche Überlieferung der Physiognomie des Propheten zurückgreifen; es gab noch keine Photographie; das Gesicht eines einfachen Menschen hatte auch noch niemand mit Stift oder Pinsel festgehalten. Aus Einzelheiten der Überlieferung geht höchstens hervor, daß er ein untersetzter, bärtiger Mann mit sonderbar aufgerissenen Augen war. Er machte einen ungepflegten Eindruck. Nicht verwunderlich, war er doch ständig auf Stör, also auf der Umfahr. Oft nächtigte er im Stadel. Ein Bekannter erzählte dem Volkstumsforscher und Heimatschriftsteller Otto Kerscher aus Furth bei Bogen (nach Mitteilung des Mühlhiasl-Biographen Walther Zeitler): »Mein Großvater Fendl, Bauer von der Zellerhöh, Pfarrei Rattenberg, Gemeinde Prackenbach im Kreis Viechtach, hat oft und oft erzählt, daß er den Mühlhiasl noch selber gut gekannt hat. Er ist ein rechter Sonderling gewesen, hat immer ein wenig verwildert ausgesehen und hat immer gleich angefangen mit seinen Voraussagungen. Der Mühlhiasl wohnte in Windberg, wenigstens in der Zeit, wo ihn mein Großvater kennenlernte.«

Die erste buchstäbliche Erfüllung eines der von ihm landauf, landab, zuerst aber den Klosterbrüdern selbst mitgeteilten Gesichtes war die Aufhebung der geistlichen Kommunität auf dem Windberg; der Ablauf dieses bitteren

Geschehens wird uns noch beschäftigen. Die nächstliegende, Mathias Lang unmittelbar betreffende Folge war der Übergang der unteren Klostermühle in Privatbesitz. Gestattete der geistliche Inhaber die kostenlose Nutzung einer bescheidenen Kammer für den »Inwohner«, so verlangte der neue Besitzer, ein reicher Bauer aus der weiteren Umgebung, den gehörigen Mietzins. Ob der Mühlhiasl für sich und sein Weib dann eine Hütte baute (Backmund nennt sie »Häuslleut«), ist nicht überliefert. Fest steht aber die Wesensgleichheit Mathias Langs mit dem Waldpropheten Mühlhiasl. Backmund bestätigt es in einer Fußnote: »Auch eine ältere Fassung der Prophezeiung, die von der Mühlbauer-Landstorferschen unabhängig ist, nimmt dies als gegebene Tatsache an. Sie wurde vom Pfarrer Anton Ederer von Wolznach gesammelt, als er während des Ersten Weltkrieges Kooperator in Neukirchen bei Haggn war (einer ehemaligen Klosternachbarpfarrei von Hunderdorf und Windberg). Ederer goß die schreckliche Voraussage in Versform, nach Art einer ›Moritat‹; sie existiert nur handschriftlich.«
An der bis hierher eindeutigen Aktenlage ändert sich auch durch die Tatsache nichts, daß Mathias Langs weiteres Schicksal, vor allem Jahr und Ort seines Todes, bis jetzt nicht festgestellt werden konnten.
Mich ließ das Geheimnis um den Seher von Apoig nicht los; ich wollte den Versuch wagen, es zu deuten. Deshalb fuhr ich ein zweites Mal nach Hunderdorf. Diesmal stellte sich heraus, daß mein Gewährsmann, der bärtige Georg Schneider, entgegen meiner bisherigen Annahme im Nachbarhaus wohnte, einer ehemaligen Sölde mit zwei Kühen, wo er 1926 auf die Welt gekommen war. Er selbst hatte sechs Kinder großgezogen. Sein »Sach« war übergeben. Die Mühle hatte er vor Jahr und Tag dazuerworben. Das Wohnhaus der Mühle war vermietet. Als Werkstatt und Arbeitsraum diente ihm das Mühlhaus. Er zeigte mir die alte Glocke, ein ganz gehöriges bronzenes Trumm,

das Tote vom Schlaf aufwecken konnte, wieviel eher einen eingenickten Müller. (Zu Haslach im österreichischen Mühlviertel pflegte bis in unsere Tage ein Dackel mit seiner Schnauze den Müller anzustupsen, wenn der Mahlgang leerlief, damit er Getreide nachfülle.) Das hohe hölzerne Rad wurde in Apoig nicht wie bei oberschlächtigen Mühlen vom jähen Mühlschuß getrieben, sondern vom schmal und unter Druck gehaltenen brausenden Mühlbach; weiter aufwärts war er vom eigentlichen Bach abgeleitet worden. Dem Bogenbach ließ man durch ein verschieden hoch eingestelltes Wehr nur einen dünnen Durchfluß. Bei Schneeschmelze wurde das Wehr weit, ganz weit aufgezogen. Der Mühlbach selbst konnte durch ein weiteres Wehr, unmittelbar vor dem Schaufelrad, abgesenkt werden.

Wir besichtigten zusammen die neue Kirche von Hunderdorf, dem heiligen Nikolaus geweiht, einen etwas nüchternen Bau aus den Jahren 1935/36, hart neben dem erhaltenen Pfarrhof der früheren Klosterpfarrei. Die ehemalige Kirche mit gotischem Treppengiebelturm war wegen Baufälligkeit abgebrochen, ihre Ausstattung teilweise in die neue Kirche übertragen worden. Dann fuhren wir hinaus zur Streusiedlung von Eglsee, etwas nach Süden von Lintach gelegen. Nur noch eine weite Talsohle erinnerte an den ehemaligen See, auf dem der Mühlhiasl so gern Schifferl gefahren war: Abgelaufen und ausgetrocknet. Ein geschlängelter Bach – Schneider sagte »Graben« – wurde von Buschwerk begleitet, es gab Erlengruppen und schmale Felder, eine Treibjagd war im Gang.

Am Weihereck habe der Mühlhiasl – höre ich von meinem Gewährsmann – vier Winkel abgesteckt und im Zusammenhang mit seiner Androhung einer kommenden Bauwut gesagt: »Hier kommt ein Haus her!« (Ich schaue daheim nach und finde diese Aussage schon bei Landstorfer). Das Gebäude, das mir mein Begleiter zeigt, sei erst vor kurzem genau an der vom Mühlhiasl bezeichneten

Stelle errichtet worden. Eine weitere Ankündigung von lokaler Genauigkeit finde ich später ebenfalls bei Landstorfer. Als ich mit Schneider in Breitfeld stehen bleibe, ungefähr auf halbem Wege zwischen Hunderdorf und Au vorm Wald, rezitiert er mir diese ob ihrer Dunkelheit seit Menschengedenken wortwörtlich bewahrte Voraussage: »Da wird ein Haus baut, wird aber zuvor nicht ausbaut, wenn's gleich schon lang baut ist.« Wieso? Ich sehe nur die lange und langweilige Mauer einer Fabrik. Eben, bestätigt Schneider, hier gab es bis zum Zweiten Weltkrieg nur Felder und eine bescheidene Einöd. Nachträglich (wie denn sonst als nachträglich?) wurde diese Aussage auf das Nolte-Werk bezogen, das mit seiner langgestreckten, jahrzehntelang unverputzten (wie ich sehe inzwischen fertiggestellten) Fassade den Eindruck erweckte, der Bau sei noch nicht vollendet.

Ich will etwas über die korrekte Aussprache des Waldsehers wissen. Bei ihnen im Vorwald, erklärt mir Schneider, sage man eindeutig Mui*hiasl,* also Mui und betone auf dem hi, alles andere sei falsch. Ich will es genau wissen: Mui? Nicht etwa Möi? Ganz überzeugt bin ich nicht von der »Mui«. Immerhin sagt man im Vorwald nicht »Mü« (die Neuwiener Pseudomundart »vü« für »vui« und »Mü« für »Mui« dringt ja schon ins Urbajuwarische bis zum Ufer des Inns vor; daß ein Graben aufgerissen wird, wo nie einer war, dafür hat man »ka Gfü«). Der Mühlenbesitzer von Apoig hält sich Schafe – die Hausfrau setzt mir mittags Lammfleisch vor –, er spinnt von der Wolle seiner eigenen Schafe den Faden, aus dem die Gattin ihm einen prügeldicken Wolljanker strickt. Er trägt ihn, als wir in der »unteren« Klostermühle einkehren. Das einzige geheizte Zimmer ist wacherlwarm, überheizt, mein Vergilius lüftet seine Jacke, atmet schwer. Ich finde alles, wie er es mir beschrieben hat.

Das Wohnhaus lehnt sich droben an den Felsen. Obwohl es nur noch als Gerätehaus und Lagerschuppen dient, verkündet eine Holztafel mit schnörkeliger Schrift: »Hier lebte der Mühlhiasl«. Das ehemalige Mühlenhaus, drunten am Bach, ursprünglich aus Holz errichtet wie alle Waidlerhäuser, ist vor Jahrzehnten abgebrannt und in den alten Maßen aus Stein errichtet worden. Es gibt keine Holzrinne für den Mühlschuß und, im Gegensatz zur Apoiger Mühle, keinen Mühlen-Mechanismus mehr, der Bach sprüht über Felsen. Wir sitzen in der überheizten Stube. Unterhalten uns mit der alten Inhaberin und ihrer Tochter, die vor sich auf dem Tisch ein aufgeschlagenes Buch liegen hat und ausdauernd liest; sie kennt Rosegger und Stifter. Und ein Schuldirndl, das zu Gast ist, heißt Bernadette. Hier gewinnt das Bild, das ich mir vom Mühlhiasl mache, weitere Konturen. Er sei weder des Lesens noch Schreibens kundig gewesen, erfahre ich. Es habe aber verschiedene Aufzeichnungen seiner Prophezeiungen gegeben, darunter eine in lateinischer Sprache vom Kloster Windberg (die, um den Leuten keine Angst einzujagen, nicht allgemein lesbar sein sollte). Sie sei – dies gelte als zuverlässig – nach der Säkularisation in der Pfarrei Hunderdorf aufbewahrt worden – wahrscheinlich nicht im Pfarrhof – und sei in den Wirren des Zweiten Weltkriegs verloren gegangen. Schneider fragt beim Abschiednehmen, ob die Bewohner der Mühle sich schon einen Schlupfwinkel im gegenüberliegenden Felsen ausgesucht hätten, denn der Mühlhiasl spreche doch von Höhlen am Berg, in die man sich verkriechen solle, wenn es ernst werde.

Es drängte mich nun, ein weiteres Mal ins Windberger Kloster hinaufzusteigen und Schauplätze aufzusuchen, die zu Lebzeiten Mathias Langs bereits bestanden hatten.

Ich wußte, die meisten Kirchen und Kapellen waren dahin. Außer der Friedhofskirche war nur die Stiftskirche selbst aus den Sturmfluten der Säkularisation unversehrt hervorgegangen. Ich stand am Portal – wie vor hundertneunzig Jahren der Klostermüller Mathias Lang – und be-

fand mich im Geist an der Seite des heiligen Norbert auf dem pratum monstratum – der vom Himmel gezeigten Wiese – pré montré. Man schrieb das Jahr 1125. Es war heiliger Abend, nach der Legende das Gründungsdatum des Ordens der Prämonstratenser. Ich wußte aus Geschichtswerken: Schon sechzehn Jahre nach der Ordensgründung wurde Gebhard, erster Windberger Abt, geboren. Er richtete eine Schreibstube ein und führte die Buchmalerei zu nie wieder erreichter Blüte. Unter den 159 Windberger Handschriften der Bayerischen Staatsbibliothek nimmt Gebhards Windberger Psalter eine besondere Stellung ein, gilt als Kunstwerk von Weltrang.
Ich blickte über mich hinauf und gewann aus der architektonischen Schiffsform des romanischen Bauwerks den Eindruck, ich stünde vor der Arche Noa, in der alle Menschen und Tiere gerettet worden waren, oder an den Planken des Schiffes Petri, eines anderen Sinnbildes für die rettende Kirche. Vor mir strebten als äußerste Begrenzung des Gewändes zwei freistehende Säulen – wie am Salomonischen Tempel von Jerusalem – zum Tympanon empor: Dort oben thronte das Jesuskind auf dem Schoße Mariens, der Patronin des Gotteshauses. Rechts und links knieten die Kirchenstifter Graf Albert I. und seine Gemahlin Hedwig mit bittender Gebärde.
Ich stemmte das Portal auf und befand mich in einer Art Vorhalle, die in altchristlicher Zeit für die vom Gottesdienst Ausgeschlossenen, für die noch nicht Gereinigten, für die Büßer bestimmt war. Ich empfand sie fast noch als ein profanum oder als Vorzimmer des himmlischen Thronsaales, wo der Kirchenpatron das Anliegen des Besuchers entgegennimmt. Er empfängt ihn, um bei Gott für ihn einzutreten. Das waren freilich keine republikanischen Strukturen. Es lag ja das höfische Audienzzeremoniell zugrunde: Der Bittsteller wird von einer hochgestellten Persönlichkeit begleitet, sein Anliegen wird vorgetragen. Patrozinium war Mariä leibliche Aufnahme

in den Himmel, dargestellt auf dem Deckenfresko über der Vierung. Nicht nur die Stifter hatten ihre Marienverehrung als sakrale Überhöhung des Minnedienstes empfunden, auch wenn die Prämonstratenser im zwölften Jahrhundert zusammen mit den Zisterziensern die Kirchenreform von Cluny fortsetzten, war Maria ihr Leitbild: Sie war dem heiligen Norbert von Xanten erschienen und hatte ihm das weiße Ordenskleid überreicht. Dem Weib, vertreten durch das allerhöchste, das »gebenedeite«, kam außerordentliche Bedeutung zu.
Ein Gefühl von Ungehörigkeit, Unrechtmäßigkeit und Frevel bemächtigte sich meiner, der ich ohne Gewissenserforschung, Bekenntnis und Buße, ohne mich vor dem Allmächtigen auf die Knie zu werfen, ohne Gottes-Dienst, in das Innerste des Heiligtums eindrang, der ich auf die Überwältigung durch seine Schönheit beschränkt blieb, ohne mich auf die Wahrheit einzulassen, als deren Abglanz diese herrliche Helligkeit und helle Herrlichkeit erst angemessen gewürdigt werden konnte. Wenn ich sage »angemessen«, meine ich auch die Maße, die allesamt Bestandteil dieser Wahrheit waren: Die Zahl der Arkaden, die mich durch das leuchtende Schiff nach Osten zum immer heller leuchtenden Chor geleiteten, bezog sich auf die acht Seligpreisungen der Bergpredigt. Die Innenlänge des Kirchenschiffes betrug – nach der mir bekannten Ikonologie Alfred Kaisers – 156 römische Fuß. Die bei Abt Bernhard und im ganzen Mittelalter häufig anzutreffende Zwölfteilung dieser Zahl ergibt dreizehn. Zwölf ist die Symbolzahl für das himmlische Jerusalem, das auf zwölf Grundsteinen erbaut ist und zwölf Tore besitzt. Länge, Breite und Höhe der Gottesstadt betragen jeweils 12 000 Stadien, die Mauerhöhe mißt zwölf mal zwölf Ellen. Die Zahl dreizehn ist ein Hinweis auf die zwölf Apostel und Christus.
Auch das Verhältnis zwei zu eins kehrte in den Maßen dieses Kirchenraumes beharrlich wieder. Die Breite des Mit-

telschiffs und der Seitenschiffe, des Chors und der Nebenchöre, die Länge des Haupt- und Querschiffs (156 zu 78) standen im Verhältnis zwei zu eins. Nach der pythagoräisch-platonischen Zahlentheorie ist diese Verhältniszahl der Inbegriff aller Harmonie schlechthin und Ausdruck höchster künstlerischer Vollkommenheit. Schon dem heiligen Paulus, dem waschechten Juden, treuen Christusanhänger und Vertreter der griechisch-römischen Welt, waren diese Maßverhältnisse als Spiegelung der Ewigkeit in der Zeitlichkeit bekannt. Augustinus von Hippo übernahm diese Symbolik und bestimmte so maßgeblich die Ästhetik nicht nur des Mittelalters: Sein Wort aus dem klassischen Werk »De civitate Dei«, Schönheit sei die äußere Seite der Wahrheit (welches später Thomas von Aquin als »Splendor veritatis« und Adalbert Stifter, Kremsmünsterer Schüler, abgewandelt als »Schönheit ist Wahrheit im Gewande des Reizes«, übernahmen), beeindruckte den kunstsinnigsten aller Windberger Äbte, Bernhard Strelin aus Landau, so tief, daß er diese Schönheit in einer bis dahin unbekannten und nicht mehr zu überbietenden Weise emporsteigerte: zu blühend farbigen Deckenfresken, zu rosaroter Grisaillemalerei mit Szenen aus dem Leben heiliger Prämonstratenser, zu floralen Langhausstukkaturen mit Blättern und Fruchtgehängen als Anspielung auf den Paradiesgarten, mit Rocaillen und Muscheln als Hinweis auf die Verbindung von Himmel und Erde, Gott und Mensch. Abt Strelins Werk war eine Aula Dei in Licht und Farbe, ein Festsaal zum Vollzug der heiligen Handlung, den wir uns nach den augustinischen Idealen der Enzyklika »Annus qui« mit Klangwelten erfüllt vorzustellen haben: eine Aufgabe, der Mozart, inspirierter Zeitgenosse des Baumeisters, (nach einem Wort von Dietz-Rüdiger Moser) »auf die ihm eigene, wunderbare Weise nachgekommen ist«.

Die schönsten Altäre des Schiffes galten den beiden Frauen Dorothea und Katharina, die ihr Leben für den himm-

Der Katharinenaltar von Windberg

lischen Bräutigam hingegeben hatten (eine Haltung, die meinem aufs Diesseits geschmälerten Zeitalter kaum noch begreiflich zu machen war).

Ich erinnerte mich, daß ich meinen Kindern in Kupfer gestochene Darstellungen ihrer Namensheiligen über die Bettstatt gehängt und auf die Rückseite deren Lebens-

und Leidensgeschichte geschrieben hatte. Wenn eines meiner Kinder Katharina geheißen hätte, würde ich geschrieben haben: Katharina, Königstochter von Alexandrien, gleich schön wie klug, wünschte sich einen Bräutigam, der sie an Weisheit übertreffe. Kein Freier erfüllte diese Bedingung. Da erreichte sie die Kunde von der erhabenen Person und Lehre Jesu Christi. In ihm sah sie den ersehnten Bräutigam. Zusammen mit ihrer Mutter ließ Katharina sich taufen und gab ihr Vermögen den Armen. Da sie sich weigerte, den Göttern zu opfern, wurden die besten Gelehrten der Zeit aufgeboten, um sie von der Torheit des Christentums zu überzeugen. Doch dank ihrer Geisteskraft überzeugte die bekehrte Katharina die Gelehrten. Voll Wut ließ der Richter die Bekehrten in Kalköfen verbrennen, Katharina aber aufs Rad spannen. Das geschah im Jahre 305 unter Kaiser Maximian, ein Jahr vor der Regierungsübernahme durch Konstantin, den ersten christlichen Kaiser, sieben Jahre vor der Schlacht an der Milvischen Brücke, hundertneunzig Jahre vor den Anfängen Bayerns, wo fortan Katharina höchste Verehrung genoß.

Den Katharinen-Altar fand ich erfüllt von hinreißender Bildhauerarbeit. Inmitten glänzte die Titelheilige in himmlischer Glorie mit Sonne und Schlange (die sich um eine flackernde Fackel ringelte) als Zeichen von Weisheit und Klugheit, eingeschlossen in den Rahmen eines von Quartbänden und Folianten strotzenden Bücherschranks. Schönheit als heller Widerschein der Wahrheit: Katharina hatte ihre Unberührtheit und ihren Glauben weltlichen Ehren vorgezogen; das Sternbild der Waage deutete es an: Die Lilie wiegt schwerer als Zepter und Krone.

Als ich an der Mensa dieses Altares stand, fragte ich mich beschämt: Wie würdest du dich verhalten, wenn du die Wahl zwischen Leben und Sterben hättest?

Das Chorgestühl war von Frater Fortunat aus Nußbaumholz aufgebaut worden; in die Brüstungen und Rückenteile (Dorsale) hatte er verwirrend vielfache und erfindungsreiche Intarsien eingesenkt. Von den Stallen der Chorherren zu beiden Seiten begleitet – über denen von polierweißen Balustraden die vier abendländischen Kirchenväter auf Matutin und Laudes herunterlauschten – näherte ich mich dem Hochaltar: Der Mittelteil mit seinem auf zwei Säulen ruhenden Baldachin war als Gnadenthron für das Jesuskind auf dem Schoße seiner Mutter Maria ausgebildet; von den Strahlen der Sonne umgeben, stand sie auf der Mondsichel. Der blaue geraffte Vorhang deutete auf das Allerheiligste hin, das im alttestamentlichen Tempel hinter einem Vorhang verborgen war. Die Sterne darüber – Lieblingsthema des Abtes Strelin – zeigten als kosmische Sinnbilder, daß die Herrschaft des göttlichen Kindes Himmel und Erde umfaßt. Auf dem Deckenfresko in der Höhe staunten die Apostel über das leere Mariengrab.

Diesem Leitgedanken des Gnadenthrones entsprechend fand ich die anbetende Haltung zweier Assistenzfiguren: Zwischen den beiden gedrechselten äußeren Säulen stand rechts Graf Albert I. in goldener Rüstung beim Überreichen des Stiftungsbriefes. Auf der anderen Seite erwies Einsiedler Winith mit Chorkleidung und Pilgerstab dem Gnadenbild seine Ehrerbietung: Beispiel der Frömmigkeit – exemplum pietatis – für Gemeinde und Chorherren. Das strahlende Kleid, von Abt Strelin dem in seinen ehrwürdigen alten Formen unangetasteten Gotteshaus übergeworfen (in dem etwa der romanische Taufstein erhalten geblieben war), kann zugleich als Sterbekleid des Prämonstratenser-Stiftes gedeutet werden.

Erstes Eintreffen einer Voraussage des Waldpropheten Mühlhiasl

Es wurde darüber oft gerätselt, warum es zu den großen Zerstörungswerken der Geschichte kam, ob sie vermeidbar gewesen wären und ob sie, falls ihnen ein offenkundiger Irrtum zugrundelag, hätten ungeschehen gemacht werden können. Denkt man diese drei Fragen durch, kommt man zu dem Ergebnis, daß der Geschichte ein Auf und Ab aus Wachstum und Verfall, Schöpfung und Zerstörung, Werden und Vergehen innewohnt. Was lebt, atmet ein und aus. Also kann auch den scheinbar sinnlosesten Akten der Barbarei eine gewisse Notwendigkeit nicht abgesprochen werden, zumindest in dem platten Sinne, daß ein Tisch nach eingenommenem Mahl abgeräumt werden muß, wenn er neu gedeckt werden soll.

Ende Juli 1802 kehrte P. Blasius Pfeiffer von Sossau zurück und übernahm neuerdings das Kastneramt. P. Johann Evangelist Fleischmann, gebürtig aus Köblitz in der Oberpfalz, amtierte in dieser Zeit als Prior und bestritt aus den Stolgebühren (Gebühren für Messen, Taufen und andere von Geistlichen verrichtete Handlungen) der vom Kloster versehenen Pfarreien die Bedürfnisse des Konvents, der Sakristei, der Kirche und der Abgaben an den Bischof. Noch zeigten sich keine Wolken am Himmel; Abt Ignaz Preu arbeitete unermüdlich an der spirituellen und wirtschaftlichen Festigung des alten Stifts. Er *wollte* einfach nicht wahrhaben, wie ernst bereits die Lage war.

Im Oktober traf er in Straubing mit Abt Rupert Kornmann von Prüfening zusammen, um sich mit ihm, dessen Beziehungen überallhin reichten, zu beraten. Völlig verändert kehrte er nach Windberg zurück. Der bereits eingekleidete Novize wurde sogleich entlassen, für die Ökonomie wurden keinerlei Anschaffungen mehr gemacht, auch der Hausbedarf wurde aufs dringendst Nötige eingeschränkt. Als der Bräumeister dem Abt nahelegte, den fürs kommende Frühjahr nötigen Hopfen zu bestellen, bekam er eine alles erklärende Antwort: »Dafür soll der sorgen, der das Kloster einmal kaufen wird.«

Am 6. November erschien in Windberg unversehens der Vorbote der Säkularisation, Landrichter Rüdt von

Schwarzach als kurfürstlicher Inventarisierungskommissär. Er enthob den Abt und seine Amtsinhaber der Temporalienverwaltung (Wahrnehmungsbefugnis der Einkünfte und weltlichen Rechte), ernannte den Klosterrichter Samuel Zizmann – der seinerzeit auf langes Bitten hin dank der Gutmütigkeit Abt Joachims an diesen Posten gekommen war – zum Administrator und nahm ihn sowie alle Bediensteten des Klosters eidlich in »kurfürstliche Pflichten«. Für Abt Ignaz hob nun eine wahre Leidenszeit an. Zizmann, ein Illuminat mit fachlich höchst begrenzten Fähigkeiten, ein Speichellecker nach oben und ein Tyrann nach unten, verbitterte ihm das Leben auf jede erdenkliche Weise, von der kleinlichsten Schikane bis zur gröbsten Beleidigung.

Zwei Jahre nach Mathias Langs detaillierter Aussage über den Untergang des Klosters ging seine Schau in Erfüllung. Die Säkularisation traf mit allen schrecklichen Einzelheiten genauso ein, wie der »Mühlhiasl« sie beschrieben hatte. Die »Stationen« dieses Kreuzwegs, von denen hier die Rede ist – so unfaßbar sie sein mögen –, sind nicht Erfindung, sondern Dokumentation.

Am 26. März 1803 versammelte der Landrichter von Straubing, Freiherr von Limpöck, den Konvent im Kapitelsaal und verlas das Aufhebungsdekret. Alle Kleriker wurden mit einem Abfindungsgeld von 150 Gulden entlassen. Scharen von »exclaustrierten« Konventualen zogen den Berg hinunter und über die Apoiger Brücke. Die »Austreibung« geschah – nach Mühlbauer – »mit so brutaler Dringlichkeit, daß zwei Patres, die im Bach zu Gaishausen gefischt, keinen Fuß mehr über die Schwelle ihres Klosters setzen durften, sondern eiligst entweichen mußten (1. April 1803).« Das nun anhebende Versteigern, Zertrümmern und Verschicken vollgepackter Kisten ging monatelang fort. Man begann mit dem Bargeld, den Pretiosen und dem Kirchensilber. Die Pontifikalornate wurden in die Hauptstadt verfrachtet.

Bald war das Mobiliar an der Reihe. Das meiste kam unter den Hammer; in Windberg, Sossau und Straubing war Auktion. Den Löwenanteil ersteigerten die Gastwirte der Umgebung. Schließlich ging der Kommissär an das schwierige Geschäft, alle Ausstände von Grunduntertanen zu liquidieren. »Was das Kloster den oft armen Leuten gütigerweise seit Jahren gestundet hatte«, schreibt der Chronist Norbert Backmund, »wurde nun vom Staat schonungslos unter Androhung von Pfändungen eingetrieben.«

Es ist schwer verständlich, daß angesichts dieser Leidenszeit, insbesondere für die Patres, und im Anblick der Zerschlagung jahrhundertealter Kulturleistung, unter den Geistlichen immer noch Liebediener auftraten wie der erwähnte Englmar Engelhard. Bis zuletzt hofften manche, durch Anbiederung der Aufhebung zu entgehen, irrten freilich in der Annahme, ihr Tribut an die sogenannte neue Zeit würde ihnen gelohnt werden. Daß da eine Welt von Schönheit versiegte und für immer unterging, löst im nachhinein – keineswegs nur bei Katholiken – tiefes Bedauern aus: Die Ostermärlein etwa verschwanden in der volksfremden sturen Aufklärungszeit aus dem Bewußtsein der Einheimischen. Die Christmetten, Weihnachtskrippen, Hirtenspiele, Passionsdarstellungen, Prozessionen, Bittgänge, Wallfahrten, Bruderschaften, Rosenkränze, Kreuzwegandachten und Heiligen Gräber, alles, was etwa das Gefühl für die unendlich schöne Schöpfung und ihren Schöpfer ansprechen konnte, wurde kalter Ratio geopfert und bei strenger Strafe verboten. Die aufgeklärten Herren aus München (die nach dem Aussterben der altbayerischen Wittelsbacher von der Rheinpfalz gekommen waren), der Freimaurer Max Joseph mit seiner reformierten Gemahlin und seinem französischen Revolutionsminister machten tabula rasa. Großartigste Kunstwerke, im Fall sie aus Gottesfurcht geschaffen waren, überantworteten sie blindwütiger Zerstörung oder verkauften sie zum bloßen

Materialwert, wertvolle Altarbauten zum Preis von Brennholz. Zwar wurden die besten Bücher, Handschriften, Inkunabeln, Choralbücher, Archivalien, Originalurkunden, Abteisiegel und Gemälde nach München geschafft, Unersetzliches verschwand aber in dunklen Kanälen; es kam sogar vor, daß schlammige Wege mit Folianten gepflastert wurden. Die Abbrucharbeiten zogen sich über Jahre hin: So fielen die Wirtschaftshöfe, zwei Flügel des Konventbaus, der Kreuzgang samt der Dreifaltigkeitskapelle, die Augustinuskapelle, die Pfarrkirche Sankt Blasius, das Schlafhaus des Abtes in Schutt und Trümmer. Sogar die sechs Glocken der Klosterkirche wurden (am 19. Jänner 1804) heruntergenommen und versteigert. Verstummen sollte das Haus Gottes. (Ein Gegenstück zu solcher Gesinnung war die Abtragung der Kirchtürme des Tegernseer Klosters bis auf zwei niedrige Stümpfe, die keinen Gedanken an eine Kirche mehr aufkommen ließen.)
Angstvoll sahen die vielen Klosterbediensteten (die Ehhalten, Hofmeister, Aufseher, Knechte, Baumänner, Hüter, Taglöhner) das Stift, ihren bisherigen Brotherrn, untergehen, erhofften sich zumindest von der öffentlichen Hand eine Entschädigung. Aber da gab es manche Enttäuschung. Der Staat zeigte sich ungemein kleinlich und knauserig gegenüber den Gemeinden und den kleinen Leuten, die vom Kloster gelebt hatten. Die Abfindungen wurden entweder ganz verweigert oder waren lächerlich gering. Bekam einer drei Tagwerk als Entschädigung, so durfte es ausdrücklich nur »Ödland« sein; jedes Fleckchen Klostergrund, wenn es nur irgend Ertrag lieferte, sogar die 103 Tagwerk Weinberge, die alle an Weinzierln verstiftet waren, wurde verkauft oder langfristig verzinst. In immer kleinere Parzellen zerfiel der klösterliche Grundbesitz. Die sechs bedeutendsten Forste wurden in staatliche Regie genommen.
Auch die beiden Klostermühlen kamen in Staats- und bald in Privatbesitz. Vermutlich mußte Barbara Lang auszie-

hen. Ob und wo sie ein Unterkommen fand, wissen wir nicht. Und ihr unsteter Mann, Mathias Lang, genannt Mühlhiasl, der Mühlenrichter? Er wanderte wohl weiter über Land, kehrte vielleicht alle heiligen Zeiten der Hütte zu, wo sein Eheweib hauste. Nach anderen Aussagen verdingte er sich als Hüter auf den Höhen des inneren Waldes. Die urkundlichen Quellen versiegen. In der bewegten und waldreichen Landschaft um Sankt Englmar weiß man immer noch am besten und meisten über ihn zu erzählen, vor allem von seinen Weissagungen, die nach dem ersten »Erfolg«, seiner Voraussage der Säkularisation (die außer Windberg Hunderte anderer Klöster betraf), kaum noch abrissen. Über die Entstehung, Weitergabe und gelegentliche Umwandlung, ja Entstellung dieser Voraussagen, die zu den erstaunlichsten Phänomenen der präkognitiven Literatur zählen, wird noch zu berichten sein.

Im Sommer 1805 war die Säkularisation abgeschlossen. Die letzten zehn Konventualen, die gegen eine Mietzahlung bis dahin immer noch im ehemaligen Kloster gewohnt hatten – im Widerspruch zu Pfarrer Mühlbauers Erinnerung –, mußten ausziehen. Pater Maximilian Stegmüller schrieb im Jahre 1817, Windberg sei »zur wahren Einöde« geworden.

Friede war nun also, aber es war ein Kirchhofsfriede. Der Sieger hatte seinen »Orgasmus« gehabt, aber die Freude war einseitig geblieben. Oh, noch viel einseitige Freude für den Stärkeren sollte es in Zukunft geben! Mit welchem Zynismus die Stärkeren damals gewütet hatten, geht allein schon aus dem Umstand hervor, daß die Gruft, in der die hingeschiedenen Patres ruhten, zum Viehstall herabgewürdigt wurde, mit Häufen von Stroh und Mist. Wie ehedem die Schweden das ehrwürdige Hochgrab der frommen Stifter zu Trümmern geschlagen und ihre Gebeine im verwüsteten Schiff umhergestreut hatten, so ähnlich hatten die Säkularisierer von 1803 bis 1805 gehaust.

Ein letztes Mal kamen die noch lebenden Mitglieder des Konvents, voran Abt Ignaz, in Windberg zusammen. »Es war 1827«, schreibt Norbert Backmund, »als sie die Gebeine ihrer verstorbenen Mitbrüder aus der zum Stall entweihten Klostergruft in den Friedhof überführten. Das De Profundis, das sie damals sangen, mag für sie wohl der endgültige Grabgesang ihrer Kommunität gewesen sein. Daß diese knapp hundert Jahre später wiederauferstehen sollte, das konnten sie freilich nicht ahnen.«
Wiederauferstehen? Tatsächlich, im Jahr 1923 wurde der verwahrloste Ort von holländischen Prämonstratensern für den Orden zurückerworben, wurden die wenigen verbliebenen Baulichkeiten unter unaussprechlichen Opfern und Entbehrungen wiederhergestellt.
Seither waren 68 Jahre vergangen. Als ich die Kirche besichtigt hatte, ließ ich mich von Frater Raphael durch die Gebäude führen. Kann es am liberalen holländischen Diaspora-Katholizismus liegen, daß ich schon vor Jahren bei meinem ersten Besuch den Geist dieses geistlichen Hauses ein wenig zu weltlich fand (Johann-Strauß-Walzermusik vom Tonband statt einer Glocke als Ruf zum Gebet)? Ich weiß es nicht. Auf jeden Fall bestätigte sich nun dieser Eindruck. Das fing schon damit an, daß die Gruft unter der Sakristei zwar kein Stall mehr, sondern – kaum weniger säkular, ja eigentlich haarsträubend – ein Bierstüberl geworden war. Es gab überhaupt keine Gruft mehr. In der Prälatur fand ich die Äbtetafel, die alle Äbte, von der Gründung bis zu Joachim Eggmann aus Osterhofen und Ignaz Preu aus Furth im Wald, auf Bildnissen zeigt. Schon seit 1414, erfuhr ich, waren die Windberger Äbte infuliert, sie trugen eine Mitra.
Immer noch nannte sich das Stift »Abtei«, aber es gab keinen Abt mehr. Es gab im Refektorium auch keine Sitzordnung mehr, nicht einmal eine Stirnwand für den Prior. Es ging gesellig zu wie im Restaurant. Wurden anderswo Kreuzgänge binnen zweier Jahre aufgebaut, bestand hier

nach 68 Jahren immer noch kein Kreuzgang. Schlimmer: Die restlichen drei Bögen des einmalig schönen romanischen Kreuzgangs dienten als Hundehütte ... Vergeblich fragte ich mich, warum die erhaltenen Bögen des alten Kreuzgangs nicht ergänzt und ums Geviert erneuert wurden als klösterliche Mitte (zu geistiger Übung und sinnender Betrachtung – zu neuerdings angeblich hoch im Kurs stehender Meditation). Die Kirche war zu strahlender Helligkeit renoviert und glänzte wie nie seit ihrer kunstvollen Ausgestaltung durch Abt Strelin. Sie war mit Apsis und Chor noch immer geostet, weil die apostolischen Konstitutionen das Gebet der Christen in Richtung Osten vorschreiben (der auferstandene Christus wird mit der aufgehenden Sonne verglichen), aber man hielt sich nicht mehr daran. Der Priester sprach seine Gebete nach Westen. Zwar hieß es in der Konstitution über die Liturgie des Zweiten Vatikanums: »In der irdischen Liturgie nehmen wir vorauskostend an der himmlischen Liturgie teil«, wenn aber die Dürftigkeit hier nicht anders als anderswo Teilnahme an der himmlischen Liturgie sein sollte, mußte irgend ein Mißverständnis vorliegen. Die Schönheit sprach noch an, doch sie überzeugte nicht mehr als Äußeres einer dahinterstehenden Wahrheit. Ringsum herrschte Betriebsamkeit von »Wochenenden« zum »Ausspannen«, zum »Mit uns selbst umgehen und uns gegenseitig verwöhnen« (aus dem Prospekt). Die Leitung des Hauses beschränkte sich – dieser Eindruck war nicht abzuweisen – auf »Mitmenschlichkeit«, auf Kurs und Küche, Bildung und Gastronomie, Spiel und Bierstube. Die Patres trugen keine mönchische Arbeitskleidung, sondern modisches Zivil, man sah keine Soutane, keine Kutte und keine Tonsur, man hörte kein Latein. Die Scheidewand zu einer rein weltlichen Anstalt war hauchdünn.

Keine Priester, keine Gläubigen

Vom vorausgesagten Glaubensschwund

Der Mühlhiasl stand im unauflöslichen Widerspruch zu den Grundsätzen der Aufklärung. Der bayerische Historiker Benno Hubensteiner bringt Mathias Langs Stellung in einer dem »Vormärz«, den Achtundvierzigern, der industriellen Revolution und den kühnsten Errungenschaften des Fortschritts entgegenstürmenden Welt auf die Formel:
»Es war in dieser Zeit des späten 18. Jahrhunderts, daß der berühmte Mühlhiasl von Apoig durch die Bauernstuben des Gäubodens und des Böhmerwaldes ging. Die aufgeklärten Prämonstratenser von Windberg jagten zwar den sonderlichen Mann kurzerhand zum Kloster hinaus, aber in den Dörfern und Einöden war er überall daheim und wohlgelitten. Und ob er im breiten Mühlwasser von Apoig die Buben mit dem Kahn spazierenfuhr (hier irrt Hubensteiner: es war der Eglseer Weiher) oder von der Bergeshöh' aus über die Waldheimat hinschaute, überall fühlte er sich gedrängt, in seltsam bildhafter Sprache von den künftigen Zeiten zu reden. Im letzten aber gingen alle seine Prophezeihungen immer wieder auf dieselbe schlichte Bauernweisheit hinaus: daß es nicht gut enden könne und der ›Bänk-Abräumer‹ nimmer weit sei, wenn man einmal gänzlich abfiele von Vätersitte und Väterbrauch. In der hintergründigen Gestalt des Mühlhiasl von Apoig verdichtet sich mitten in der Aufklärungszeit die beharrende Kraft des bayerischen Stammes zu symbolhafter Größe. Und was das lebendige Weiterwirken bis zum heutigen Tag anlangt, so kann sich kein einziges gedrucktes Buch der bayerischen Aufklärung mit dem gesprochenen Wort des Mühlhiasl messen.«
Auf derselben Seite seiner Bayerischen Geschichte schreibt

Hubensteiner: »Das altbayerische Wesen wehrte sich, als man ihm alles Warmherzige und Kindliche, alles Bunte und Bewegte aus dem Leben verbannen wollte« – es war aber zugleich mehr als nur das altbayerische Wesen, das da beleidigt und bedrängt wurde, es war die Menschheitsgeschichte von Jahrtausenden mit ihren immer tiefer reichenden Schichten und gewordenen Reichtümern, die ungeschehen gemacht, deren Erbe aus den Herzen gerissen werden sollte. Der natürlichen Entwicklung des Vergehens und Vergessens mit programmatischer Gewalt »nachzuhelfen«, steht in deutlichem Widerspruch zum beharrenden Wesen des in seiner Heimat mit Leib und Seele wurzelnden Waldlers. Aus religiöser Haltung, von der freilich inzwischen Stück um Stück abgebröckelt ist, betrachtet der Bergbauer, auch der des Bayer- und Böhmerwaldes, die kleine Heimat als Lehen, das ihm ge-»liehen« ist, um an seinem Platz auszuharren. Walter von Cube gab einem seiner Vorträge den Titel: »Vom Fortschritt und anderen Unannehmlichkeiten«. Besser könnte die eingefleischte Sorge des Waldbewohners an der Schwelle des neunzehnten Jahrhunderts, angesichts der sich um ihn herum in atemberaubender Schnelligkeit vollziehenden Wandlungen, kaum beim Namen genannt werden. (Es gab ja noch keine Autobahnraser und Wochenend-Heimkehrer.) Aus den Worten des Mühlhiasl hört man die Stimme des Waldlers. Genauer: Der Mühlhiasl ist die überhöhte Gestalt des Waldlers schlechthin. So mag es nur zu begreiflich erscheinen, daß »dem Mühlhiasl seine« über die Vorschau persönlichen Unglücks weit hinausreichenden Visionen vom Schicksal des Bayerischen Waldes während der kommenden zwei Jahrhunderte begierig aufgenommen, überliefert und bewahrt – zugegeben manchmal auch ein wenig ausgeschmückt wurden. Er prophezeite die damals völlig unverständliche technische und gesellschaftliche Entwicklung unserer Tage und das Ende der »neuen Zeit« in einem Taumel des Untergangs. Der

Waldler verstand keineswegs alle Einzelbilder der großen Schau. Aber die Gewißheit, auf die alles hinauslief, brach ihm aus tiefster Seele hervor: »Es kann nicht gutgehen.« So klang Hubensteiners »schlichte Bauernweisheit«.

In die Irre ginge freilich, wer dem in der Sprache des Waldlers raunenden Mühlhiasl nachsagen wollte, er hindere uns daran, Vertrauen in die Gegenwart zu setzen und über die Schönheit Freude zu empfinden (die allerdings nicht mit Lustigkeit verwechselt werden darf, denn der Altbayer, der Waldler insbesondere, wirkt höchstens auf den Fremden lustig, ist schwermütig von Geblüt), in die Irre ginge, wer dem Seher des Waldes nachsagen wollte, er fordere dazu auf, die Hände in Erwartung der hereinbrechenden Dunkelheit in den Schoß zu legen, statt gelassen seiner täglichen Pflicht nachzugehen, auf die Blumen am Wegrand und auf die Vögel am Himmel zu schauen.

Gewiß, das Ziel all dieser Voraussagen, das, worauf sie hinauswollen, ist noch nicht eingetroffen. Der »große Bänkabräumer«, der »Weltabräumer«, steht uns, wenn der Mühlhiasl recht hat, noch bevor. Eindeutig sah er ja eine Zeit kommen, in der die Welt »abgeräumt« wird und »die Menschen weniger werden«. Er gibt viele Vorzeichen für dieses Ereignis, das – nach seinen Aussagen – allerdings kein Endereignis, vielmehr die bisher härteste Prüfung der Menschheit sein wird. Als ein einschneidendes, wenn nicht das einschneidendste Vorzeichen, sieht er den Glaubensschwund. Jedenfalls wird einem Zeitgenossen, der sich die Gabe der Beobachtung bewahrte, das »Verlorengehen des Glaubens« zu einer so auffallenden Erscheinung, daß es angehen mag, allen anderen Vorzeichen für das nahende »Abräumen« diesen Glaubensverlust überzuordnen, anders gesagt, des Waldsehers Worte über diese epochale Entwicklung voranzustellen.

Es mag am allerwenigsten ins Konzept des Nationalsozialismus gepaßt haben, daß nach den Aussagen des Mühlhiasl der Glaube, als Offenbarung Gottes, weder mit der

Vernunft der Säkularisierer, noch mit der Volksherrschaft politischer Heilsbringer des 19. und 20. Jahrhunderts etwas zu tun habe, daß es als Folge des Glaubensverfalls zu einem großen »Weltabräumen« komme, daß aber danach – denn es gibt in den Voraussagen des Mühlhiasl durchaus ein Danach – allgemein wieder mit »Gelobt sei Jesus Christus« gegrüßt werde. Eine für die Vertreter des »Herrenmenschen-Mythos« tiefer ins Mark treffende Weisheit läßt sich schwer denken. »Und morgen gehört uns die ganze Welt!«, hieß ja die schmetternde Parole einer Diesseitsreligion, die als besonders giftige Kulmination des Fortschrittsglaubens verstanden werden muß. Die heftigste Kritik an den Mühlhiasl-Prophezeiungen kam von den Nazis, ja, sie bekämpften und verboten ihre – auch mündliche – Verbreitung. Wer nur entfernt im Verdacht stand, etwas mit Zukunftsvoraussagen zu tun zu haben, mußte mit Überwachung und Hausdurchsuchung rechnen. Die systematische Vernichtung durch Spitzel und Büttel des Nationalsozialismus beraubte uns vieler schriftlicher Zeugnisse der Mühlhiasl-Prophetie, vermutlich auch der lateinischen Fassung von Hunderdorf.
Der Deggendorfer Buchhändler Högn verkaufte in großer Zahl eine 1925 und noch einmal 1930 in Zwiesel erschienene Zusammenstellung der im Volk umlaufenden Mühlhiasl-Weissagungen. Auf der Titelseite war angegeben: »Der Nachwelt erhalten von Paul Friedl«. In der Nazizeit kam prompt ein Polizist in den Laden und verlangte dieses Heft. Als ihm die Verkäuferin das Gewünschte ausgehändigt hatte, fragte der Polizist weiter, ob noch mehr solcher Hefte vorhanden seien. Als dies bejaht und ihm der Bestand vorgelegt wurde, erklärte der Besucher, er sei geschickt worden, um sämtliche Prophezeiungsschriften zu beschlagnahmen. Er packte auch gleich alle Hefte zusammen und verließ den Laden.
Der Baumsteftenlenz (Paul Friedl) erzählte mir über die Schwierigkeiten, die er mit seiner Sammlung gehabt hatte:

»Ich bin ja wegen der Sache auch amal im Dritten Reich eingesperrt gewesen; da hots amoi a Aktion gebn, wegen Gaukelei, i woaß' nimma so genau. Jedenfalls hat man mich drei Tage und zwei Nächte verhört in München, teils im Polizeipräsidium, teils in einem Haus an der Briennerstraße« (dem Gestapo-Hauptquartier im ehemaligen Wittelsbacher Palais). »Und da hätt ich gestehen sollen, daß ich der Erfinder dieser Volksmär sei. Ich hätt mich auch dazu bereit erklären sollen, das in Zeitungsartikeln so darzustellen. Da hab ich gsagt, des kann i net, ich habs vom Vater, vom Großvater, alles redt einfach bei uns davon.«

»Alles redt einfach bei uns davon«. Das heißt: In kernigstem Waidlerisch. Die uralten Aussagen des Mühlhiasl wurden von Mund zu Mund, also in der Landessprache –, weitergegeben. Um für einen größeren Leserkreis verständlich zu sein, mußten sie in den folgenden Abschnitten ins heutige Deutsch übersetzt, mindestens der Schriftsprache angenähert werden. Besonderes Gewicht mußte gleichwohl darauf gelegt werden, daß nicht allzuviel von der ursprünglichen Kraft dieser Aussagen verloren ging. In der Regel wurde der Wortlaut gewählt, den Pfarrer Johann Evangelist Landstorfer seiner Mühlhiasl-Niederschrift gegeben hat. Auch die Fassung Norbert Backmunds wurde wegen ihrer wissenschaftlichen Zuverlässigkeit herangezogen.

Voraussagen über Glauben und Kirche

Zuerst kommen die vielen Jubiläen, überall wird über den Glauben 'predigt, überall sind Missionen, aber kein Mensch schert sich mehr darum, die Leut werden recht schlecht. Die Religion wird noch so klein, daß man sie in einen Hut hineinbringt, der Glaube wird so gering, daß man ihn mit einer Geißel umhauen, mit einem Geißelschnalzer vertreiben kann. Über den katholischen Glauben wird am meisten (»am besten«) gespottet von den eigenen Christen. Dann wird das Kreuz aus dem Herrgottswinkel heruntergerissen und in den Kasten gesperrt.

Es wird notwendig sein, den Glauben zu verleugnen. Wer es noch wagt zu beten, wird es heimlich und im Finstern tun. Die Priester, die Schwarzröcke, wird jeder meiden wie die Pest. Die Pfarrer werden sich die Hände und Gesichter anrußen, damit man sie nicht kennt. Geistliche werden schlecht geachtet sein und der katholische Glaube wird viele Feinde haben. Kein Mensch beugt mehr die Knie. Aber die Geistlichen sind selber schuld, weil sie nicht mehr nach ihrem Stand (ihren Gelübden) leben. Daran wird sich nichts ändern, bis die Welt abgeräumt ist.

Der Antichrist wird kommen und die Leute werden ihn nicht erkennen. Der katholische Glaube wird sich fast ganz verlieren. Wenig gute Hirten wird man unter den Leuten finden. Vom Adel bis zu dem geringsten Taglöhner (von Hoch bis Nieder) werden die Gebote Gottes nicht mehr geachtet. Man wird die größte Ungerechtigkeit für keine Sünde mehr halten. In der Stadt geht es zuerst los. In jedem Haus ist Krieg. Da wird der Bruder den Bruder und die Mutter ihre Kinder nicht mehr kennen. Mit dem Verlöschen des Glaubens wird sich auch die Nächstenliebe ganz verlieren.

In der großen Not holen die Leut auch den Herrgott (das Kruzifix) wieder aus dem Kasten, wo sie ihn eingesperrt haben, und hängen ihn recht fromm auf, aber jetzt hilft's nimmer viel ... Nachher kommt eine schöne Zeit.

Conrad Adlmaier zielt entschieden zu kurz, wenn er meint, in der Hitlerzeit seien diese Voraussagen bereits eingetroffen und Mühlhiasls »schöne Zeit« sei 1945 angebrochen. »Lieber Leser, kannst du dich noch erinnern«, schreibt er in der ersten Auflage seines Büchleins »Blick in

die Zukunft« 1950, »wie aus den Schulhäusern die Kruzifixe herabgenommen, ja sogar bei den Fenstern hinausgeworfen wurden? Der Schreiber dieser Zeilen hat es selbst erlebt und ist Zeuge. Empörte Mütter haben dann erzwungen, daß in den Schulsälen das Kreuz wieder aufgehängt wurde, ›aber dann hilft's nimmer viel‹, weissagte der Mühlhiasl.« (Davon im folgenden Kapitel mehr.) »Wie sah es sonst aus? Der Glaube wurde den Kindern aus dem Herzen gerissen, bei einzelnen Fanatikern wurde statt des Kreuzes eine Verehrungsecke für den ›Führer‹ eingerichtet, in einem großen, altehrwürdigen Dom wollte man einen Altar für die Idole des Hakenkreuzes aufbauen, wenn ich nicht irre, war es in Lübeck geplant. Die Ehe war kein Sakrament mehr, sie fand ›unter der Eiche‹ statt mit allerlei heidnischen Zeremonien, und die Taufe galt als überflüssig, da man die Erbsünde mit reizenden Kinderbildnissen auf Plakaten als lächerlich und unwahr verhöhnte. Die Menschen, die in die Kirche gingen, wurden gezählt und registriert, die Predigten mitstenographiert und zensiert, viele Seelsorger in die Konzentrationslager gesperrt. Schließlich kam der Spruch auf: ›Zuerst der Knoblauch, dann der Weihrauch!‹ Damit war nach der Judenverfolgung eine Ausrottung derjenigen geplant, die das heiligste Sakrament empfingen, die ›Hostienfresser‹, wie man sich wenig geschmackvoll ausdrückte. ›Wenn der Krieg gewonnen ist, kommt ihr dran‹, hieß es. 1944 wurden sogar Listen angelegt. (Ich stand selbst drauf. Der Verfasser.) Gott aber ließ es nicht so weit kommen. Ist das alles vergessen?«
Man muß Adlmaier zugute halten, daß es im Weltlauf immer wieder naheliegt, von diesem oder jenem Ereignis anzunehmen, der Mühlhiasl habe gerade an dieses oder jenes und kein anderes gedacht. Wie scharf – intuitiv scharf – er sah, geht schon daraus hervor, daß Einzelheiten seiner Prophetie immer wieder einzutreffen scheinen, aber jedesmal nur den Weg andeuten, auf dem sich die Ereignisse, je

weiter die Zeit fortschreitet, umso deutlicher zu erkennen geben. Jedesmal glaubt man, schlimmer könne es nicht mehr kommen, jetzt sei man endgültig über den Berg, da geht es im Geschwindschritt weiter, die Richtung ist offenes Geheimnis, das nächste Groß-Ereignis übertrifft an Härte das vorangegangene!
Was der Mühlhiasl sah, mußte sich aus vielerlei Gründen auf eine spätere Zeit beziehen: Über die Jahre der Säkularisation hinweg war ja das breite Volk tief gläubig geblieben. Auch während Hitlers Gewaltherrschaft saßen oder knieten sonntags – immerhin in Altbayern – wenn Hitlers Jungvolk draußen vor der Kirche gegen die Gebete des Opfernden sein »Flamme empor« oder »Es zittern die morschen Knochen« anbrüllte, die meisten *innerhalb* der Kirche. In den ehemaligen preußischen Ländern mußte nach der antirömischen Hetze Bismarcks und des Fridericusnarren Hitler auch zur Stalinzeit nicht umgelernt werden. Die dortige systematische Ausrottung letzter, selbst protestantischer Kirchenreste mit Taufverbot und »Jugendweihe« kam schon fatal nahe an den von Mühlhiasl geschilderten Auszug des Volkes aus der Kirche heran. Als aber dann die dortige Bevölkerung in sogenannten »Neuen Bundesländern« lebte und als potentielle Leserschaft von westdeutschen Zeitungen umworben wurde, kannte man zwischen Magdeburg und Ueckermünde immer noch keine römische, sondern eine ganz andere »Kirche«, huldigte dem Glaubenssatz von einer möglichst schnellen Anpassung des Lebensstandards an den längst säkularen Westen. Entscheidender Mutation und grundlegenden Tendenzwechsels mußten sich westdeutsche Medien, als sie – aus Geschäftsgründen – den deutschsprachigen Nordosten hofierten, in der Regel gar nicht erst befleißigen, denn sie waren schon längst nicht mehr kirchenkritisch, sondern kirchenfeindlich, standen in der Nachfolge jahrzehntelanger Wühlarbeit, die sich auch im Westen, sogar im katholischen Altbayern, bezahlt machte. Längst

glaubten auch im Gottesmutterland schlichte Bauern unbesehen alles, was ihnen als Schandtat der Kirche aufgeschwätzt und eingetrichtert wurde.
Und, ach, zwei Seelen wohnten in der Brust vieler junger Priester, deren Häuflein gleichwohl (oder deswegen?) von Jahr zu Jahr schmolz. Einerseits lebten viele von ihnen gegen das geleistete Keuschheitsgelübde, weil sie gern für wahr hielten, was man ihnen als wahr einredete, sie könnten den Tag (wenn ihrer nur genug sündigten) erleben, an dem dieses unbequeme Gelübde falle (»Wartet nur, bis ein anderer Papst kommt!«). Andererseits (oder wuchs diese Frucht am selben Holz?) versteckten sie sich gern, tauchten bereitwillig in der Anonymität der Masse unter, machten sich gleich durch sportliche Kameraderie oder wurden schlicht ununterscheidbar, waren »stinknormale« Menschen. Soutane? Lächerlich schon der Gedanke! Dann wurde auch vom Priesterkragen und sogar vom schwarzen Anzug Abschied genommen, am Schluß steckte man sich nicht einmal mehr ein Kreuzlein an. Offenes Hemd oder Rollkragenpullover waren der bevorzugte »Look«. Sie fühlten sich nicht in der Lage, Trost zu spenden und aus Nöten zu helfen, fühlten sich umgekehrt auch nicht mehr benötigt, wollten unter keinen Umständen anecken oder gar angepöbelt werden, wollten keine Angriffsflächen bieten. Das hatte der Mühlhiasl zweifellos im Sinn (oder die Entwicklung treibt auf diesen Sinn zu), wenn er (weil Kleriker seinerzeit von den arbeitsschmutzigen und bärtigen Männern ihrer Umgebung durch zarte Studierhände und ein gepflegt-sauberes Kinn abstachen) vom »Gesicht und Hände anrußen« sprach.
Es ist jede Art von Verleugnung gemeint (eine menschliche Regung seit Petri Schwächeanfällen im Hof des Hohenpriesters und auf der Via Appia, als er den an des Flüchtigen Stelle zur zweiten Kreuzigung zurückkommenden Herrn fragte: »Quo vadis, domine?«). Von jeher, wenn es ums Zeugnis ging, überkam uns Schwäche.

Durch Feuer oder Granaten zerstörte Kirchen und Klöster waren jetzt nicht mehr unvorstellbar. Solche Gedanken schlichen sich nicht erst seit Serbiens Schlägen gegen Kroatien ein. Sogar dem Erdboden gleichgemachte Friedhöfe begannen sich anzukündigen. Wenn Geistliche in der Menge untertauchten, schienen sie zu befürchten, daß viele ihrer Mitbrüder, sogar höchste kirchliche Würdenträger, unter den Augen eines gleichgültig gewordenen oder aufgehetzten Volkes erstochen, gehängt, erschossen, erschlagen werden könnten. Das Christentum – hatte sich Satan vorgenommen – wurde sowohl in seinen Bauten als in seinen Bekennern ausgerottet.

Wie gesagt: Mühlhiasls Voraussage dürfte nicht auf das Dritte Reich gezielt haben, denn das einfache Volk war damals noch gläubig. Die Entfernung der Kreuze aus den Schulen – sofern sie dort überhaupt noch hingen – wurde inzwischen längst von Parteien zum Programmpunkt erhoben, die sich dagegen verwahrt hätten, mit der NSDAP in einen Topf geworfen zu werden. Es gab starke politische Bestrebungen, die Kreuze aus den Klassenzimmern und Gerichtssälen zu verbannen. Die Nazizeit kehrte mit ausgetauschten Farben zurück.

Der an anderer Stelle genauer geweissagte »Mord- und Totschlag« deutete sich schon an, zunächst kam es zu immer gewalttätigeren Ausschreitungen gegen Sachen. An Telephonzellen, S-Bahnen und Automobilen tobte sich eine bisher nicht für möglich gehaltene Zerstörungswut aus. Das wilde Beschmieren von Waggons, das Aufschlitzen von Sitzbezügen, das Zerkratzen von Fenstern, das Demolieren von Kotflügeln und Motorhauben verschlang ein Volksvermögen.

»Der Sozialismus muß schon seinem Wesen nach Atheismus sein, denn er verkündet gleich mit seinem ersten Grundsatz, daß er seine Welt ausschließlich auf Vernunft und Wissen aufzubauen beabsichtigt«, sagt Fjodor Michajlowitsch Dostojewski in seinen »Dämonen«. Die spießbürgerliche Forderung: »Zwar weiß ich viel, doch möcht ich alles wissen« war inzwischen mit dem Untergang des wissenschaftlichen Atheismus an ihre Grenze gestoßen. Die unerforschlichen Rätsel der Schöpfung, mochte man meinen, wurden jetzt wieder demütig hingenommen. Aber weit gefehlt. Statt Anbetung und ruhiger Verehrung des göttlichen Mysteriums herrschten Betriebsamkeit und unangebrachte Heiterkeit. »Ehrfurcht« wurde wegen des darin enthaltenen Wortes »Furcht« für »mittelalterlich« gehalten.

Als ich in die Windberger Klosterkirche eintrat, kam gerade eine fröhliche Omnibusgesellschaft aus der Sakristei und näherte sich mir, als ich mich von den Knien erhob, durch den Chor in Begleitung eines zivil gekleideten Geistlichen. Man scherzte, das Allerheiligste im Rücken, von den alltäglichsten Belanglosigkeiten, lockte mit herzhaftem Gelächter das Echo und rühmte das eben eingenommene Mittagessen.

Die überwunden geglaubte Säkularisation – schien es – hatte Windberg – und nicht nur Windberg – in der zweiten Hälfte des 20. Jahrhunderts eingeholt. Vergangenes kehrte zwar nie identisch zurück, es kam höchstens durch das inzwischen Geschehene verändert und verwandelt wieder, aber deutlicher und härter.

Es war ja so, daß man, um andere zu gewinnen, dasjenige, wofür man gewinnen wollte, in seiner vollen Schönheit, das heißt als Quelle der Freude, zeigen mußte, als etwas durch seine Schönheit Unwiderstehliches. Die heilige Messe, die »göttliche Liturgie« (wie die Ostkirche sagt) war – gerade weil sie Anbetung und Opfer, also ganz dem Vater zugewandt war – ein Ort himmlischer Schönheit. Über tausend Jahre lang war sie Mitte aller Künste, war sie der Prototyp des Kunstwerks (wurde in Windbergs Kirchenschönheit gespiegelt). Es durfte in ihr nichts Beliebiges geben. Jede Einzelheit war wichtig, deshalb hatte die heilige Messe immer wieder Dichter und Musiker inspiriert. Ich wurde die Traurigkeit nicht los darüber, daß mit den Reformen eines Jahrzehnts, dem nichts so unerträglich wie Schönheit war, die Beliebigkeit und damit die Alltäglichkeit in die Liturgie eingezogen war. Am unerträglichsten wurde mir der Gedanke, daß das einmal Verlorene nur noch als Zitat, gleichsam als schöner Schnörkel eines Kunstgewerbes gezeigt, nicht mehr allgemein gelebt werden könnte.

In Büchners »Leonce und Lena« bittet Valerio Gott um »Makkaroni, Melonen und Feigen, um musikalische Kehlen, klassische Leiber und eine kommode Religion«. Aus der materialistischen Haltung von 1836 ging das kommunistische Manifest von 1848 hervor. Den Menschheitsbeglückern, die den »Frohen Festen« die »Sauren Wochen« wegamputierten, die einen Preis ohne Fleiß versprachen, fielen in den rund siebzig Jahen, die ihnen zur Verwirklichung ihres irdischen Paradieses gegeben waren, mehr Menschen zum Opfer als allen anderen Diesseitsreligionen zusammen. Die »Klassenlosen« verwüsteten mehr Erde als alle bisherigen Ausbeuter gemeinsam. Hatte der einmalige Mensch mit seinem eigenen Wert früher noch einen – wenn auch kleinen – Bewegungsraum auf Erden (Mühlhiasl sprach von einer Felsenhöhle, in der man sich verkriechen könne), so gab es im Überwachungsstaat kein Atemholen mehr.

Die Kernforderung aller Gottlosen hatte auf eine »kommode Religion« gezielt. Gewandelt kam diese Forderung hundert Jahre später als Anpassung wieder, als Angleichung von Rechts an Links, von Heiß an Kalt. Aus Licht und Nacht wurde im günstigsten Falle Dämmerung.

Vernunft! Vernunft! Als ob mit Vernunft etwas zu tun hätte, was Gott gibt und nimmt! Wer Brot und Wein in Leib und Blut Christi verwandeln, wer Sünden vergeben kann, was nur dem barmherzigen Gott selbst möglich ist, hat keinen Beruf wie jeder andere. Mit einer im Zeitalter der zweiten Aufklärung für notwendig gehaltenen Überbetonung des allgemeinen Priestertums hatte man das Weihepriestertum überflüssig gemacht. Welcher Sterbliche war so stark, die Gelübde der uneingeschränkten Christus-Nachfolge auf sich zu nehmen, wenn sie in einer verweltlichten Welt nicht gebraucht wurden? Konnten die Geburtshelfer des Zweiten Vatikanums törichter sein? Oder standen sie schon heimlich im Solde Luzifers (was möglich erscheint, weil sie die Existenz des großen Widersachers gar so hartnäckig aus ihrer Theologie strichen)? Zumindest konnten sie von der unermeßlichen Schuld nicht freigesprochen werden, den voraussehbaren Mißbrauch des Konzils für Häresien jeder Art nicht vorausgesehen zu haben. Mit einem Phantom des Konzils, dessen Forderungen so gut wie niemand kannte, wurde nun suggeriert, daß gemeint sei, was vom Tag und von der Straße gewünscht wird. Mit dem beschwörenden Hinweis auf den angeblichen »Geist des Konzils« war auf einmal alles möglich, was seit dem Wüten der Säkularisation für vergangen gehalten wurde, und es war noch weit mehr möglich. Mysterien wurden verramscht. Gleichwohl ist die Beichte nicht öffentliche Andacht oder freundliches Gespräch, sondern Sakrament. Das Sakrament ist auch nicht, was man bald in vorwurfsvollem Ton hören konnte, »Zuteilung von Macht«, sondern Selbstenteignung für den Herrn.

Alle Änderungen waren mit Erleichterungen und Verbilligungen des Christentums verbunden. Dem laut gesprochenen Kanon mußte der Schrei nach Abwechslung entspringen. Alle Dämme brachen, zuerst für die Geschwätzigkeit am Altar. Obwohl die Liturgie-Konstitution sich für die Beibehaltung des Lateins (bei nur teilweiser Zulassung der Volkssprache) verpflichtend entschieden hatte, kam es zu einer Verbannung der alten Kultsprache aus der abendländischen Kirche. Im sogenannten »Jahrhundert der einen Welt« war der ausschließliche Gebrauch der Volkssprache im Gottesdienst freilich ein geradezu

lächerlicher Provinzialismus. Zudem förderte der Verzicht der Weltkirche auf das kostbare Einheitsband der lateinischen Liturgiesprache ein gefährliches Abgleiten in Nationalismus und protestantisches Eigenkirchentum. (Gerade dieses war aber von geistlichen Stürmern und Drängern gewollt gewesen; in seltener Verblendung hatten ihrer nicht wenige die Unabhängigkeit der Pfarrgemeinde von Bischof und Papst ausgerufen.) Das Hebräische und klassische Arabisch, das Pali, Sanskrit, Altgriechisch und Altslawisch, alle Kultsprachen blieben erhalten, die ehrwürdige und weltumspannende Schöpfung Tertullians dagegen wurde mit Bedacht ausgerottet. Der byzantinischen Bilderwand entsprach das römische Kirchenlatein als ein Symbol des geheimnisvollen, unbegreiflichen Wirkens Gottes in der heiligen Eucharistie, in den Sakramenten. Taub und blind waren die Hüter des Glaubens für die ins Auge springenden Vorteile des Lateins: Durch die Unveränderlichkeit einer Sprache, die keiner Entwicklung unterlag, war die unverfälschte Weitergabe des Glaubensgutes verbürgt. Klassisch war die Schönheit der lateinischen Kirchensprache, hatte den Geist erhoben, zugleich aber für Ruhe und Stille zum persönlichen Gebet gesorgt. Überall in der Welt fühlte sich der Katholik durch die lateinische Messe zu Hause. Die katholische Kirche benötigte kein Esperanto und kein Englisch.
Die Meinung, durch den Gebrauch der Alltagssprache im Gotteshaus werde der Glaube vertieft, stellte sich bald als der folgenschwerste Irrtum der Kirchengeschichte heraus. Gewiß gab es noch gute Priester, nicht nur bei den Priesterbruderschaften Petri und Pii, Heilige in dieser entheiligten Zeit, aber sie vereinsamten wie die schrumpfende Schar der Gläubigen. Ihr Glaube wurde nicht mehr von einer glaubenden Umwelt getragen. Pater Anselm Bilgri OSB, als Cellerar von Andechs kein Vertreter des ausschließlichen Ora, nicht minder ein Mann des Labora, bedauerte: »Als Seelsorger tut es mir weh, daß der religiöse

Glaube auch in der größten katholischen Stadt Deutschlands versickert und verdunstet wie überall. Verlieren die Münchner damit nicht ein entscheidendes Stück Lebensqualität?«

In einem Interview mit der italienischen Zeitung »Soggiorni« sagte Silvio Kardinal Oddi: »Das dritte Geheimnis von Fatima spricht nach meinem Urteil nicht von der Bekehrung Rußlands. Warum, wenn dem so wäre, hätte Johannes XXIII. es überall auf der Welt mit Bann belegt? Für mich enthält das dritte Geheimnis von Fatima eine traurige Prophezeiung über die Kirche. Dies ist der Grund, daß Paul VI. und Johannes Paul II. ebenso gehandelt haben. Nach meiner Meinung steht darin, daß im Jahr 1960 der Papst ein Konzil einberufen werde, von dem, entgegen den Erwartungen, sehr viele Schwierigkeiten für die Kirche ausgehen würden.«

Julius Kardinal Döpfner distanzierte sich wenige Wochen vor seinem plötzlichen Tod von der Handkommunion und gab nur noch Mundkommunion. Bei einem Gespräch mit Universitätsprofessor Michael Egenter äußerte er: »Zwei Jahre habe ich um die Handkommunion gekämpft. Ich würde es nie mehr tun, weil ich die Folgen sehe. Aber nun weiß ich keinen Weg, das wieder rückgängig zu machen.«

Eine Einzelheit aus dem Erlebnisbereich des Verfassers mag die Lage verdeutlichen: Noch nie hatte es in der Seelsorge der kleinen Pfarrei Rappoltskirchen eine Unterbrechung gegeben. Auf einer Marmortafel hinter der Apsis waren alle Pfarrer vom Jahre 1104 an lückenlos aufgeführt. Selbst in den Wirren der Reformationszeit gab es eine ständige Nachfolge. 1971 starb der letzte Parochus dieser Urpfarrei, seither war der Pfarrhof unbesetzt. Immer weitere Landstriche wurden vom letzten Priester verlassen. Inzwischen kannte man schon längst keine Versehgänge mehr mit dem Allerheiligsten, mit Ministranten und Glocke, mit Knienden am Rande des Weges.

Den Mangel an kirchlichen Berufen überbrückten jetzt Frauen, zumal die Episkopate bestrebt sein mußten, den gezielten Vorwurf zu entkräften, eine von weiblichen Heiligen wimmelnde, von Kirchenlehrerinnen beflügelte, von stigmatisierten Frauen gepriesene und von der Gottesmutter Maria durchseelte Kirche sei strikt frauenfeindlich gewesen. Anders wie in anderen Glaubensgemeinschaften, etwa dem kämpferischen Islam, wurde die christliche Kirche nicht mehr von Gott, sondern vom Menschen her erklärt, nicht mehr vom Schöpfer, sondern vom Geschöpf. Nach spätdemokratischen Prinzipien mußte es nun auch in der Kirche Anpassungen durch Mehrheitsvoten und sogenannte »Quotenfrauen« geben, ja es kam zur Forderung nach einer »feministischen Liturgie«, zu Schlagworten wie »Demokratie zum Leuchten bringen« oder »Basisgemeinden als Hoffnungs- und Zukunftsmodell.« In einem Zeitungsbericht über das Wochenendseminar »Kirchenträume erden« vom 4. bis 6. Oktober 1991 im Kloster Jakobsberg, Diözese Mainz, war unter anderem zu lesen:

»Auf zwei Plakaten notierten wir unsere Assoziationen zu den Begriffen ›traditioneller Gottesdienst‹ bzw. ›feministischer Gottesdienst.‹ Einige notierte Stichpunkte mögen hier genügen: traditionelle Gottesdienste wurden verbunden mit *Show, festen Formen, starren Riten, Warten auf schöne Lieder und das Ende, veraltete Sprache, Männersprache, Kinder, die still sein müssen* – ›feministische Liturgie‹ wurde gekoppelt mit *Sinnlichkeit und Körperlichkeit, Tanz und Kommunikation, Nähe und freie Bewegung, als ganzer Mensch feiern, selbst was sagen können* … So bauten wir einen traditionellen und einen ›feministischen‹ Gottesdienst, wobei wir uns ganz leibhaftig die Starre, Enge und Formelhaftigkeit herkömmlicher Liturgien vor Augen führten. Lebendigkeit dagegen sprudelte durch die ›alternative‹ Liturgie ... Klar wurde uns, daß wir noch nicht genug wissen, wie solche Liturgie gestaltet werden kann. Hier muß noch viel ausprobiert werden. Mit anschließendem Austausch, dem mehr theoretischen Teil, wurde dann deutlich, wie die ›feministische Liturgie‹ von den Erfahrungen der feiernden Frauen ausgeht ... Die patriarchale Sprache in Texten und Liedern grenzt sie aus. Sie suchen deswegen nach Möglichkeiten, sich gegenseitig zu nähern und sehen die feministischen Liturgien als Schutzraum und Experimentierfeld, um sich als Frauen spirituell neu zu entwerfen. Weit ist die Spannbreite der religiösen Suche. Da gibt es Frauen, die von Gott oder Göttin überhaupt nichts wissen und erst einmal sich selber finden wollen; andere sind auf der Suche nach einer weiblichen Gottheit, wieder andere entdecken Jesus, den Mann aus Nazareth, ganz neu als *androgynen Menschen*. Hier ist ganz viel im Fluß und uns schien, daß das Gebäude des traditionell verfaßten Christentums ganz gehörig ins Wanken gerät.«

Wenn man dies liest, fragt man sich freilich, wieso auf der geschilderten Tagung keine Rede von den Frauenklöstern mit ihrer unstreitig weiblichen Liturgie war. Ging es aber in den geschilderten Experimenten immer noch um eine Beschäftigung mit Gott, wenn auch die ihnen innewohnende Haltung zur weltweiten »Reaktion« eines Marcel Lefebvre, zur Petrusbruderschaft eines Josef Bisig, zu den traditionstreuen Klöstern um Abt Dom Gérard, zu Antworten wie Una Voce, Engelwerk und Opus Dei geführt hatte, zur verzweifelten Kehrtwendung des Vatikans und Episkopats, zu hilflosen Klagen über Zeiten, als man der Zeit hinterherlief, so drückte sich in den Leitartikeln, Glossen und Kommentaren vieler großer Tageszeitungen bloß noch blanker Haß aus. Man wollte keinen Stellvertreter Christi auf Erden, keinen päpstlichen Primat, keine Kirche Urbi et Orbi, sondern (in Anspielung auf den zusammengebrochenen Bolschewismus) »Perestrojka«, das heißt Auflösung, übertraf sämtliche Säkularisten von den Bilderstürmern bis zu Bismarcks »Kulturkampf«, geriet gar in verzweifelte Nähe zum großen Diktator, der Deutschland gegen Rom setzte, rief nolens volens gegen kirchliche Kunstwerke auf, gegen das (ausschließlich religiös geprägte) Brauchtum des Landes, gegen die Dorfkirchen, gegen die Tabernakel und gegen die Kathedralen. Sogar Exegeten und Neutestamentler forderten – selbstredend in den Spalten bereitwilliger Tageszeitungen – die Löschung von zweitausend Jahren Geschichte und die Aufgabe der Kathedra Petri, um zu einer Fiktion von Christus zurückzukehren, die nur in ihren Hirnen existierte. In diesen Zeitungen wurde Papst Pius XII. unverhohlen als »Nazi-Papst« (obwohl das Gegenteil richtig gewesen wäre), als »geisteskrank« und »widerwärtig«, die Kirche schlechthin als »Pfuhl des Verbrechens« gezeichnet.

Wir wissen nicht, an welcher Stelle der Geschichte wir angelangt sind, ob das Ende aller Dinge unmittelbar vor der Tür steht, ob Gott im kommenden Jahrtausend noch viel »Volk« haben wird oder ob der Leuchter ganz einfach von der Stelle gestoßen wird, wie es der Gemeinde von Ephesus geschah, und unser Kontinent wieder ins Dunkel sinkt. Wenn der Glaube einstürzt, zerfallen die Quadern der Ordnung. Der Mühlhiasl urteilte über die glaubenslose Zeit knapper: »Die Leut werden recht schlecht.«

War der Mühlhiasl ein sogenannter Fundamentalist oder ein Fanatiker? Keines von beidem, er nannte nur die Dinge – kurz aber deutlich – beim Namen. Und sooft wir die Erscheinungen des späten zwanzigsten Jahrhunderts Revue passieren ließen, sahen wir ein, daß wir zwar noch mitten in den »Vorzeichen« standen: Aber die Bilder wurden deutlicher.

Von Ufer zu Ufer

Die Vorzeichen

Der Zeichner und Maler Josef Fruth hat im Jahr 1961 für Norbert Backmunds erste Buchauflage das Antlitz des Waldpropheten Mühlhiasl in seltsam pointillistischer Farbgebung gezeichnet. Er stellte ihn dar, wie er sich die Linke, zu einem »Perspektiv« gekrümmt, an das weit hervortretende Auge hält. Von Fruth stammt auch eine Federzeichnung, die er unterhalb der Bildfläche links mit seinem Namen, rechts mit einer vielsagenden Losung beschriftete: Von Ufer zu Ufer. Das Blatt ging mir zu, als mich bereits die Vorarbeiten zu dieser Monographie beschäftigten. Es zeigt eine großflächige, fast schattenlose, seltsam ornamental wirkende Flußlandschaft. Vom diesseitigen Ufer schwingt sich eine steinerne Brücke im weiten Bogen aus Tuff und Granit bis zum Scheitel mit Bildstock und massiger Pfeilervorlage, um sich dann auf zwei flacher werdenden Bögen über die in weiter Schleife strömend spiegelnden Wasser zum jenseitigen Ufer niederzusenken. Drüben breiten sich Wiesen mit Blumen, wogen Kornfelder und wiegen ihre Grannen im Wind, seltsam unwirkliche Flächen; ringsum von den Höhen starrt schweigend und schwarz die Mauer des Waldes. Nicht einen Hauch von Lustigkeit ließ dieses Bild aufkommen, keine Spur von Fröhlichkeit. Ob seiner ernsten Schwarz-Weiß-Kargheit empfand ich dennoch unaussprechliche Freude.

Ich hatte mein Leben von jeher in Bewunderung zugebracht, im Aufblick zum Großen und Meisterhaften. So machte ich mich wieder einmal auf in den unteren Wald, um den Urheber dieser Zeichnung zu fragen, was er bei seiner Arbeit empfunden habe und wie er auf den Titel »Von Ufer zu Ufer« gekommen sei.

Von Ufer zu Ufer

Ich wollte es genau wissen.
Hinab in tiefste, schattigste Schluchten taucht man und steigt gleich wieder zu windumblasenen Höhen empor auf dem Weg nach Fürsteneck. Da gibt es keine Gerade, auch wenn man das Ziel vor Augen hat. In unglaublichen Krümmungen windet sich der Weg durch die Landschaft. Fußgeher mit Wanderschuhen, Rucksack und verschwitztem Haar schnaufen mir entgegen. Endlich biege ich durchs wehrhafte Tor, komme zur »Alten Wache«, dem ehemaligen Torhüterhaus, wo der Künstler lebt, ganz in seine Welt eingesponnen.
Ich erzähle ihm von meiner Arbeit über den Mühlhiasl. Gleich erwähnt er Franz Schrönghamer-Heimdal, den bekannten Schriftsteller des Waldes, der in einem Höfl des Weilers Marbach bei Eppenschlag, nahe Grafenau, auf die Welt gekommen sei und in der Zeitschrift »Armenseelenfreund« über den Mühlhiasl geschrieben habe. Auch Siegfried von Vegesack, der Bewohner des »Fressenden Hauses« (des »Kastens« der Burg Weißenstein oberhalb Regen) habe der Mühlhiasl-Gestalt neue Seiten abgewon-

nen. August Biberger, der Lehrer von St. Oswald, habe in seinen »Scheichtsamen Gschichten um Rachel und Lusen« allerhand Beispiele von waizenden Geistern und Hellsichtigkeiten der »Autochthonen« zusammengetragen. Er, Fruth, habe die Zeichnungen beisteuern dürfen. In einem Buch des Waldschmidt aus Eschlkam habe König Ludwig II. von Bayern, der als überzeugter Naturschützer seiner Zeit weit voraus war, gelesen, bevor er in den Tod ging. Fruth kam auch auf das Gut Lackenhäuser zu sprechen, aus dem der Essayist Ludwig Rosenberger, der Nachkomme des Adalbert-Stifter-Gönners Franz Xaver Rosenberger, stammte. Stifter, der dort im »Ladenstöckl« den Witiko, das Hohelied Böhmens, geschrieben habe, sei oft hinübergewandert über den Dreisessel oder Plöckenstein zu seiner Heimat Oberplan. Und Hans Watzlik sei nicht weit weg, im böhmischen Unterhaid, beheimatet gewesen.

So kamen wir allmählich einer Beantwortung meiner Frage nach seinem Antrieb zu dieser Zeichnung näher. Daß die in den Anfängen des 15. Jahrhunderts erbaute Brücke, die er in die Mitte seiner Komposition gerückt habe, schon die typisch böhmischen Brücken-Eigenheiten aufweise, fing er an. Dann erfuhr ich, daß der Salz-Säumerweg nach Prachatitz über eben diese Brücke lief. Sie überquere, mit einem Nepomuk auf dem Scheitel, den Osterbach, der hart bei Fürsteneck in weitem Bogen der Wolfsteiner Ohe entgegenströme. (Ein Stück weiter, bei der alten Aumühle, vereinigen sich die Wolfsteiner und Schönberger Ohe zur schwarzen Ilz.)

Fruth sah in den Urgewalten, die in dieser zerklüfteten Landschaft zu Brücken zwinge, etwas »Elementares«. Er sehe aber – sagte er – in der Brücke als solche nicht nur die Brücke von Ufer zu Ufer, sondern gleichnishaft von Mensch zu Mensch.

Wenn er sich weiter in den historischen Bezirk vertiefe, sei es wichtig zu erwähnen, daß der Fuß am diesseitigen Ufer auf dem Boden des Fürstbistums Passau stand. Am andern Ufer war Bayern.

Ich warf wieder einen Blick in den zu einem gewaltigen Ornament überhöhten Welt-Ausschnitt, den Fruths Zeichnung bot. Von Ufer zu Ufer, das hieß also auch: Vom Fürstbistum Passau ins Kurfürstentum Bayern. Von diesseits riefen die rauflustigen Burschen hinüber: »Boarische Stier!« Herüber hörte man es schallen: »Bistümer-Schlegeln!«

Zwischen diesen Ufern tat sich ehedem ein politischer Riß auf. Daran erinnert sich Fruth. Seine Großmutter von Vaterseite, die dem Buben, der in ihrer Obhut aufwuchs, eine dunkle Fülle von Rauhnachtbrauchtum in die Erinnerung gepflanzt hat, jammerte 1914, als der Bub vier Jahre alt war und sie zum Sterben kam: »Ejtz bin i im Boarischn geborn und muaß im Färschtbistum sterbn!« Daß Passau bayerisch geworden war, lag aber schon hundertzehn Jahre zurück. Es war ungefähr derselbe Zeitraum, der zwischen den Aussagen des Mühlhiasl und ihrer Niederschrift verstrichen war. Wenig bewegte sich im engen bäuerlichen Alltag. Später sollten sich die Ereignisse in immer kürzeren Abständen jagen und überschlagen. Ganz anders damals: Zwischen gestern und heute war kaum ein Unterschied als der des Kirchenjahrs, des Wetters, der Jahreszeit. Sinngemäß gibt es die Mühlhiasl-Weissagungen seit Anfang des 19. Jahrhunderts (erstmals handschriftlich niedergelegt als Stormberger-Prophezeiungen, auf die noch eingegangen werden soll), wörtlich exakt seit mindestens 1870. Erstmals gedruckt wurden sie unter dem Eindruck des Ersten Weltkrieges am 28. Februar 1923.

»Die Mühlhieslsche Prophezeiung wurde vor Landstorfer nie gedruckt«, schreibt Norbert Backmund. »Vor dem Ersten Weltkrieg gingen die Sprüche wohl von Mund zu Mund und wurden abends im ›Heimgarten‹ in den Bauernstuben ausgesponnen. Aber sie klangen zu kraß und zu unglaublich, als daß sie außer den alten Leuten jemand ernst genommen hätte. Erst nachdem man glaubte, daß im Ersten Weltkrieg eine der vorausgesagten Katastrophen eingetreten sei, erwachte das Interesse. Es war doch etwas dran, hieß es auf einmal. Zwischen 1922 und 1932 wurden die Prophezeiungen siebenmal veröffentlicht. Während des Dritten Reiches stellte ich erstmals planmäßige Archivstudien zu dem Thema an, doch galt dies damals als ›Volksbeunruhigung‹ und man hatte darüber zu schweigen. Nach dem zweiten Krieg, als die drohende Erfüllung der Prophezeiung immer handgreiflicher wurde, stieg das Interesse an ihr ins Riesenhafte.«

»Zum Glück«, sagte Fruth, »sind diese von den Potentaten gesetzten Grenzen, die ein und dasselbe Volk gegeneinander ausspielten, längst gefallen.« (Aber hatte das nicht auch die Säkularisation zustande gebracht? fragte ich mich.) Von Mensch zu Mensch. Mir erschien die Spanne »von Ufer zu Ufer« gleichwohl immer noch weiter. Ich überhöhte das jenseitige Ufer, blickte vom Diesseits in eine jenseitige Traumlandschaft, aus der Gegenwart in die Zukunft. Auf der Seite des Vordergrunds stand ich, jenseits tat sich eine Zone auf, in die der Mühlhiasl schauen durfte, ein hortus conclusus, wo sich Tote und Lebendige begegnen konnten. Mir, dem noch Lebenden, wurde diese Gabe nur auf der Zeichnung zuteil ...

Beim Hellsehen muß es nicht unbedingt um eine Schau in die Zukunft gehen. So soll Hitler, wie Walther Zeitler in einer Schrift über den Mühlhiasl mitteilt, 1943 den Aufenthalt seines Waffenbruders Benito Mussolini im Benediktinerkloster Montecassino von einem holländischen Hellseher (Gérard Croiset) erfahren haben, den man zu Rate zog. »Bewerten wir die Gesichte des Mühlhiasl einmal unter diesen Gesichtspunkten, so muß man sie wohl zu den Prophezeiungen und Weissagungen rechnen, weniger zur Hellseherei.«

Von einer wissenschaftlichen Untersuchung der sogenannten »Vorschau« oder »Präkognition« kann man erst seit Ende des letzten Jahrhunderts mit dem Aufkommen der parapsychologischen Forschung, etwa durch Wissenschaftler wie den Holländer Tenhaeff und den Bayern Schrenck-Notzing, sprechen. Hätte der Mühlhiasl etwa zu Anfang unseres Jahrhunderts gelebt, wären uns dank der nun heftig einsetzenden Forschung wesentlich mehr Einzelheiten seiner Biographie bekannt. Für die Wissenschaft seiner Zeit war es ohne Reiz, den Lebensumständen dieses einfachen Mannes gebührende Aufmerksamkeit zu schenken, geschweige, ihnen gründlich untersuchend nachzugehen.

Beim unbestrittenen Phänomen der Schau künftiger Ereignisse kann es sich im Grunde nur darum handeln, daß die Zeit für das Bewußtsein ausgelöscht ist, daß Jahre, Jahrzehnte, Jahrhunderte keine Geltung haben, daß alles, was einmal sein wird (wie alles, was einmal war) durch einen geheimnisvollen Zusammenhang in die Gegenwart gebannt ist.

Zur Beantwortung der Frage, wie Voraus-Schauungen und Voraus-Gesichte überhaupt möglich sind, kann uns der Vergleich mit einem bekannten astronomischen Vorgang dienen. Zweitausend Lichtjahre entfernte Sterne sind noch keineswegs die äußersten im Kosmos. Da Licht, um von solchen Sternen zu uns zu gelangen, zweitausend Jahre braucht, könnten wir, sofern wir fähig wären, mit unseren vergleichsweise schwachen Instrumenten auf solche Distanzen überhaupt etwas zu erkennen, Vorgänge sehen, die sich dort vor zweitausend Jahren zugetragen haben. Umgekehrt sähe man aber auch von dort geschichtliche Abläufe auf Erden, die zweitausend Jahre zurückliegen. »Für Gott«, schreibt Johannes Steiner in seinem Werk über die Visionen der Therese Neumann (1973), »der in seiner unendlichen Vollkommenheit oder vollkommenen Unendlichkeit weder zeitliche noch räumliche Begrenzung und Beengung kennt, dessen Wahrnehmungsfähigkeit auch keiner Instrumente bedarf, um alles zu erfassen, gibt es also nicht das geringste Hindernis, auch heute noch jede Vergangenheit als Gegenwart zu schauen, aus hundert Lichtjahren Entfernung die Entstehung der Schlösser König Ludwigs II. oder aus tausend Lichtjahren Entfernung die Anfänge des Heiligen Römischen Reichs. Aus zweitausend Lichtjahren Entfernung sähe Gott Tod und Auferstehung seines Mensch gewordenen Sohnes. Hier kann uns überhaupt nur der theologische Gedanke von der unendlichen Vollkommenheit Gottes retten. Er, das ewige und vollkommene geistige Wesen, für das Zeit und Raum nicht existieren, kennt aus dieser unbegrenzten Vollkommenheit heraus genauso wie das Vergangene auch alles Kommende, das er im Schöpfungsplan bei seinem Wort: ›Es werde‹ vom Anfang bis zum Ende der Zeiten voraussieht.«

Thomas von Aquin drückt diese Fähigkeit Gottes in seiner »summa theologiae« so aus: »In seipsis quidem futura cognosci non possunt nisi a Deo, cui etiam sunt praesentia, dum in cursu rerum sunt futura, inquantum eius aeternus intuitus simul fertur supra totum temporis cursum.« (»In sich selbst ist die Zukunft / für Geschöpfe / nicht erkennbar, es sei denn durch Gott, dem alles schon Gegenwart ist, was im Laufe der Geschichte als Zukunft herankommt, weil seine ewige Einsicht zugleich sich über den ganzen Ablauf der Zeit erstreckt.«)

Es ist nicht unmöglich, daß Gott gelegentlich den einen oder anderen Seher – auf diese Weise auch den Mühlenrichter Mathias Lang vulgo Mühlhiasl – in begrenztem Umfang an seinem Wissen teilnehmen läßt. Es könnte auch sein, daß dies, um die seinen Geschöpfen mitgegebene Freiheit nicht allzusehr einzuschränken, in meistens nicht allzu klaren Gesichten geschieht. Bei Mathias Lang hat solches »Teilnehmen lassen« zu nicht einmal gar so unklaren Bildern geführt. Gott kann auch – dies uns zum Trost – Erleuchtungen eingeben, deren Voraussage

schließlich nicht eintrifft. So sah sich etwa Jonas dem Spott seiner Zeitgenossen ausgesetzt, weil Gott einen ihm eingegebenen und von ihm vorausgesagten Beschluß, nämlich den der Vernichtung von Ninive, unter dem Eindruck der Bußgesinnung der Bewohner nicht verwirklichte.
Ähnlich drückt sich Conrad Adlmaier aus, wenn er, bevor er auf die Worte des Mühlhiasl eingeht, einen Vorwurf gleich zurückweist. Er »stammte von einem Arzt, der es rügte, daß durch die Prophezeiungen viele Menschen erschreckt würden und in eine Panik gerieten. Das mag wahr sein. Aber damit müßte alles verschwiegen werden, was als Warnung so oft der Menschheit vorausgesagt wurde, damit die Gewissen aufgerüttelt werden. Keine Voraussagung *muß* eintreten, wenn es Gott nicht gefällt oder die Menschheit Buße tut.«
Der Mühlhiasl hörte die Trommel- und Trompetensignale eines Dritten Weltkriegs. Auf dieses Großereignis zielt bei ihm alles hin. Dabei sah er kaum über die Grenzen seiner Heimat hinaus. Was immer sich ereignen soll, kündigt sich im Ausschnitt seines Waldes an. Gerade noch, daß er das niederbayerische Unterland, den Gäuboden, in die Auswirkungen einbezieht. Man stelle sich bei seinen Bildern immer vor, wie es um die Jahre 1800 oder 1810 in seiner Heimat aussah. Die Häuser waren in der Regel aus Holz gebaut und mit Stroh gedeckt; niedere Hütten. Die Tracht war ländlich einfach an Werktagen. An Festtagen trugen die Frauen das breite schwarze Kopftuch, das im Nacken zusammengebunden war und in zwei »Schwalbenschwanzflügeln« auf den Rücken fiel. Meistens gingen die Frauen in Holzschuhen. (Übrigens hatte auch Adalbert Stifter in »Lakerhäuser« – wie seine Schreibweise war –, nach der Erinnerung des Vaters von Ludwig Rosenberger, Holzschuhe getragen.) Die Armut war drückend. Bis ein steinernes Haus in die Höhe wuchs, dauerte es oft viele Jahre. In dieser Umgebung sagte der Mühlhiasl Din-

ge voraus, auf die man sich damals keinen Reim machen konnte: Es gab kein Telephon, kein Fahrrad, kein Auto, keine Dampfmaschine, keine Elektrizität, keinen Radioapparat, keinen Fernseher, keine Eisenbahn, kein Flugzeug, keine Atombombe.

Mühlhiasl, der einfache Landmensch seines Jahrhunderts, der nicht lesen und schreiben konnte, tat, als er unstet umherzog und marode Mühlen richtete, Aussprüche, die weit über seinen geistigen Horizont hinausgingen und einen Zeitraum von zweihundert Jahren übersprangen. Er prophezeite, daß es zu Lebzeiten »der Kindeskinder der Enkel« seiner Zeitgenossen auf der Welt drunter und drüber gehe. Die vierte Generation werde den Anfang der neuen Zeit mit allen ihren Wundern sehen. In einem Rhythmus von drei verschiedenen Zeitepochen – »in drei Zeiten« – werde sich alles abspielen. Er sah eine Zeit der Vorzeichen, eine Zeit der Abräumung und schließlich eine Zeit danach.

Mühlhiasls Vorzeichen setzen bereits am Ausgang des 19. Jahrhunderts ein und reichen bis zum Ende des 20. Jahrhunderts. Diese Vorzeichen werden hier in der Fassung von Johann Evangelist Landstorfer mitgeteilt. Auch der Wortlaut Norbert Backmunds wird ob seiner wissenschaftlichen Zuverlässigkeit herangezogen. Soweit auf eine andere Zusammenfassung der zwanziger Jahre (von Antonius Kiermayer nach Franz Schrönghamer-Heimdal, Paul Friedl und Max Peinkofer; vergleiche das Literaturverzeichnis) zurückgegriffen wird, ist dies durch besonderen Schrifttypus kenntlich gemacht.

Für die Zeit vor dem Ersten Weltkrieg sagte der Mühlhiasl voraus:

> *Die roten Hausdächer kommen.*
> Die schwarzen Kopftücher kommen ab.
> *Die Rabenköpf werden abkommen und die Weiberleut Hüt tragen wie die Mannsbilder.*

Tatsächlich wurden die Stroh-, Ried-, Schindel- und

Schieferdächer allmählich von den aufkommenden roten Ziegeldächern verdrängt. Die schwarztaftenen Kopftücher, die straff über die Stirn liefen und im Nacken zusammengebunden waren, so daß ihre langen Enden wie »Schwalbenschwanzflügel« über den Rücken fielen, verloren sich wie die unterlandlerische Tracht überhaupt. Während in manchen Alpentälern die Tracht – später vielleicht im Zusammenhang mit dem Fremdenverkehr – länger überdauerte, wurde sie im Isengäu, im Erdinger Holzland, im Landshuter Hügelland, im Gäuboden und im Wald schon um die Jahrhundertwende abgelegt.

Auf der Donau werden stolze Häuser schwimmen.

Wie sollte der schlichte Waldmüller die hochmodernen, wunderbaren Passagierschiffe, von denen Hans Carossa in seinen »Geheimnissen des reifen Lebens« anschaulich berichtet, anders beschreiben? (Höchstens die vielen Staustufen, von denen die am Kachlet eine der ersten war, behinderten später die Donau-Dampfschiffahrten zum Schwarzen Meer.)

Geht man zu Fuß von Oberalteich nach Hunderdorf, kommt man auf den Höhen der Kleinlintacher Berge an eine Stelle – sie heißt »beim Holz-Bertl« –, wo sich ein prächtiger Ausblick in das Donautal und weit hinüber in den Gäuboden auftut, von Plattling bis Regensburg. Auf dieser Anhöhe, von der man heute so schön den Dampfschiffen zuschauen, die Schlepper zählen und das »Tuten« hören kann, stand einmal zu Anfang des vorigen Jahrhunderts der Mühlhiasl und sprach über die kommende moderne Donauschiffahrt.

Die Donau herauf werden eiserne Hunde bellen.

Diese Voraussage betraf die mit Dampf betriebenen eisernen Schleppkähne auf der Donau. Als Prämisse des eintönigen Refrains: »Dann ist es nicht mehr lang hin ...« wurde der Voraussage oft auch ein »wenn« vorausgestellt:

Wenn der eiserne Hund auf der Donau heraufbellt.

Das Gleichnis »Hund« wird vom Mühlhiasl für alles, was

schnell daherläuft oder fährt, gewählt, so auch für die Eisenbahn. Die Lokomotive sah er als eisernen Hund oder (nach seinem Erfahrungsschatz aus dem damals noch wilden Wald) als eisernen Wolf.

Der fahrende Rauch wird durch den Wald bellen.

Anschaulicher könnte man die Eisenbahn kaum kennzeichnen als durch diese Verbindung von Rauch und Gebell (das unverwechselbare Geheul der Dampflokomotive).

Wenn die eiserne Straß' über die Donau herüberkommt und ins Böhm hineinlauft.

Mit der »eisernen Straß« waren zweifellos Eisenbahngleise gemeint. Ohne den Nachsatz »ins Böhm hinein« kann es sich nur um die ab 1875 von Straubing über Bogen, Hunderdorf, Haslbach und Altrandsberg nach Miltach (mit Anschluß nach Kötzting) gebaute Bahnstrecke handeln. In Hunderdorf soll der Mühlhiasl auf den Meter genau den Verlauf der späteren Eisenbahn vorausgesagt haben; nach Backmund bezeichnete er »auf den Meter genau den nachmaligen Verlauf der ›eisernen Straß‹ und zeigte, wie weit sie dem Schötz (heute Blasini) in den Garten hineinschneiden werde. ›Bis daher und nicht weiter!‹« (Der »Blasini« war zu Backmunds Zeiten »Bahnagent«, saß im Bahnhofsgebäude am Schalter.) Die Bahngleise begleiteten die Straße von Bogen nach Steinburg, verliefen kaum sechshundert Schritt von der Apoiger Mühle entfernt und schwenkten erst hinter Hunderdorf ab. In Verfolgung einer Politik, die dem – gleichfalls vom Mühlhiasl vorausgesehenen – Automobil den Vorrang einräumte und das weitverästelte Geäder der Eisenbahn dem Austrocknungstod überantwortete, wurde 1985 auch diese Bahnlinie stillgelegt. Mit dem Abbruch der Gleise wurde 1986 begonnen. Der alte bescheidene Bahnhof stand noch, als ich meine Besuche in der ehemaligen Klostermühle machte, schräg über der Straße, gegenüber dem Wirtshaus, wo Alois Irlmaier eingekehrt war. Die »zeitgemäß« renovierte

Fassade des Gasthauses paßte so recht ins Automobilzeitalter.
Bedenkt man, daß im bayerischen und böhmischen Wald nichts so sehr die Gemüter bewegte wie der Bau einer Bahnlinie, bei dem viele tausend Arbeiter ihr Brot fanden, versteht man, daß mit dem Zusatz »ins Böhm hinein« auch die 1877 eröffnete, von Landshut kommende Bahnlinie Deggendorf–Gotteszell–Zwiesel–Eisenstein–Pilsen gemeint sein kann.

An dem Tag, an dem zum ersten Mal der eiserne Wolf auf dem eisernen Weg durch den Vorwald bellen wird, an dem Tag wird der große Krieg anheben.

Wenn dem Mühlhiasl zugeschrieben wird, er habe auch den Gleisverlauf der Bahnlinie Kalteneck, Eging, Deggendorf genau angegeben, ist vielleicht einiges durcheinandergeraten. Unter Umständen hat nur Adlmaier hier geirrt. Fest steht immerhin, daß der Mühlhiasl auch den Bau dieser Bahnlinie angekündigt hat: Am 26. November 1913 wurde der Abschnitt Kalteneck–Eging eröffnet. Den ersten Zug führten eine bei Maffei in München gebaute D XI und eine D X des Bahnwerks Passau. Die beiden Lokomotiven hatten übrigens zwei recht kernigbayerische Spitznamen: »Lokalbote« und »Wamperte Schullehrerin«. Die Fortsetzung dieser Bahnlinie von Eging über Hengersberg nach Deggendorf – und jetzt kommt das wirklich Verblüffende – wurde am 1. August 1914 eröffnet: Am Tag des Ausbruchs des Ersten Weltkriegs fuhr die Eisenbahn zum erstenmal von Kalteneck nach Deggendorf, mitten durch den Vorwald. Und am 2. August rückten die mobilisierten Soldaten ein. Kein Datum hatte der Mühlhiasl genannt, aber gleichwohl den Ausbruch des Ersten Weltkriegs auf den Tag genau vorhergesagt. Längst vor der Jahrhundertwende ist diese Weissagung wörtlich verbürgt. Noch ein anderes Vorzeichen für das erste große Völkerringen nannte der Waldprophet:

Wenn man einen weißen Fisch am Himmel sieht.

Wenn der weiße Fisch über den Wald fliegt.

In seinem »Buch der Weissagungen« kommentiert Walter Widler: »Gemeint ist (wohl) der Zeppelin, der im Frühjahr 1914 den Bayerischen Wald überflog.« Widler setzt übrigens den Mühlhiasl irrigerweise mit einem »Mühlenarzt« Mathias Pregl (1750–1825) gleich, der in Straubing gestorben sein soll. Adlmaier, der ursprünglich diese Vermutung teilte, korrigierte sich in den späteren Auflagen seines Buches. Bei ihm lesen wir über den Zeppelinflug am Vorabend des großen Krieges: »Im Sonnenlicht glänzte das Luftschiff schneeweiß.«

Wenn die Leut in der Luft fliegen können.

Die allgemeine Luftfahrt setzte vor dem Ersten Weltkrieg ein, für die Waldbewohner ein aufregendes, vorher nie für möglich gehaltenes Schauspiel am Himmel.

Der Kleine fangt den Krieg an, der Große überm Wasser macht ihn aus.

Serbien und die Vereinigten Staaten!

Das Gold geht zu Eisen.

Adlmaier, der in Hunderdorf forschte, schreibt: »Wer erinnert sich heute (1950) nicht an die Parolen, die während des Ersten Weltkriegs umgingen? ›Gold gab ich für Eisen‹? Jeder Soldat erhielt für ein Goldstück drei Tage Fronturlaub. Und doch gab es im Bayerwald Geistliche, die von der Kanzel herunter ihre Leute davor warnten, im Hinblick auf die Prophezeiungen des Mühlhiasl, das Goldgeld abzuliefern.«

Ich besitze eine eiserne Gedenkmünze, die mein Großvater, der Münchner Maler Albert Schröder, im Tausch gegen die Goldmedaille der 1905 in München abgehaltenen IX. Internationalen Kunst-Ausstellung in Empfang nahm. Auf der Vorderseite dieser Eisen-Gedenkmünze steht der stolze Spruch: »Gold gab ich zur Wehr, Eisen nahm ich zur Ehr«, auf der Rückseite heißt es bescheidener: »In eiserner Zeit. 1916.« (Sechs Jahre später hatte mein Großvater sein gesamtes, nicht unbeträchtliches Vermögen verloren.)

Kaiser und Könige werden vertrieben.

Diese Voraussage bedarf keines Kommentars.

Es wird aber auch eine Zeit sein, da man um zweihundert Gulden keinen Laib Brot bekommt. Um ein Goldstück kann man sich einen Bauernhof kaufen. Das Holz wird noch so teuer wie der Zucker, aber glangen tut's. Einerlei Geld kommt auf. Geld wird gemacht so viel, daß man's gar nimmer kennen kann. (Nach Landstorfer betonte er mit geheimnisvoll-hämischem Lächeln:) Wenn's gleich lauter Papierflanken sind, kriegen die Leut nicht genug dran. Auf einmal gibt's keins mehr.

Der Mühlhiasl sah die Inflation mit ihren Waschkörben und Rucksäcken voll Papiergeld. Eine Milliarde für eine Semmel! Auf dem Weg vom Kassenschalter des Arbeitgebers zum Kramerladen gab es nicht selten einen Kaufkraftschwund von tausend Prozent. Am Schluß war man bei einer Jahresinflationsrate von 105,8 Millionen Prozent angelangt. Erstaunlich ist an dieser Prophezeiung: Papiergeld wurde im Deutschen Reich drei Jahre nach seiner Gründung, 1874, eingeführt, vom Mühlhiasl aber schon sechzig bis siebzig Jahre früher vorausgesagt. Bis zur Inflation vergingen weit über hundert Jahre. Adlmaier teilt mit: »Ein Bauernhof bei Freilassing wurde tatsächlich mit Inflationsgeld, das für ein Goldstück eingehandelt war, gekauft.« Zum Vergleich von Zucker und Holz: Das natürliche Haupterzeugnis des Waldes, Holz, war in der Zeit, als der Mühlhiasl weissagte, von geringem Wert, »Zucker hingegen«, wie Backmund erläutert, »sehr teuer und für die Landbevölkerung ein Luxusartikel.«

Auf einmal gibt's keins mehr.

Diese Voraussage erfüllte sich buchstäblich, als die stürmische Beschleunigung des Preisauftriebs im November 1923 durch die Einführung der »Rentenmark« und eine neue Währungsordnung schlagartig beendet wurde. Das

Geld hatte wieder seinen Wert, war aber sehr knapp geworden.
Mit erschreckender Deutlichkeit wurde das sogenannte Dritte Reich vorausgesagt:

> *Dann wird ein strenger Herr kommen und den Leuten die eigene Haut abziehen. Die Kleinen werden groß und die Großen klein. Wenn aber der Bettelmann aufs Roß kommt, kann ihn der Teufel nimmer derreiten.* Wenn überall politisiert wird, wenn alle andere Köpf haben und uneins in den Familien sind, dann kommt ein gestrenges Regiment *und ein Herr, der zieht enk 's Hemd übern Kopf ab und die Haut auch. Das Recht wird nimmer Recht sein.* Der strenge Herr wird viel planen, aber es wird nimmer ausgeführt.

Mühlhiasls Voraussage, daß eine Herrschaft auf dem Höhepunkt ihrer Macht in Wahrheit an ihrem Ende steht und ihre Pläne nicht mehr verwirklichen kann, trifft in einem späteren Stadium der Weltgeschichte zum zweiten Mal ein.

> *Wenn sie in Straubing an der großen Brücke über die Donau bauen, so wird sie fertig, aber nimmer ganz; dann geht's los.*

Im Herbst 1939 war bei Kriegsausbruch die neue Donaubrücke bis auf die Betondecke fertig. Conrad Adlmaier erinnert sich: »Da ich die Weissagung des Mühlhiasl schon Jahre vorher kannte, ging ich 1939 der Sache nach. Die Donaubrücke in Straubing wurde gebaut und fertiggestellt. Und doch war sie nicht fertig. Es fehlte noch der Betonbelag, als ich darüberging und mir die Sache ansah. Ich sah es mit eigenen Augen. Dann brach der Zweite Weltkrieg aus. Das kann ich jederzeit beeiden.« (Der Krieg brach am 1. September 1939 mit dem deutschen Einmarsch in Polen aus.)
Backmund übrigens teilt eine Erzählung des Pfarrers Georg Haas von Kirchaitnach (dort seit 1956) mit: »Vor dem Krieg war ich Kooperator in V. (Viechtach; 1. Mai 1939

bis 1946). Hitler baute damals an seinen Ostmarkstraßen. Der alte Bauer vom Haidhof erzählte mir öfter: ›Der Mühlhiasl, der bei meinem Urgroßvater oft hier im Haus war, hat immer gesagt: An dem schwarzen Band durch'n Wald baun s' weiter, aber unser Kirchweg, der da vor meim Haus vorbeiführt, der halt' das schwarze Band auf.‹ – Ich lachte über diese Erzählung. Als der Straßenbau direkt bei dem genannten Kirchenweg angelangt war, kam der Krieg, und die gesamte Arbeiterschaft wurde telephonisch an die Front dirigiert. Die Arbeit stand viele Jahre still, die Prophezeiung hatte sich erfüllt.«

Auf einem Kirchturm wird ein Baum wachsen. Wenn der Baum so lang ist wie ein Fahnenschaft, dann ist die Zeit da.

Nach anderen Fassungen habe der Mühlhiasl geradewegs Zwiesel genannt. Hierzu muß etwas nachgeholt werden: Anstelle des am 19. Juli 1876 beim Stadtbrand völlig eingeäscherten alten Gotteshauses wurde 1896 die vom historistischen Baumeister Johann Baptist Schott entworfene neue Pfarrkirche Sankt Nikolaus eingeweiht. Ob ihrer imposanten Ausmaße bekam sie den Beinamen »Bayerwalddom«. Wenn hier vom Zwieseler Kirchturm die Rede ist, handelt es sich um Schotts Kirchturm.

Walther Zeitler teilt mit: »Als die Linde auf dem Zwieseler Kirchturm etwa zwei Meter hoch war, begann 1939 der Zweite Weltkrieg.« Conrad Adlmaier glaubt es besser zu wissen: »Obwohl auf Kirchtürmen keine Bäume zu wachsen pflegen, ist der Schreiber dieses Büchleins der weitbekannten Prophezeiung nachgegangen. Ein mir befreundeter Schulkamerad, der Krankenhausbenefiziat Isidor Goderbauer (gestorben 1948), reiste im Jahre 1944 eigens nach Zwiesel, um den Baum, eine Linde, zu besichtigen. Sie wuchs tatsächlich auf dem Kirchturm und war zirka zwei Meter lang. Damals besichtigten verschiedene Leute den Baum, bis ein Polizist kam und die Neugierigen veranlaßte, weiterzugehen. Es paßte natürlich nicht in das

damalige Parteiprogramm, daß es eine wahrgewordene Prophezeiung von dieser Deutlichkeit gab. Diese schicksalhafte Linde wurde später ausgerissen.«
Daß die Linde in Wirklichkeit eine Birke war, bestätigt Reinhard Haller: »Der Kreisleiter verlangte vom damaligen Stadtpfarrer, daß wenigstens die größte der insgesamt sieben Birken heruntergesägt würde, um den Gerüchten und Ängsten die Nahrung zu nehmen. Der Geistliche aber verneinte schlagfertig: ›Ich hab's nicht hinaufgetan, ich tu's auch nicht runter!‹«
Im Jahr 1944 wuchs auf dem Turm tatsächlich eine Birke von ungefähr zwei Metern Länge. (Daß man sie mit Stumpf und Stiel ausriß, half allerdings nicht lange; nach dem Krieg sproßte der Baum wieder, ja es trieben immer mehr Bäume; ich selbst konnte mich bei meinen Besuchen in den sechziger Jahren davon überzeugen, daß es Birken waren. Erst seit einer gründlichen Renovierung und künstlichen Beschichtung des Turms in den siebziger Jahren wurde der Baumwuchs ausgerottet (ob für immer, bleibt abzuwarten). Als »Zeit«, die nach Mühlhiasls Aussage mit der erreichten Länge dieses Baumes »da« sein sollte, war vermutlich nicht der Anfang, sondern das Ende des Zweiten Weltkriegs gemeint, für das es noch eine andere Mühlhiasl-Prophezeiung gibt. Im selben Jahr 1944 kam nämlich das »Fledermausgeld« auf.

> Der strenge Herr wird nicht lange regieren. Vorher wird noch ein Geld aufkommen, da ist eine Fledermaus drauf, die laßt die Flitschen recht traurig hängen.

Der Zwanzig-Reichsmark-Schein von 1944 trug links oben in der Zeichnung der Zahl ein Ornament, das einer Fledermaus mit traurig niederhängenden Flügeln ähnlich sah. Adlmaier erläutert: »(Es) war 1944, als ein Zwanzigmarkschein herauskam. In der Zeichnung der Zahl zwanzig ist tatsächlich eine Art Fledermaus erkennbar, die die Flügel traurig hängen läßt. Alle, die die Weissagung des Bayerwald-Müllers kannten, und es waren nicht wenige

Das Fledermausgeld

(darunter der Verfasser), sagten: ›Jetzt ist das Fledermausgeld da, jetzt dauert's nimmer lang.‹ Ein halbes Jahr darauf war der Spuk des Dritten Reiches mitsamt dem fürchterlichen Krieg aus. Wie merkwürdig, daß der schlichte Mühlhiasl einen Geldschein vor über hundert Jahren so deutlich beschreiben konnte!«

Nach dem Krieg meint man, es ist Ruh, ist aber keine. Klassisch lapidar ist dieser Satz, enthält alle Hoffnungen und Enttäuschungen der Jahre nach 1945 in nuce.

> *Gesetze werden gemacht, die niemand mehr achtet. Das Geld wird ungültig.*

Die bereits vorgezogenen religiösen Weissagungen sollen an dieser Stelle nicht wiederholt werden.

> *Die Mannsbilder werden sich wie die Weiberleut, und die Weiberleut wie die Mannsbilder g'wanden, daß man s' nimmer auseinanderkennt.*

Weil die Männer sich wie die Weiber anziehen und umgekehrt; die Frauen tragen Hosen und Stiefel, die Männer überlanges Kopfhaar.

> *Wenn die Weiberleut Köpfe tragen wie die Besen.* (Nach Jules Silver.)

Hochtoupiertes Haar.

> Die Leut werden Kleider in allen Farben tragen, auf der Straßen werden Gäns daherkommen (schneeweiße Ge-

wandung), *die Weiberleut werden daherkommen wie die Gäns und werden sich spuren wie die Geißen.*

Man muß diese Voraussage vor dem Hingergrund der alten Tracht sehen, die nur gedeckte Farben, vorwiegend schwarz, gelegentlich dunkelblau, höchstens weiße Vorstöße und silbernen Halsschmuck kannte. Mit dem Ausdruck »spuren wie die Geißen« wurde bereits vor 180 Jahren auf »Damenschuhe« mit extrem hohen und schmalen Absätzen angespielt, die »Spuren hinterlassen wie von Geißen«, Stöckelschuhe mit sogenannten Pfennigabsätzen.

Wenn die Mannerleut rote und weiße Hüt aufsetzen,
wenn die farbigen Hüt aufkommen,
wenn die Leut rote Schuhe anhaben,
wenn sich die Bauernleut g'wandn wie die Städtischen und die Städtischen wie die Narren,
wenn die Bauern mit gewichsten Stiefeln in die Miststatt hineinstehen,
wenn die meisten Leut mit zweiradelige Karren fahren, so schnell, daß kein Roß und kein Hund mitlaufen kann ...

Die farbenprächtige Mode der fünfziger bis achtziger Jahre wird hier treffend geschildert; auch die Angleichung des ländlichen Lebensstils an den städtischen ist kennzeichnend für die Zeit.

Fahrräder verglich der Mühlhiasl mit den schnellsten Läufern seiner Zeit, mit Pferden und Hunden. Aber auch die modernen Automobile auf den breiten Straßen sah er kommen:

Wenn die Wägen ohne Roß und Deichsel fahren.

Der Mühlhiasl weissagte die Anlage von Teerstraßen (»schwarze Bänder«), die entfernteste Orte miteinander verbanden, zu denen damals nur Waldwege führten. Wegen seiner unglaublichen Gesichte wurde er weit häufiger ausgelacht als ernstgenommen. Aber unbeirrt schloß er jedesmal:

Nachher ist's nicht mehr weit hin!

Nachher steht's nimmer lang an!

In Apoig sah ich auf einem Bergsporn ein weit ausladendes, von der Wohlhäbigkeit seiner Besitzer zeugendes Waldler-Bauernhaus, ein Bilderbuch-Bauernhaus mit Tuffsteinmauern und hölzernem Stock, mit kleingeschnittenen, tieflaibigen Fenstern, eine Art Bauernschloß, das gut und gern seine dreihundert Jahre Wind und Wetter getrotzt hatte. (Der Apoiger Klostermüller muß es täglich vor Augen gehabt haben.) Einen nostalgischen Großstädter hätte es zum Schwärmen verleiten können. Der bäuerliche Besitzer allerdings wußte nichts besseres zu tun, als daneben einen Dutzendbau hinzustellen, wie er vielleicht einer Neubausiedlung wegen seiner Durchschnitts-Gefälligkeit zur Ehre gereicht hätte. Hier war er fehl am Platz. Das alte Haus daneben verfiel. Seit Jahr und Tag verfiel es und hielt – grundsolid wie es gemauert und gezimmert war – immer noch der Zeiten Ungunst stand. »Er darf es nicht abreißen, weil es unter Denkmalschutz steht«, hörte ich einen Einheimischen sagen, »und so muß er es verfallen lassen.«

»Muß es verfallen lassen« – wie Hohn klingt dieses Urteil gegen die Geschichte, angesichts einer durch nichts und niemand einzudämmenden Schwemme billigster architektonischer Gegenwart. Ganze Heere von Siedlungshäusern hatten mich auf meiner Exkursion durch den Bayerischen Wald verfolgt, und immer starrte dahinter die »Skyline« apokalyptischer Hochhäuser.

Überall werden Häuser gebaut. Aber einmal werden aus den Fenstern die Brennesseln wachsen.

Dann werden Häuser gebaut, nichts wie Häuser, Schulhäuser wie Paläste ... (mit eigenartiger Betonung fügte der Mühlhiasl hinzu:) für die Soldaten.

Ein gewaltig ausgedehntes Schulgebäude, das in Zwiesel errichtet wurde, soll Kaserne werden. (Vergleiche das Kapitel über den »Stormberger«.)

»Häuser wie die Schwammerl«

In den Städten bauen sie Häuser, hohe Häuser, *und davor kloane Häusl wie Impenstöck (Bienenstöcke) oder Schwammerl (Pilze), eins am andern,* schneeweiße Häuser mit glänzenden Dächern.

Das alte Bauernhaus ist mit Schindeln gedeckt. Aus der nächsten Umgebung kam das Baumaterial, aus dem Wald hinter dem Haus. Inzwischen gab es in der Heimat nicht einmal mehr geeignete Lärchen. Als Folge der Übersättigung des Bodens mit Stickstoff (Düngemittel und Abgase) hatten sie nicht mehr das erforderlich engjährige (also dauerhafte) Holz, abgesehen davon, daß niemand mehr willens und imstande war, Schindeln zu schlagen. »Schindler« war ehedem ein Beruf. (Siehe dazu das Kapitel über das Waldsterben.)

> Und dann ist es aus. Dann kommt der große Krieg. In der Stadt werden Häuser baut, fünf- bis sechsstöckige, auf dem Land Häuser wie die Schlösser und die Pfarrhöf. *Wenn alles baut, nix wie baut wird, überall wird gebaut, ganze Reihen wern baut ... Die Leut richten sich ein, als ob sie gar nimmer fortwollten. Aber dann wird abgeräumt.*

Die sogenannte Bauwut ist nach Mühlhiasl eines der auffälligsten Kriegsvorzeichen.

> In Lintach wird alles voller Häuser und Lehmhütten (sein), aber nachher wachsen einmal Brennesseln und Brombeerdörn zum Fenster außer.

Lintach ist eine weit verstreute Siedlung westlich von Hunderdorf. Ich sah dort Starkstrommasten, überdimensionierte Schulbustafeln und viel Asphalt. Backmund meinte noch 1961: »Lintach ... hat sich seit Mühlhiesls Zeiten kaum nennenswert vergrößert. Dies träfe viel eher zu auf das zu seinen Füßen gelegene Hunderdorf, das vor allem durch die Industrie in den letzten Jahren gewaltig gewachsen ist.« Als ich mich im Herbst 1991 in Lintach umsah, kletterten allerdings die Neubaugebiete von Hunderdorf schon verdächtig nahe an Lintach heran.

Vom selben Lintach in der Pfarrei Hunderdorf wird ein auffallend lebensnahes Detail überliefert: Es mag zwischen 1800 und 1820 gewesen sein, da redete einmal der Mühlhiasl – nach Landstorfer und dessen Gewährsmann Mühlbauer – mit dem befreundeten alten Bognervater vom kommenden großen Krieg. Während des Gesprächs

Feldkreuz von Lintach

zupfte und knetete der Hiasl in freundlicher Neckerei das Ohr des dabeistehenden Bogner-Enkelkindes, wobei dann der Knabe zu weinen anfing. Da tröstete ihn der alte bärtige Seher mit den Worten: »Bi staad und woan net, Büawal, du bist bein großen Kriag net dabei, deine Buam aa net, aber dene ihre Buam kemman gwiß dazua!« (Landstorfer führt an: »Die jetzigen Bognersöhne waren alle im Weltkrieg, sie sind die Enkel des weinenden Knäbleins.«) Die Mühlhiasl-Aussage zielt recht genau auf den Ersten und nicht auf den Zweiten, geschweige auf den geweissagten Dritten Weltkrieg. Zum einen dürfen Zeitangaben eines Bildersehers nie wörtlich genommen werden, zum andern sind die drei Kriege bei Mathias Lang nicht so eindeutig unterschieden wie etwa bei Sepp Wudy, von dem noch die Rede sein soll. Zu sehr zielt alles auf die eine große End-Heimsuchung hin.
Für das Herannahen des großen Unheils nennt der Mühlhiasl noch andere merkwürdige Vorzeichen:

> Wenn die kurzen Sommer kommen,
> wenn man Winter und Sommer nimmer auseinanderkennt,
> dann ist es nicht mehr weit hin.

Unschwer »übersetzt« man: Weil die Winter so warm und die Sommer so kalt sein werden. Die Sommer – wer Augen hat zu sehen, der sieht es – blumenlos und grau wie die Winter, ohne Schnee die Winter wie die Sommer, oder höchstens mit kümmerlichen Ansätzen. (Auch auf das Phänomen erstaunlicher klimatischer Veränderungen, die sich nicht, wie noch wenige Jahre zuvor, erst ankündigten, sondern bereits zu unvorhergesehenen Schwierigkeiten führten, soll noch eingegangen werden.)

> Wenn sie alle Awanter umackern und die Stauern aushauen,
> wenn alle Bauern politisieren,
> nachher ist die Zeit da.

Diese Sätze wurden von Landstorfer nach den Aussagen

Mühlbauers 1923 niedergeschrieben. Walther Zeitler übersetzt die alten bäuerlich-mundartlichen Ausdrücke richtig: »Wenn sie alle Grenzstreifen umackern und die Hecken aushauen.« Er fragt rhetorisch, ob damit die Flurbereinigung gemeint sein könnte. (»Anders wäre es mit den modernen großen Maschinen nicht mehr gegangen«, sagen die Bauern; die Felderzusammenlegung und -neuordnung sei zugunsten breiterer Zufahrten erforderlich gewesen.) Wer als wesentliches Merkmal der Flurbereinigung die Beseitigung aller Raine und Hecken beobachtet hat, wer die Planierung aller Böschungen und Gräben gesehen hat, wird das Fragezeichen vielleicht weglassen.

Wenn die Leut nichts mehr tun als fressen und saufen, schlemmen und dämmen,
wenn die Bauernleut lauter Kuchen fressen,
wenn die Bauernleut Hennen und Gänse selber fressen.

Bei Antonius Kiermayer heißt es dazu: »Wenn die Bauern nimmer arbeiten wollen«, womit der Kern dieser Aussage mit anderen Worten getroffen sein dürfte: Die Bauern werden die Lust am Arbeiten verlieren. Man muß dabei an die in der Landwirtschaft fehlenden Hilfskräfte und an die schlechte Bezahlung der bäuerlichen Erzeugnisse denken. Der Mühlhiasl wollte vielleicht auch die Preisgabe zahlloser Landwirtschaftsbetriebe (von hundert überleben höchstens zehn) und die Abwanderung der Bauern in die (noch) florierende Industrie zum Ausdruck bringen. »Schafft Arbeitsplätze«, hieß die regierungsamtliche Losung, obwohl solche in der Landwirtschaft zu Tausenden vorhanden gewesen wären. Allerdings reichte es auf den landwirtschaftlichen Arbeitsplätzen nicht zum »Kuchenfressen«.

Beim Ausdruck »dämmen«, richtiger »demmen«, liegt eine Betonung durch Verdoppelung vor, denn er bedeutet nichts anderes als »prassen und schwelgen«.

Die hohen Herren sitzen zusammen und machen Steuern aus.

Die Zeit schritt voran. Die Steuergesetzgebung wurde zum verzweifelten Instrumentarium, die (durch politische Fehlentscheidungen) immer weiter aufgerissenen Löcher in der staatlichen Finanzdecke zu stopfen. Der Staat (im deutschen Fall der Bund) brachte die Gelder zur Behebung einer durch Fehlentscheidungen verursachten Umweltkatastrophe nicht mehr auf.

> *Gesetze und Steuern machen s', die Herren, aber endlich kann es keiner mehr zahlen.*
>
> Steuern werden ausgemacht, die niemand zahlen kann.
>
> Viel wird ausgemacht, aber nimmer durchgeführt.

Gesetze über Gesetze wurden verabschiedet; jedermann trachtete, sie zu umgehen.

> Das Bayerland wird verheert und verzehrt von seinen eigenen Herrn.

Diesen Ausblick eröffnete uns der Seher gleichsam vom Nachher aus.

> Nachher steht's Volk auf. Bald's angeht, ist einer übern andern, raufen tut alles. Wer etwas hat, dem wird's genommen.
>
> *Wenn man die Leut, die einem begegnen, nicht mehr versteht, ist es nimmer weit bis zum End. Bei den Leuten wird einer den andern nimmer mögen, keiner wird dem andern mehr trauen.*
>
> In jedem Haus ist Krieg. Kein Mensch kann mehr dem anderen helfen. Die reichen und noblen Leut werden umbracht, wer feine Händ hat, wird totgeschlagen. Der Stadtherr lauft zum Bauern aufs Feld und sagt: ›Laß mich ackern!‹ (um nicht erkannt zu werden), aber der Bauer derschlagt ihn mit der Pflugreutn.
>
> *Die Bauern werden hohe Zäune ums Haus machen und auf jeden, der vorbeikommt, aus den Fenstern schießen ... dann kündet sich ein Himmelszeichen an.*

Die »feinen Hände« (auch die Gesichter) wird man sich »anrußen«, wir haben es schon gehört, keineswegs aber nur, um einen geringeren sozialen Stand vorzutäuschen,

sondern auch, um die Identifizierung zu erschweren. (Statt »Anrußen« könnte man auch sagen: »Bart stehen lassen« oder »Haartracht verändern«.)
Unter dem Stichwort »Reutn« lesen wir in Schmellers Bayerischem Wörterbuch: »Die Reuten, Ackerreuten, auch: Reutel, Reuter, Reutern, die Pflugreute, ein Stab, welcher beym Pflügen zum Säubern des Pflugbretts von der sich anhängenden Erde dient.« – Der Mühlhiasl gab dem Bauern der Zukunft Werkzeuge seiner Zeit in die Hand. Alle übrigen Widersprüche, die in diesen Aussagen stecken, lassen sich möglicherweise darauf zurückführen, daß wir um die Reihenfolge der Vorzeichen nicht wissen und, solange das Geweissagte – im Rückblick – nicht eindeutig wiedererkannt ist, immer einiges durcheinander bringen. Auf jeden Fall sagte der Mühlhiasl so etwas wie Klassenkämpfe voraus. Adlmaier kommentiert: »Schauen wir hinüber nach Osten, dann sehen wir die Erfüllung dieses Vorausgesichts, die Gottlosigkeit, den Klassenhaß, die Knechtung und Beraubung. Ob auch bei uns alles drunter und drüber gehen wird, das wird die Zukunft lehren.«
Hans Carossa berichtet in seinem Buch »Das Jahr der schönen Täuschungen« von einer Begegnung mit der Dichterin Emerenz Meier in Schiefweg bei Waldkirchen. Es war im Sommer 1899. Damals schon erzählte die Emerenz dem einundzwanzigjährigen Carossa von der Luftfahrt, vom Ersten Weltkrieg, vom Sturz der Monarchen, von der Inflation, von den Revolutionen, sozialistischen wie nationalsozialistischen, vom Verfall des Glaubens und der Moral, von der reichen Ernte des Todes in kommenden schrecklichen Schlachten.
Inzwischen »wiedervereinigte« die Geschichte bekanntlich Gebiete, die nur 74 Jahre lang, nämlich von 1871 bis 1945, zu einem einzigen (National-)Staat vereinigt gewesen waren. Damit hat uns unter Umständen die von Adlmaier apostrophierte Zukunft schon erreicht. Es ist nicht von der Hand zu weisen, daß das Gebälk im schützenden

Dach unserer Ordnung und Sicherheit bedenklich kracht. Wehe uns, wenn es zusammenbricht. In wenigen Stunden der Geschichte gab es vergleichbar viele Konfliktherde, vergleichbar viel Natur- und Weltzerstörung, vergleichbar viel Unterdrückung und Aggression (im Kapitel vom Glaubensverfall war davon die Rede), aber auch vergleichbar viel Weissagung von einem in solcher Härte nie dagewesenen Unheil. Die Peripetie scheint nahe, wird auf unbegreifliche Weise, vielleicht unter Gottes Eindruck vom Gebet und von der Bußgesinnung vieler Menschen, hinausgezögert.
Wir sind noch nicht am anderen Ufer.

Des Aschenbrenners Mär

Viel wird gebaut und viel wird verfallen

Über den eng geschachtelten Häusern des Marktes Zwiesel stand ein bleierner Himmel. Weder zum Schneefall reichte ihm die spätwinterliche Kraft, noch gestattete er den Strahlen der Frühlingssonne durchzubrechen.
Das Kalendarium in der Sakristei der Pfarrkirche war beim 20. März 1828 aufgeschlagen. Im schwarz verhängten Presbyterium stieg der Priester inmitten einer Schar schwarzgewandeter Ministranten die Stufen zum Hochaltar empor, betete mit weit aus der schwarzen, silberbestickten Kasel herausgebreiteten Armen den Introitus: »Requiem aeternam dona eis, Domine« und versank allmählich in den Wolken, die vom regelmäßig und weit geschwungenen Weihrauchfaß des Akoluthen aufstiegen.
Das Kirchenschiff war von schwarz angelegten Trauertragenden bis auf den letzten Platz besetzt; wie hinter einem Lettner verborgen vollzog sich ihnen das heilige Geschehen; Wolken und Speisgitterbaluster behinderten die Sicht nicht allein, auch das hochaufragende Trauergerüst war im Weg: Keine leere Tumba, der Sarg selbst stand am vorderen Ende des Mittelgangs erhöht auf einer Lafette, überbreitet mit schwarzer Draperie, von der sich ein P und ein X als Zeichen für PAX und ein silberbrokatenes Kreuz (in der Vierung das Bildnis des Dornengekrönten) abhoben. Mit samtschwarzen, silbergefransten Schabracken bedeckte Rösser hatten den Sarg auf dem schwarzverhängten Pritschenwagen vom nahen Schloß Rabenstein zur Pfarrkirche gebracht. Im ersten Kirchenstuhl, auf der »Mannerseite«, saß der Rabensteiner Schloßherr und Glashüttenbesitzer Wolfgang Edler von Kiesling. Der heimgegangene Priester, für den der Geistliche am Altar seine Oratio: »Pro defuncto Sacerdote« anstimmte, war

Kießlings Schloßbenefiziat gewesen, der verewigte Pater Blasius Pfeiffer, Exkonventual des aufgehobenen Prämonstratenserklosters Windberg.
Pater Blasius war von Windberg aus nicht unmittelbar in das kleine Glasmacherdorf Rabenstein (heute im Landkreis Regen, Regierungsbezirk Niederbayern) gekommen. Weil weder die bayerische noch die österreichische Regierung seinem Chorherrn-Mitbruder Pater Aloisius Geiger nach der Aufhebung des Klosters eine Pension zahlen wollte, schenkte er ihm die seine und ging als Kommorant nach Pabinov in Böhmen, wo er bei einer Familie einen bescheidenen Tischtitel (das Recht auf Kost und Logis) bekam. Dies ist erwähnenswert, weil es ein bezeichnendes Licht auf auf die Caritas Pfeiffers wirft. Ab 1812 lebte er in Kollnburg bei Viechtach ärmlich als Sazellan, das heißt als schmal besoldeter Hilfsgeistlicher, 1816 wechselte er auf einen freiwerdenden Platz in Achslach. Nach Pater Aloisius Geigers Heimgang, 1818, erhielt er endlich wieder seine Pension. Ende 1819 wurde er Kommorant in Bodenmais, um die Jahreswende 1825 auf 1826 trat er seine letzte Stellung als Schloßkaplan von Rabenstein an.
Leer stand am Trauertag seines Leichenbegängnisses der gewaltige, weiß gekalkte Bau. Weit herunter zog sich noch immer das an beiden Schauseiten zu einem Krüppelwalm verkürzte Dach. Von Klappläden bewehrt waren die vielen Fenster an der Stirnseite, von Stuckgirlanden an den Längsmauern gesäumt. Die Satteldachkamine zeigten Schmauchspuren, der hochaufragende Dachreiter (in Form einer Zwiebel mit aufgesetzter Laterne) barg die Glocke und antwortete wie ein Spiegel dem alten Zwieseler Kirchturm. Ein herrschaftliches Haus, gleichwohl bescheiden ins Grün gesetzt. Nirgendwo war der bäuerlichen Umgebung herrische Gewalt angetan, wie es später wenig adelige Besitzer oft im Umgriff ihrer Protzvillen taten, mit Gittern, Säulen, Mauern, Rabatten, Rasenflä-

Das ehemalige Schloß von Rabenstein

chen, breiten Auffahrten und prunkenden Toren – nichts da, nur Blumenwiesen, ein paar hölzerne Hütten, Städel und Ställe, hinter Büschen verborgen das Bräuhaus, die Mühle, die Säge, im Vordergrund ein gewaltiger Kastanienbaum und ein Entenweiher, in dem sich das Federvieh tummelte.

Hier in der Hauskapelle hatte der Pater das heilige Meßopfer gefeiert. In einer schlichten Kammer hatte er gewohnt. Seine Schreibtischlade schloß merkwürdige Papiere ein, die er von Windberg überallhin mitgenommen hatte. Von einem Stoaberger oder Stormberger war darin

die Rede, der das Zweite Gesicht gehabt und aller Weltherrlichkeit ein grausiges Ende vorhergesagt hatte.
In dieser Kammer, in einer Bettstatt aus hellbraunem Nußbaumholz, hatte Pater Blasius am 17. März 1828 – im Todesjahr Franz Schuberts – zum letzten Mal Atem geholt. Er war einundachtzig Jahre alt geworden. In Reichweite stand eine Kniebank mit samtüberzogener Armlehne, darauf lag das mit Heiligenbildern und Merkbändern gespickte Breviarium, darüber war die Stola gebreitet.
Ins Sterbebuch der Pfarrei Zwiesel hatte Pfarrer Johann Michael Duschl (dort Seelsorger über den langen Zeitraum von 1808 bis 1843) mit feiner Feder geschrieben: »Plurimum Reverendus Dominus Pater Blasius Pfeiffer Exconventual des Norbertiner Ordens vom aufgelösten Kloster Windberg, seit zwei Jahren Schloßkaplan in Rabenstein. Er bezog als Klostergeistlicher vom Staate eine Pension von 500 fl. jährlich. Gebohren war er in Böhmen bey Schittenhofen 1747.«
Auf die Totenmesse folgte der Ritus absolutionis, das vom Priester stehend am Sarg des Verewigten wie vor alters gesprochene »Libera me Domine de morte aeterna«, dann schallte das kleine Geläut vom Zwiebelturm, der mit seiner aufgesetzten Laterne dem alten Markt im weiten Umland ein unverwechselbares Gepräge gab, der tröstlich auf Gottes Gegenwart verwies. Ein langer schwarzer Menschenzug schlängelte sich zwischen den schmiedeeisernen Kreuzen hin; die Geistlichen der umliegenden Pfarreien schritten voran. Auch Glasmacher, Schmelzer, Pocher, Gesellen, Gehilfen, Aschenbrenner und Lehrlinge, alles, was in Rabenstein mit dem Glas zu tun hatte, war gekommen, um dem beliebten Pater, der in seiner schwarzen Soutane eine vertraute Erscheinung auf den Schwellen der bescheidenen Hütten gewesen war, die letzte Ehre zu erweisen.
Glücklicher Mann! So möchte ich, als Biograph des rätselhaften Mühlhiasl und als Chronist seiner Zeit, mich an

dieser Ehrerweisung beteiligen: Glücklicher Mann, der du die Erfüllung der Gesichte deines schwierigen Schützlings, den Kommunismus und Nationalsozialismus nicht mehr erleben mußtest! Der du aber auch die Bitternis nicht schmecken mußtest, die nachher kam, die Wut über das Schindluder, das Politiker mit Gottes Schöpfung trieben, die Verzweiflung junger Menschen, die, an aschfahle Dämonie verloren, das »Kind mit dem Bad ausschütteten«, die sich in ihrem Haß auf jede Ordnung in einen wollüstigen Fanatismus gegen die Kirche, *Deine* Kirche, Pater Blasius, hineinsteigerten, diesen zwar durch die menschliche Schwäche seiner Verwalter brüchig gewordenen, aber immer noch haltbaren und einzigen Damm gegen das Versinken der Welt in Verstrickung, Sünde und Nacht! Ja, ein Fanatismus tat sich auf, der zu einer Gewalt hintrieb, gegen die andere Höllen erst ein Anfang, erst eine Pforte waren.
Als wichtigsten Erfolg seiner Nachforschungen bezeichnete Expositus Georg Hofmann den ermittelten Sterbeeintrag des Paters Blasius. Hofmann war fest überzeugt, so folgert Norbert Backmund, »daß von diesem Pater Blasius Pfeiffer die Person des Stormberger erfunden wurde, um den damals wahrscheinlich noch lebenden Mühlhiasl von Apoig, an dessen Voraussagen der Pater glaubte, zu decken. Daher auch die frappante Übereinstimmung zwischen den Prophezeiungen des Mühlhiesl und des sogenannten Waldpropheten« (die durch Vergleiche erhärtet werden soll). Pater Blasius war als Klosterkastner von Windberg über einen längeren Zeitraum hinweg Vorgesetzter Mathias Langs gewesen. Wie sich aus den Briefen Pfeiffers und aus den Windberger Visitationsakten ergibt, kann seine Wesensart vermuten lassen, daß er den Prophezeiungen seines Klostermüllers teilnehmende Beachtung schenkte. Vielleicht stammt von seiner Hand sogar die verschollene lateinische Fassung dieser Prophezeiungen. Überhaupt fällt auf, daß unmittelbar nach seinem Tod am

selben Ort – in Rabenstein – die erste Abschrift der Stormberger-Prophezeiung auftauchte. »Wenn Pater Blasius sie geschrieben hat«, mutmaßt Backmund, »so hat er vielleicht in der Annahme, daß Mühlhiesls phantastische Gesichte doch nie eintreffen würden und daß die vorausgesagten Katastrophen sich in den Ereignissen von 1789 bis 1815 restlos erfüllt hätten, die Mühlhiesl-Prophezeiung auf dieselben zurechtgestutzt. Die Wahl eines Decknamens (Stormberger) spricht allerdings nicht für diese Erklärung. Vielleicht haben dies andere getan, und Pater Blasius hat die Prophezeiung nur ›gesammelt‹ und zu Papier gebracht. Der Mühlhieslforscher Expositus Hofmann nimmt die Existenz eines zweiten, unbekannten Sehers an, der als Hirt in Rabenstein lebte, dessen Gesichte von Pater Blasius ›neu verfaßt‹ und unter dem Decknamen ›Stormberger‹ denen des Mühlhiesl angepaßt wurden. Wir lassen diese Möglichkeit immerhin offen. Wir scheinen aber auf jeden Fall annehmen zu dürfen, daß *Mathias Lang, Pater Blasius* und *Stormberger* in irgendeinem Zusammenhang stehen, und daß hier vielleicht der Schlüssel zur Lösung des Rätsels um den Mühlhiesl zu finden ist.« (Der gebürtige Kölner Backmund schreibt immer »Hies« und »Hiesl«, hält offenbar »Hias«, obwohl es nur die Abkürzung von »Mathias« ist, für Dialekt.)
Auch gewisse Unterschiede müssen in Betracht gezogen werden: Während Mathias Lang, vulgo Mühlhiasl, Windberger Klostermüller aus Apoig, Erlebtes und Geschautes von der Donau und vom Vorwald erzählt, siedelt Stormberger seine Geschichten und Gesichte im inneren Wald um Zwiesel und Rabenstein an. Während Mathias Lang, alias Mühlhiasl, sagt: »Im Vorwald wird eine eiserne Straße gebaut, und wenn sie fertig ist, geht es los« (die Bahnlinie Kalteneck–Deggendorf), heißt es beim Stormberger: »Grad an Klautzenbach vorbei wird der eiserne Hund bellen« (die Eisenbahnlinie nach Eisenstein und Pilsen).

So sind beide Gestalten schon vom Lokalkolorit ihrer Erzählungen her klar zu trennen.
Der Mühlhiasl ist mit seinen Lebensumständen – wie wir gesehen haben – aktenmäßig belegbar. Er tritt – nach Landstorfer – als »Bild eines ausgesprochenen Originals« vor uns hin, »eines gar seltsamen und eigenartigen, gemütstiefen und treuherzigen Sonderlings. Kernhaften Glaubens und ernster Lebensauffassung, war er der Seßhaftigkeit abhold; auch in regelrechte Alltagsarbeit scheint er nie viel verstrickt gewesen zu sein, er war freizügig und sorgenlos, überall daheim, überall wohlgelitten.« Die Aktenlage ist eindeutig, Zweifel an seiner Existenz werden auch durch den Umstand nicht genährt, daß die weiteren Schicksale des Propheten, Ort und Jahr seines Todes, bis auf den heutigen Tag hartnäckig der Aufklärung widerstehen. Backmund kommt bei seinen seriösen Forschungen ebenfalls zu dem Ergebnis, daß die Identität Mathias Langs mit dem Mühlhiasl »als gesichert feststeht«.
Auch eine ältere, von der Mühlbauer-Landstorferschen unabhängige Fassung der Prophezeiung nimmt dies als gegeben an. Sie wurde vom Wolnzacher Pfarrer Anton Ederer aufgeschrieben, als er während des Ersten Weltkriegs Kooperator in Neukirchen bei Haggn war (einer Pfarrei, die gleich der südlichen Nachbarpfarrei Hunderdorf und der nördlich gelegenen Pfarrei Sankt Englmar bis 1803 dem Windberger Kloster gehörte). Die von Ederer auf ehemaligem Klostergebiet erforschten und nach Art einer Moritat in Versform gegossenen Mühlhiasl-Voraussagen existierten bis 1976 nur handschriftlich; sie wurden erstmals von Reinhard Haller aus Zwiesel veröffentlicht; sie sollen hier im Anhang wiedergegeben werden.
Backmund hatte allerdings den – schwer nachvollziehbaren – Eindruck, daß die Spuren des Mühlhiasl in Schrifttum und Überlieferung sich nicht weiter als bis 1890, höchstens bis 1880 zurückverfolgen lassen. »Vorher kann-

te man anscheinend mehr die Prophezeiung eines gewissen Stormberger, die seit etwa 1820 im Bayerischen Wald verbreitet wurde.« Die ausdrückliche Erwähnung der Stormbergerschen Prophezeiung in der gedruckten Literatur findet sich erstmals 1879 bei Johann Nepomuk Zöllner in seinen »Historischen Notizen aus dem Bezirke Regen«. (Die bayerischen »Bezirke« wurden von Hitler 1939 nach preußischem Vorbild in »Landkreise« umbenannt.)

Im Gegensatz zum Apoiger Klostermüller ist aber der Stormberger urkundlich schwer zu fassen. Seine Erscheinung verschwimmt im Halbdunkel der Geschichte. Trotz reger Überlieferung seiner Aussagen ist der Zweifel immer noch nicht ausgeräumt, ob es ihn als leibhaftigen Menschen und selbständigen Seher überhaupt gegeben hat oder ob nicht etwa doch die zur selben Zeit gemachten Voraussagen des Mühlhiasl aus dem Vorwald in das Gebiet unterm Arber eingewandert und dort auf die Person eines Waldhirten Stormberger übertragen worden sind.

Paul Friedl, in dessen Zwieseler Haus am Försterweg ich ein häufiger Gast war, erzählte mir am 20. Juli 1973: »Ich habe durch meine Forschungen versucht, nachzuweisen, daß es sich dabei um ein und dieselbe Person gehandelt hat. Auch der seinerzeitige Pfarrer Landstorfer, der sich um die Mühlhiasl-Forschung sehr bemüht hat, ist zum Schluß schon schier meiner Meinung gewesen, hier könnte es sich um ein und dieselbe Person gehandelt haben. Heute ist es natürlich schwer, dies nachzuweisen. Es bleibt heute Theorie, solange nicht irgendwer durch Zufall Urkundliches auffindet, und man sollte es eigentlich so belassen wie es ist; mögen es zwei gewesen sein, möge es einer gewesen sein.«

Pater Dr. Norbert Backmund (1907–1987), ein anerkannter Erforscher parapsychologischer Vorgänge, den ich in Ravenna als kundigen Cicerone durch San Apollina-

Der Rabensteiner Wald

re in Classe und San Apollinare Nuovo schätzen gelernt, in Rom wiedergetroffen und später mehrmals in Windberg besucht hatte, antwortete auf meine Frage, ob der Mühlhiasl »Mathias Lang« oder »Mathias Stormberger« geheißen habe, eindeutiger: »Ich halte die beiden für ein und dieselbe Person.«

Vom Stormberger will die Überlieferung wissen, daß er das Kind elend umgekommener Bärentreiberleute aus Böhmen gewesen sei. In der zweiten Hälfte des achtzehnten Jahrhunderts, von der die Überlieferung im Zusammenhang mit Stormberger kündet, war hier auf weiten Strecken tiefer Urwald, »der Mensch war draußen«. Unnahbar als eine Welt für sich, die sich nicht erobern lassen möchte, bildete der sogenannte hercynische Wald ein unerreichbares Bollwerk. Der Kampf gegen wildes Raubgetier, vornehmlich Wölfe und Bären, entschied über Leben und Tod. Der Bayerisch-Böhmische Wald mit seinen un-

durchdringlichen Tannen-, Buchen- und Fichtenbeständen war schlechthin »der Wald«.
Von den braven Buchinger-Leuten wurde der Waisenbub in Rabenstein aufgenommen und großgezogen. In ihrem Haus verbrachte er die strengen Winter, dorthin kehrte er immer wieder von seinem Streunerleben zurück. Für keine geregelte Arbeit geeignet, übertrug man ihm die Stierweide. Seine Unstetigkeit verweist auf Eigenschaften des Mühlhiasl, seine Wesensart und Lebensführung erinnern an den abgehalfterten Klostermüller. So soll er manchen Leuten den Tod auf die Stunde vorausgesagt haben. Deshalb wurde er von furchtsamen Menschen gemieden. Er soll ein stiller Mann gewesen sein, von den Leuten mehr verspottet als ernstgenommen. Im Dunkel der endlosen Wälder bemächtigte sich die Sage bald seiner Gestalt. In der Mettennacht soll er jedesmal so Unglaubliches und Verworrenes gesehen haben, daß man ihn für verrückt erklärte. Von den Weiberleuten wollte er angeblich nichts wissen; sie hätten, sagte er, zuviel Einfluß auf der Welt und zudem einen schlechten.
Paul Friedl erzählte in dem schon erwähnten, wörtlich aufgezeichneten Gespräch: »Wir ham an Nachtwächter g'habt, einen gewissen Xaver Buchinger, einen guten Erzähler, der hat no a gutes Erinnerungsvermögen g'habt, er hat von sei'm Großvater erzählt, der g'sagt hat: Da is er g'sessn, auf der Ofenbänk, der Stormberger, so hoaßt er bei uns, oder Mühlhiasl.«
In den siebziger Jahren hat sich auch der Lehrer, Universitätsdozent und Heimatpfleger Reinhard Haller um die Erforschung der Stormberger-Frage verdient gemacht. Selbstverständlich weist auch er auf Johann Nepomuk Zöllner hin, der dem »Hirten und Aschenbrenner« aus Rabenstein als erster prophetische Qualitäten nachgerühmt habe. Damals – hundert Jahre bevor Haller forschte – sei der »Starnberger oder Steinberger«, wie Zöllner ihn nennt, noch ganz im Gedächtnis der Waldbe-

wohner gewesen. Die bei Zöllner auftauchende, also schon früh gebräuchliche und wohl authentische Schreibung »Steinberger«, die Haller nicht weiter beachtet, soll uns noch beschäftigen. In seinem Buch: »Der Starnberger, Stormberger, Sturmberger« schreibt Haller:
»Aus dem Irgendwoher aufgetaucht und, von der großen Geschichte unbeachtet, wieder ins Irgendwohin versiegt, hatte der seltsame Mensch neben beschwörenden Vorahnungen – man denkt sie ihm wenigstens zu – auch das schier unlösbare Geheimnis um sein eigenes Leben und Sterben zurückgelassen. Es scheint, als habe gerade deshalb das Interesse an dieser Gestalt sich bis in unsere Tage herein mit einer solchen Spannung behaupten können. Seit der Jahrhundertwende etwa, und begründet durch den Zwieseler Kaufmann Martin Primbs, bemüht sich die regionale Heimatkunde stärker um diesen Weissager. Mit bewundernswerter Ausdauer versucht sie, ihn historisch und persönlich zu machen. Das ging nicht immer ohne Widerstand! Lokale Patriotismen kamen auf. Ein handfester Streit entbrannte. Hie ›Starnberger‹, dort ›Mühlhiasl‹! Landschaftlich gebundene und landsmannschaftlich engagierte Vertretergruppen mit jeweils unterschiedlichen Quellengrundlagen, Argumenten und Folgerungen schälten sich heraus und trugen zu den teils heftig geführten Diskussionen kräftig bei.«
In der Tat: Backmund und Haller gelten als namhafteste Vordenker der – nennen wir sie einmal so – »Vorwaldleute« und »Böhmerwaldleute«, deren Losung in der Regel nur lauten kann: Mühlhiasl statt Stormberger oder umgekehrt: Stormberger statt Mühlhiasl. Die Auseinandersetzung verhärtete sich gelegentlich zur strikten Leugnung der jeweils anderen Seher-Gestalt. Ungefähr in der Mitte steht Paul Friedl vulgo Baumsteftenlenz, der beide Gestalten zur Kunstfigur eines Romans zusammenschmolz, eine Weise des Vorgehens, die einiges für sich hat, von der Wissenschaft aber streng getadelt wird. (In der Tat stiftete

Friedl mit seinem unbestritten dichterisch geschriebenen Roman viel Verwirrung.) Es läßt sich jedenfalls nicht von der Hand weisen, daß Backmund das Thema »Stormberger« ein wenig »stiefmütterlich« behandelt; er geht so gut wie gar nicht darauf ein. »Der erste Eindruck, den wir vom Stormberger haben, ist enttäuschend«, schreibt er einmal. »Er läßt alle Anspielungen auf bestimmte Orte weg.« – »Die französische Revolution, die den Kommunismus vorwegnahm, und deren Übergreifen auf Bayern man allgemein befürchtete, wird auch geschildert.« – »Wirre, Unordnung, Wiederholung«, bemängelt der Prämonstratenser aus Windberg.

Die Stormberger-Prophezeiungen sind in mehreren handschriftlichen Fassungen überkommen, einmal aus dem Zeitraum zwischen 1830 und 1840, dann genau datiert von 1839 und schließlich aus den Jahren zwischen 1842 und 1845. Letztere, die sogenannte Keilhofersche, wurde von Paul Friedl entdeckt und 1921 seinerseits abgeschrieben. Abschriften seiner Abschrift gab er den Schriftstellern Franz Schrönghamer-Heimdal und Max Peinkofer. (In seinem Buch: »Blick in die Zukunft« weist Conrad Adlmaier darauf hin, daß Ernst von Wolzogen im Berliner Tageblatt vom 1. Dezember 1931 einen Artikel »Die Verkündigung des Waldhirten« veröffentlichte, der sich – als journalistischer »Schnellschuß« – auf einen Bericht Schrönghamer-Heimdals vom 1. Oktober 1931 bezog, den dieser frei nach der ihm zur Verfügung stehenden Abschrift verfaßt hatte – so verschlungen waren die Wege.)

Eine noch spätere Niederschrift stammt aus dem Jahr 1860; sie wird – nach Backmund – im Pfarrarchiv von Bischofsmais aufbewahrt. Es handelt sich dabei um die Prophezeiung »eines alten Sturm-, Storren-, Stormberger, Aschenbrenners und Hütters (Hirten) zu Rabenstein bei Zwiesel«. Eine Schlußbemerkung der Niederschrift weist darauf hin, daß der Urtext aus einer Glashütte stammt: »auf begehren des Herrn Hüttenmeisters ist es abge-

schrieben worden von Andreas Bongratz, Lokalschreiber auf der Hilz Hütte anno 1706«.
Norbert Backmund nimmt an, daß die Jahreszahl 1706 willkürlich gewählt und die Prophezeiung wesentlich später entstanden ist. Man hatte, nach Backmund, wohl das Bestreben, solchen Schriften durch ein hohes Alter mehr Ansehen zu verleihen. Dem Volk, dem das Wahrheitsbedürfnis der historischen Kritik ohnehin fernlag, kam es da auf hundert Jahre mehr oder weniger nicht an.

Was über die Person Stormbergers erzählt wird, klingt – so Backmund – reichlich ungereimt. »Nach der Überlieferung wurde er von einem Bären gerissen, blieb viele Tage im Gelände und war dann bis zu seinem Tod ein stiller Ofensitzer. Er starb angeblich 1806 im Alter von einhundertsechs Jahren! Manche Schreiber nennen ihn ›Andreas St.‹, wohl eine Verwechslung mit dem erwähnten Schreiber Bongratz. Nicht minder phantastisch ist die Vermutung späterer Autoren, daß Stormberger um 1740 als heimatloses Kind nach Rabenstein kam, als Hirte lebte, später unter dem Namen ›Mühlhiasl‹ im Vorwald auftauchte und als Mühlarzt dort sein Brot verdiente.« (Erstmals wurde diese unhistorische Ausschmückung der dürftigen Daten von Schrönghamer-Heimdal vorgelegt – worauf sich wie erwähnt Wolzogen berief –, dann von Friedl, der 1958, nachdem er das Thema in den zwanziger Jahren textkritisch behandelt hatte, der Versuchung nicht widerstehen konnte, den Stoff gleichfalls phantastisch aufzubereiten, wobei er – wie er gleichsam entschuldigend erklärte – auf eine Darstellung des alten Haimerl-Peter zurückgriff – den er übrigens fälschlich mit ei schreibt.)
»Wie konnte aus dem Aschenbrenner und Hirten«, fährt Backmund fort, »auf einmal ein Mühlenspezialist werden? Alles in allem haben wir den Eindruck, daß ›Stormberger‹ ein erfundener Name, wenn nicht gar eine erfundene Person ist. In keinem Kirchenbuch, in keinem behördlichen

Akt des Bayerwaldes findet sich dieser Name. Alle diesbezüglichen Nachforschungen waren vergebens.«
Gleichfalls von 1860 oder von unwesentlich früher stammt schließlich die der Bischofsmaiser sehr ähnliche sogenannte Kargus-Pscheidl-Abschrift. Sie war, als ich den Ortsheimatpfleger und Graphiker Heinz Waltjen am 24. Juli 1975 in Rabenstein besuchte, noch in dessen Besitz. Waltjen ist 1986 gestorben. Angesichts der verworrenen Lage verrät Backmund seinen Wunschtraum: »Es müßte irgendwo ein parapsychologisches Zentralarchiv gegründet werden, das Handschriften dieser Art sammelt! Sonst kommt alles in unkontrollierbare Hände und geht verloren!«
Die Urkundenlage ist in der Tat mehr als dürftig, denn das Rabensteiner Schloß derer von Kießling, wo sich mit Sicherheit Aufzeichnungen des Benefiziaten Pater Blasius Pfeiffer befunden haben, ist im November 1961 abgebrannt, ebenso – bereits 1876 – der alte Zwieseler Pfarrhof. Nur weniges wurde durch Abschrift oder Zufall gerettet. Unwiederbringliches ging verloren. Hinweisende Matrikelbücher oder sonstige Eintragungen sind nicht mehr aufzufinden. (Man kann verstehen, daß bischöfliche Archive, um weiteren Verlusten vorzubeugen, historische Kirchenbücher der immer häufiger leerstehenden oder auf andere Weise ungesicherten Pfarrhäuser in ihre Obhut nehmen.)
Gleichwohl spürte der schon erwähnte Heimatpfleger und Volkskundler Reinhard Haller aus Zwiesel (später Frauenau) eine noch ältere Fassung der Stormberger-Weissagungen auf. Nach dem Urteil von Schriftsachverständigen soll sie spätestens 1820 entstanden sein. (Auch dieses Datum ist begreiflicherweise nicht aufs Jahr genau festzulegen.) Haller gibt an, die darin vorkommenden Personen, den bereits in der Bischofsmaiser Abschrift erwähnten Hüttenmeister von der Hilzhütte und den Stormberger (der im Zeitraum zwischen 1745 und 1850

gelebt haben soll) identifizieren zu können. (Der Starn*berger* oder Storm*berger* wird übrigens – um noch einen Hinweis auf die Aussprache zu geben – auf der zweiten Silbe betont wie dreisilbige Eigennamen im Donau- und Unterland überhaupt: Wald*müller* und Mühl*hiasl!*)

Starnberger oder Stormberger war also Viehhüter und Aschenbrenner der alten Glashütte von Rabenstein. Die Aschenbrenner hatten den Grundstoff zum Schmelzen des Glases zu liefern: Holzkohle und Holzasche. »Die Aschenbrenner«, erklärt Haller, »waren für eine Glashütte unentbehrlich. Sie hausten gewöhnlich für einen längeren Zeitraum im Wald, zogen dem Holze nach, zündeten ... die gefällten Bäume an und trugen die gewonnene Asche in die umliegenden Glashütten.« Seit 1421 kann eine Rabensteiner Glashütte nachgewiesen werden. 1750 wurde die »Alte Hütte« kalt und eine neue Hütte an der Kleinen Deffernik erbaut. Alle Rabensteiner Aschenbrenner, auch der erwähnte Starnberger, lieferten ihre Ausbeute zur damals fast noch neuen Tafelglashütte an der Kleinen Deffernik. »Dort laugte sie der Schmelzer zunächst aus«, schreibt Haller, »und kochte die Lauge so lange, bis nur noch ein fester Rückstand verblieb. Das war die erwünschte Pottasche. In der Glasmachersprache hieß sie nur ›Fluß‹. Dieser ›Fluß‹ wiederum wurde in einem bestimmten Verhältnis unter den Quarzsand und Kalk gemischt. Jetzt endlich hatte man das sogenannte Gemenge, das heißt, alle für die Glasherstellung wichtigen Grundstoffe.«

Das Rabensteiner Glashüttengut kam 1744 durch Heirat in den Besitz der Familie Kiesling (1793 von Kaiser Franz II. als »Edle von Kieslingstein« in den Reichsadelsstand erhoben, seit 1810 »Edle von Kiesling auf Kieslingstein«). Die Glashütte an der Kleinen Deffernik (eines Nebenflusses des Großen Regen) fand 1822 ihre Fortsetzung in Schachtenbach und später in der nahen Regenhütte. Heute wird in Rabenstein selbst kein Glas mehr gemacht. Die »Geschichte der Glasmacher im Böhmer- und Bayerwald« von Joseph Blau nennt sämtliche heute noch bestehenden Glashütten: Riedlhütte, Spiegelau und Bodenmais, Ludwigsthal, Theresienthal, Frauenau und Zwiesel.

Paul Friedl, der Baumsteftenlenz, erzählte mir unnachahmlich farbig von der alten Glasmacherei: »Mütterlicherseits komm ich von Glasmachern. Da war der Großvater a Glasschmelzer, der Urgroßvater a Glasmacher, die ganzen Verwandten san in Glashüttn da ringsherum beschäftigt, heit noch, und do rührt mei Verbindung zum Glas her. Besonders interessant ist dieses Mystische in den Glashüttn, in der alten Hüttn, die i no erlebt hab, dieses Drum und Dran, wenn die mit'n Vaterunserbeten in der Früh angfangt ham! Wenn die dann in ihrer böhmischen Werkstatt, in der anderen Arbeitsbesetzung wie's heut is, wenn s' da gearbeitet ham und wenn dees so flink gegangen is, und dabei ham die gschwitzt und Durst ghabt und an Humor ghabt und gsunga ham s'! Des san Eindrücke gwen, die san mir einfach unvergeßlich!«

Weniger verklärt Friedl die alte Glasmacherei im Roman: »Vor den rotglühenden Ofenlöchern floß der Schweiß und verdampfte mit einem sauren Geruch. Hemd und Hose klebten den Glasmachern und ihren Gehilfen auf der Haut, ihre Gesichter waren grau und schlaff vor Erschöpfung.«

Im Zwieseler Waldmuseum glänzen gravierte Gläser, Kettenkrüge und Kristallschalen, leuchtet Perlmuttglas, Millefioriglas und Goldrubinglas. Dort können wir die kunstvollen Erzeugnisse der Rabensteiner Glashütte bewundern, seien es Becher, Römer, Spiegel, Butzenscheiben oder Glasperlen, dort stehen in deckenhohen Regalen die Tabakschnupfglasl aufgereiht: Ordinari-Schmalzlerglasl und Überfangglasl, Bandlglasl, Flinsglasl, Perlbüchsl und Mascherlbüchsl. Der Baumsteftenlenz meint: »I hob von jeher schlecht gsehen, ich glaub, es kommt von daher:

I hab immer a ganz große Freud an grellen Farben ghabt. Alls was blitzt hot und glänzt hot, des hot mi anzogen, vor allem ’s Glas.«

In einem Schreibkalender von 1766 (den Reinhard Haller als Landschulpraktikant 1959 in Rabenstein geschenkt bekam) ist glücklicherweise die gesamte Belegschaft der Rabensteiner Glashütte – damals wie erwähnt an der Kleinen Deffernik – aufgeführt. Unter den Mitarbeitern der Glashütte taucht auch ein »Starnberger« auf, geschrieben wie in der ältesten Fassung der Prophezeiung. In diesem Kalender, mit dessen Auffindung bestätigt zu sein scheint, daß der Stormberger 1766 mindestens zwanzig Jahre alt war, heißt es wörtlich:

»Mit Gott den Anfang. Dis Jahr 1766 hat der Schmelzer an Fluß ausgebrenndt den 18. Jänner Starnberger 444 Pfund, den 25. Jänner Starnberger 380 Pfund, den 1. Feber Starnberger 365 Pfund ...« (Im Original ist für Pfund das Pfundzeichen ℔ gesetzt.) Weiter stehen handschriftlich verzeichnet alle anderen Aschenbrenner aus Böhmen, auch die Gesellen, Buben, Schürer, Knechte und Fuhrleute.

Die Frage, ob der 1766 in der Liste erwähnte Aschenbrenner zugleich der prophezeiende Stormberger gewesen ist, bleibt allerdings offen. Dazu wäre ein ergänzender Beweis notwendig, dessen Erbringung unter den geschilderten Umständen schwierig sein dürfte.

Zweifel meldet auch Walther Zeitler an: »Diese von Haller als ›Schreibkalender‹ bezeichnete Aufschreibung ist das, was wir heute ein Hüttenjournal nennen würden. Darin wurden alle Ein- und Ausgänge eingetragen. Vermerkt waren aber nur Tage, an denen auch Geschäftsvorgänge entstanden, nicht alle Tage in chronologischer Reihenfolge. In den gleichen Aufzeichnungen taucht bei einer Bierrechnung noch ein ›Starnberger Bue‹ auf, der eine halbe Maß Bier bekommen hat. Also: Einen Starnberger und (bzw. oder) einen Starnberger Bue gab es 1766 in der Gegend von Rabenstein. Leider konnte bisher in den Zwieseler Kirchenbüchern, soweit sie vorhanden sind, dieser Name nicht entdeckt werden. Es taucht auch kein anderer, artverwandter Name auf.« Umso zweifelhafter wird die Haller-Theorie, als der Name Starnberger sich bereits 1768 wieder aus dem Hüttenjournal verloren hat und nie wieder auftaucht.

»Zeitgenössische Meldungen«, räumt Haller selbst ein, »wonach der Starnberger nicht nur Aschenbrenner, sondern auch Hirte gewesen sei und durch Weissagungen oder andere Eigentümlichkeiten aufgefallen sei, besitzen wir nicht ... Erst in den Niederschriften ›seiner Prophezeiung‹ erscheint der Starnberger wieder.«

Eindeutig widerspricht Hallers Vermutung, der Name »Starnberger« sei erst später zu einem »Storm- oder gar Sturmberger« verschliffen worden, den Tatsachen. Der Waldbewohner spricht das Wort »Starnberger« von vornherein als »Stoanberger« aus. Die Farbe »schwarz« wird zu »schwoaz«, »scharf« zu »schoaf.« Erinnert sei an den Burschen im Zwieseler Wirtshaus: »De Kre'würstl woan schoaf.« Das »n«, wenn es von einem »b« gefolgt ist, wandelt sich zum bilabial angepaßten »m«: fertig ist der »Stoamberger«. Ganz nahe liegt auch die von Zöllner schon 1879 bestätigte Schreibung »Steinberger«, gesprochen »Stoa'berger«. Umgekehrt kann auch aus einem gesprochenen »Stoaberger«, »Stoanberger« oder »Stoamberger«, wenn er – vom Hüttenmeister – schriftlich dargestellt werden soll, ein »Starnberger« werden. Halten wir das fest.

Die Fassungen

Grundsätzlich werden bei der nachfolgenden wörtlichen Wiedergabe der verschiedenen Fassungen die weitgehend übereinstimmenden Abschnitte, die das große Abräumen betreffen, ausgespart. Sie sollen später den Mühlhiasl-

Schilderungen des großen Gerichts, zu denen sie gehören, gegenübergestellt und mit ihnen verglichen werden.
Wir machen den Anfang mit der vermutlich ältesten Abschrift, von Reinhard Haller im Bergamt Bodenmais 1966 aufgefunden und, nachdem sie bereits zu »Altpapier« gestempelt war, gerade noch vor der Vernichtung bewahrt. Nach dem Urteil von Münchner Schriftsachverständigen soll sie spätestens 1820 entstanden sein. Die Frage bleibt offen, ob diese *Bodenmaiser Handschrift* nicht etwa doch aus den Jahren 1826, 1827 oder 1828 stammen und der Verfasser ein Mann sein könnte, der den Gebrauch der Schrift um 1760 erlernt hatte. Das Papier, auf dem er schrieb, ist grob und geschöpft, stark nachgebräunt und fleckig. Das Dokument besteht aus vier Seiten im alten (Vor-Din) Format 21,5 Zentimeter mal 35 Zentimeter. Die Datierung auf das Jahr 1706 kann auch nach Hallers Meinung »längst nicht mehr ernsthaft vertreten« werden. Dem stünde ja, was vor allem Haller (wegen seiner Namhaftmachung eines Starnberger für das Jahr 1766) betonen muß, die Unwahrscheinlichkeit entgegen, daß der »Starnberger«, wäre er 1706 schon »alt« gewesen, schwerlich 1766 als Aschenbrenner hätte dienen können.

Dengwirdige Profezeiung, Von den alten Starnberger Hütter in Romstein. Meine liebn leith sagt dieser, wan Wissen werdet was in der zeit hundert Jahrn Vor Bey gen, so wirdet ihr Aich Verwundern. Es werden in aller orden Neue einrichtung da. doch die alten wurden Vill Besser sein. die Alte kleiter dracht wird ab kamen und in allen stätden wird es auf die Neue ardt sein. der Purger wird sich Von den Baurn und der ädtl mann Von den Purger nicht mehr kleiten konen und der allte wird sich in eine Baurn und Nahrn drach(t) Verendern. die weibs billder werden sich mit Ihren schuhen gespirrn wie die ziegen oder geis und da bey die Geschäckerte dracht wird Hochgeachtet werden. weithers werden hier in wald grosse heuser wie die Pallast Gebaudt

werden und mit der zeit wider zu nichts werden sogar daß in manchen ficks und hasn Ihre Jungen dar in aus zigen. und die leith werden sich Verlauffen ohne hunger und ohne sterb, es werden auch die grossen herrnn in die wilde welder komen und selbe besichtigen.
Und dar nach wird es aber nicht mehr gut werden, es wird auch zu Zwiesl ein groses gebey gebaudt werden und wird auch dabei Ville Verwunderung sein, dises wird aber nicht lang dauren und wird wider zu nichts werden. lieber freind so rede doch weider. Und wan ich schon reden wurd, so wirde mann mir nicht glauben, und der hochmuth wird in allen stödten ein reissen und kein mensch wird mer nach seinen standt leben, *dar nach wird sich ein grosser krieg erheben und wird aufwerths gehen und wird vielle blut und leith kosten der Peyer first wird zwar nicht kriegen und doch sein land mit lauder durchzieg sauber Verderbt werden. dieser krieg wird Eine lange zeit dauren* ... (Diese Voraussage könnte sich schon auf den Dritten Weltkrieg beziehen.)
Darnach werden neue strasen durch wilde Perg und Deller gemacht werden das Manns auf zwey stundt weith sehen kann und an allen orden grosse aufgeng angeworfen werden ... die geistlichen werden schlegt geachtet sein und der katholische glauben wird Ville feind haben. 1706. Andre Schweickl.

Expositus Georg Hofmann schilderte dem Traunsteiner Druckereibesitzer Conrad Adlmaier seine vergebliche Jagd nach alten Schriftstücken. Fast jedesmal entpuppten sie sich als neuere Abschriften. Ein wenig anders verhält es sich mit der sogenannten *Tittlinger Handschrift,* die Franz Xaver Westermayer – von 1908 bis 1922 Lehrer in Preying – vor dem Ersten Weltkrieg in einem Tittlinger oder Schönberger Wirtshaus erwarb. Der bisherige Eigentümer lebte auf einem Gehöft in der Nähe von Tittling. Diese Handschrift stammt aus den Jahren zwischen 1830 und 1840; sie gelangte mit Westermayer von Preying ins

Schulhaus von Grammelkam bei Landshut und befindet sich – nach Angabe Reinhard Hallers (zur Zeit seiner Buchniederschrift, also 1976) – im Besitz von Heribert Westermayer in Landshut. Dieser, ein Sohn des erwähnten Lehrers und früher gleichfalls Schulmann, versah die Tittlinger Variante mit einem Vorwort und veröffentlichte sie 1932 – also vor Hitlers »Machtübernahme« – in der Dezembernummer der Monatsschrift des Bayerischen-Wald-Vereins. Seitdem hat auch er – vor allem in den Jahren, als derlei Veröffentlichungen verboten waren – im ganzen Bayerischen Wald Abschreiber gefunden. Sogar sein Vorwort hat man gelegentlich – als zur Prophezeiung selbst gehörig – mit abgeschrieben. (Nach Backmunds widersprüchlicher Angabe befand sich die von Westermayer veröffentlichte Handschrift 1961 im Besitz eines Professors Rohrmayer in Straubing.) Hier also die Tittlinger Fassung in der Originalschreibung:

Prophezeiung

Von den Andereas Starrenberger, Viehhirt und Aschenbrener zu Rabenstein, bey Zwiesel

O! Ihr Leute wann ihr wisset was sich in hundert Jahren zutragen wird, so wurden viele Leute sich nicht zu leben verlangen.

Es wird sich bald in Beyern ein Krieg erheben, der wird an vielen Orten Armuth und Elend zurichten. Nach diesen Krieg werden etliche bessere Jahre kommen.

Nach dieße Jahren wird eine große Theuerung werden, da wird der arme Mensch vill nothleiden miesen, und wird sein Leben hart durch bringen. Nach dieser Theuerung wird wieder eine gutte Zeit werden.

Dann wird sich die Hochfarth bey denen Gemeinen Leuten ein Schleichen, man wird Farben an denen Kleidern sehen, die noch Niemand gesehen hat, so lang die Welt steht, dem Waldwurm (bunter Drache) ähndlich.

Man wird den Bauern nicht von dem Bürger, den Bürger nicht von dem Edlmann, und die Magd nicht mehr von der Frau kennen.
Es werden die Menschen nicht mehr ohne Dach auf der Strassen gehen.
Es wird in Zwiesel ein großes Gebäude aufgeführt werden das wird vill mühe und Geld kosten, wird aber nicht lang dauern, wird bald vernichtet werden.
Es werden in die Wilde waldungen vill Häuser und Paläste einGebaut werden, daß Fürsten und große Herrn darin wohnen könten.
Dann wird sich ein großer Krieg gegen Niedergang der Sonne erheben, der wird vill Geld Leut und Blut vergossen werden, ganze Länder verwüstet, und wird lang dauern.
Darnach wird eine Theuerung werden, und der Arme wird nicht wissen wie er sein leben durch bringen muß.
Nach dieser Theuerung wird alles recht wolfeil werden, dabey wird bey den kleinen wie bey dem grossen Stande die Hochfarth und der Übermuth überhand nehmen, und der arme Mensch wird recht schlecht geachtet sein.
Es werden grosse Herren in die Waldungen kommen, und werden alles durch sehen, und durch messen, dan wird es nicht mehr gut sein für die armen Menschen.
Es werden in Wald zwey auf einen Stock sitzen, wird einer dem andern nicht Trauen dürfen.
Auf die Hohen Bergen werden freudenFeuer brennen, daß man in einen thal vill zählen kann.
Es werden durch die Waldungen weise straßen gemacht werden, das es die Leute auf eine Meile weit sehen können.
Der Katholische klauben, wird sich fast gänzlich verlihren. Die Geistlichkeit, wird recht schlecht geachtet sein, sie werden nach ihrer Lebens Art keine Achtung verdienen, wenig gute Christen wird man unter den Leuten fünden, von Adl bis zu den geringsten Taglöh-

ner werden die Gebothe Gottes nicht mehr geachtet werden, man wird die Grösten ungerechtigkeiten für keine Sünde haben.

Bey dem Glaubenverlöschen wird sich auch die Liebe des Nächsten ganz verlieren, man wird die gerechtigkeit wenig mehr schätzen, dem Armen wird selten mehr recht gesprochen werden, und er wird schlechter als ein Hund geachtet sein.

Es werden die grossen Herren sachen Befehlen, wo alle menschen darüber Lachen und spotten, und den gemeinen Volk zur Last sein.

Nach diesen wird sich bey den gemeinen Volk die Lauigkeit einschleichen, und werden sich über die Herren aufwerfen und werden sie überall verfolgen, es werden sich (die Herren) in der Bauern Kleidung in die Wildnüße verkriechen, man wird sie aber an ihren Händen erkennen, und sie werden in der Wieldnüß nicht sicher sein ...

Am Schluß der Tittlinger Handschrift meint der Starnberger, daß er jetzt hundertfünf Jahre alt sei und daß es mit ihm bald zu Ende gehen werde. Seine Kinder werden es nicht erleben, aber seine Enkel.

Aufschlußreich dürfte der Vergleich mit einer Vorhersage des Bauernknechts Wudy Sepp vom Frischwinkel sein, einem Gehöft hart hinter der böhmischen Grenze. Er prophezeite seinem Bauern am Vorabend des Ersten Weltkriegs ein Wohlstands-Neuheidentum, wie man es damals für unmöglich hielt.

Mit dem Glauben geht es bergab, und alles wird verdreht. Kennt sich niemand mehr aus. Die Oberen glauben schon gar nichts mehr, die kleinen Leute werden irre gemacht. In der Kirche spielen sie Tanzmusik, und der Pfarrer singt mit. Dann tanzen sie auch noch, aber draußen wird das Himmelszeichen stehen, das den Anfang vom großen Unheil ankündigt.

Der Anlaß wird sein, daß die Leut den Teufel nimmer

erkennen, weil er schön gekleidet ist und ihnen alles verspricht.

Die dritte hier zitierte Fassung ist die *Keilhofersche Handschrift,* so genannt, weil sie sich seit Generationen im Besitz der Familie Keilhofer, Inhaber des Gasthofs »Zur Waldbahn« in Zwiesel, befunden hat. Martin Primbs, der heimatkundige Kaufmann aus Zwiesel (1875 bis 1944), glaubte herausgefunden zu haben, daß die Keilhofersche Handschrift von einem Zwieseler Lehrer Weinberger zwischen 1842 und 1845 niedergeschrieben worden ist. In seinen verschiedenen Arbeiten zu diesem Thema führte Martin Primbs zum ersten Mal den Satz an: »Die schwere Zeit wird anfangen, wenn auf dem Zwieseler Kirchturm die Bäume wachsen.« Leider sind seine Aufzeichnungen über den Stormberger verloren gegangen; darunter hat sich vermutlich auch die Keilhofersche Handschrift selbst befunden, da sie seitdem gleichfalls verschollen ist. Wir sind auf Paul Friedls Abschrift aus dem Jahre 1921 angewiesen (mit Vorbehalten gegen die von ihm verwendete Orthographie. Der Vorname Mathias ist übrigens – entgegen der Vermutung Rupert Sigls – keine Erfindung Friedls; er könnte als weiteres Anzeichen dafür gelten, daß die Stormberger-Vorhersagen diejenigen des anderen Mathias sind.) Die Reihenfolge der Gesichte ist nicht chronologisch.

Prophezeiung des Mathias Stormberger, Hirt und Aschenbrenner zu Rabenstein.

O ihr lieben Leut, es wird eine Zeit kommen, da werden die Leut alleweil gscheiter und närrischer werden.
Wenn ihr wüßtet, was euch, euren Kindern und Kindskindern bevorsteht, ihr würdet in Schrecken vergehen.
Das ist die erste Zeit:
Wenn sich die Bauern wie die Städtischen kleiden, und wenn sie mit gewichsten Stiefeln in der Miststatt stehen.

Wenn man die Weiberleut wie die Geißen spürt.
Wenn es nur noch rote Hausdächer gibt.
Wenn auf den Straßen die weißen Gäns daherkommen.
Wenn die roten Hüt aufkommen, das ist dann die erste Zeit.
Eiserne Straßen werden in den Wald gebaut, und grad an Klautzenbach vorbei wird der eiserne Hund bellen.
Wägen werden gemacht, die ohne Roß und ohne Deichsel fahren.
Und der Übermut wird keine Grenzen mehr haben.
In die Schwarzach wird eine eiserne Straß gebaut, die wird nicht mehr fertig.
In Zwiesel wird ein großes Schulhaus gebaut wie ein Palast für die Soldaten.
In Zwiesel wird alles voll Häuser, und einmal werden die Brennessel aus den Fenstern wachsen.
Wenn die Rabenköpf aufkommen und dann schön stad wieder abkommen, beginnen diese anderen Zeiten.
Wenn das Korn reif ist, wird ein großer Krieg kommen.
Die Leute werden aber alleweil mehr statt weniger.
Das Geld wird keinen Wert mehr haben.
Um zweihundert Gulden kann man keinen Laib Brot kriegen.
Es wird aber keine Hungersnot sein.
Das Geld wird zu Eisen.
Um ein Goldstück kann man einen Bauernhof kaufen.
Von den Leuten wird eins das andere nimmer mögen.
Den Herrgott (das Kruzifix) werden sie von der Wand reißen und im Kasten einsperren.
Jeder wird einen anderen Kopf haben.
Die Leut werden in der Luft fliegen wie die Vögel.
Ein großer weißer Vogel wird in den Wald kommen.
Auf jedem Stock wird ein Jäger sitzen.
Das Holz wird so teuer wie das Brot, aber es langt.
Die Kleinen werden groß und die Großen klein.

Dann wird es sich erweisen, daß der Bettelmann auf dem Roß nicht zum derreiten ist.

Der Glauben wird so klein werden, daß man ihn unter einen Hut hineinbringt.

Der Glaube wird so klein werden, daß man ihn mit dem Geißelschnalzen vertreiben kann.

Sieben geistliche Herren werden in Zwiesel eine Messe lesen, und bloß sieben Leut werden 's anhören.

Die hohen Herren machen Steuern aus, die keiner mehr zahlen wird.

Viele neue Gesetze werden gemacht, aber nimmer ausgeführt.

Nachher geht's an.

In der Stadt geht alles drunter und drüber.

Und der Bruder wird seinen Bruder nicht mehr kennen, die Mutter ihre Kinder nicht.

Von der Stadt werden die Leute aufs Land kommen und zum Bauern sagen: Laß mich ackern. Doch der Bauer wird sie mit der Pflugreuten derschlagen.

Wer feine Händ hat, wird gehängt werden.

Das dauert aber nur eine oder zwei Mondlängen.

Die Mannsbilder werden sich tragen wie die Weiberleut und die Weiberleut wie die Mannsbilder, man wird sie nimmer auseinander kennen.

Die Bauern werden sich hohe Zäune ums Haus machen und aus dem Fenster auf die Leut schießen.

Zuletzt werden sie noch Steine zu Brot backen und betteln gehen.

Den Herrgott werden die Leute wieder hervorziehen und ihn recht fromm aufhängen, doch wird es nimmer viel helfen.

Die Sach geht ihren Lauf. Ein Himmelszeichen wird es geben, und ein gar strenger Herr wird kommen und den armen Leuten die Haut abziehen.

Die folgenden erschreckenden Prophezeiungen über das große Abräumen sind, wie bereits erwähnt, bis zum späte-

ren textkritischen Vergleich mit den Vorwald-Prophezeiungen verschoben. Die Parallelen mit der Wortwahl des Mühlhiasl sind ohnehin bereits unverkennbar.
Die vierte hier zitierte Fassung, die *Rabensteiner Handschrift,* war bis vor wenigen Jahren im Besitz der alteingesessenen Familie Kargus in Rabenstein und ist an Max Pscheidl, Rabenstein, vererbt worden. Wie Paul Friedl 1974 mitteilt, habe sie sich damals allerdings in den Händen von Heinz Waltjen befunden. Laut Haller hat »die nachfolgend abgedruckte Prophezeiung ihren Ursprung dort zu suchen, woher ihn auch die bereits zitierten Fassungen aus Bodenmais und Tittling bezogen haben. Ihr Umfang ist weiter angewachsen.« Die namentlich – vom übrigen Schrifttypus abweichend – mitgeteilten »Kopp Josef und Artinger Josef« könnten einmal Besitzer der Kargus-Pscheidl-Handschrift gewesen sein. Ihre Entstehung dürfte den Jahren kurz nach der Mitte des 19. Jahrhunderts zuzuordnen sein. Die zeitliche Abfolge der geweissagten Ereignisse ist – wie schon Backmund bemerkt – ein wenig wirr.

Die Sturmberger Profezeihung Ano 1706.
Josef Kopp, Josef Artinger.

Die wierdige Profezeuhung

von den alten Sturmberger Aschenbrenner und Hütter in Rabenstein. Meine lieben Leute, sagte dieser, wan ihr wissen werdet, was in der Zeit von hundert Jahren vorbeigehen wird, so werdet ihr euch verwundern! Es werden allerhand Steuern eingerichtet werden, denn die alten werden viel besser sein. Die alte Kleiderpracht (wird) abkommen und in allen Städten eine Neue sein. Dann wird man den Bauern von den Bürger und den Bürger von den Edelman nicht mehr unterscheiden können; und der Adel wird sich in eine Bauerntracht verendern. Die Weibsbilder werden sich mit ihren

Schuhen gespüren wie die Ziegen oder Geis und dabei eine Geschickliche (gescheckerte) Tracht hochachten. Weiters: Es werden hier im Walte große Häuser als wie die Paläste gebauth und mit der Zeit wieder zu nichts werden. Ja sogar daß in manchen Hasen ihre Jungen aufziehen, und die Leute werden sich verlaufen ohne Hunger und Sterb. Es werden die großen Hern in die wilden Wälder kommen und selbe besichtigen. Ja sogar es werden zwei Jäger auf einen Stock sitzen; dan wirds nicht mehr gut sein. Es werden von den großen Wäldern alle Flüsse und Bäche sichtbar geräumt, es wird das Holz eine große Theuerung bekommen, daß es die armen Leute unmöglich mehr kaufen können; es werden an den Flüssen viele Gebäute und Fabriken gebaut werden und diese Sachen in fremde Länder gebracht werden; aber es wird gar nicht lange dauern; es wird bei Zwiesel ein großes Gebäude gebaut werden; und es wird dabei eine Verwunderung sein, wer selbiges sieht. Wird aber nicht lang dauren und wird wieder zu nichts werden.
Lieber Freund! so rede doch weider.
Wan ich schon rede, so werdet ihr mir nicht glauben. der Hochmut wirt in allen Städten einreisen und kein Mensch wird mehr nach seinen Stand leben ... Es werden auch woher weiße Straßen in wilde Berge und Thäller gemacht werden, daß man sie auf zwei Stunden sehen kann. Und an allen Orten Aufwand angewendet werden ... Es wird die Geistlichkeit schlecht geachtet werden. Der katholische Glaube wird viele Feinde haben und wird so glein werden daß man ihm mit einer Geiselschnur umhauen kann.
Wenn aber einmal die umgekerten Köpfe aufkommen, das wird das Letzte sein. Wenn einmal rohte und weiße Hütte getragen werden und die alte Kleidertracht wieder aufkomt und die Geistlichen sehr strenge Buße predigen, dann versichere ich es Euch, daß bald zum Trimmern geht. Es werden verschidene Himmelszeichen

gesehen werden, aber die weltlichen Herren werden wenig daran glauben und sagen, das sind Plintgänge. Es wird aber Gott seine Ruthe ausstrecken über das unheile Volk der Welt.

Wenn noch hie und da ein guter Christ ist, den wird man verspotten und verlachen. Und die Nächstenliebe wird ganz ausgerotet werden; daß der Vater den Sohn und der Sohn den Vater nicht mehr trauen darf.

Das hat der Hütnmeister Lukas Jakob aufgeschrieben Ano 1706.

(Wenn vieles an dieser Handschrift auch verworren wirkt und einen zwiespältigen Eindruck hinterläßt, so darf neueren Mühlhiasl-Interpreten doch ins Stammbuch geschrieben werden: Einer, der sagt: Gott wird seine Rute ausstrecken über das »unheile« Volk der Welt, oder – noch konkreter –, daß man den guten Christen verspotten und verlachen wird, – kann selbst nicht gottlos sein.)

Große Gebäude wie Paläste, die wieder »zu nichts« werden, kehren in allen Fassungen der Voraussagen des Waldpropheten wieder. Jene aufwendigen Sportstätten in Dörfern, 20- und 30-Millionengräber, die mit ihren Flutlichtanlagen und Erhaltungskosten zum Untergang verurteilt sind und bald wieder »zu nichts« werden, könnten mitgemeint sein.

Eine der Kargus-Pscheidl-Fassung stark ähnelnde teilt Norbert Backmund mit. Sie soll sich 1949 noch im Besitz der Hauptlehrerin Elisabeth Rechenmacher in Landshut befunden haben. Sie trägt allerdings einen ganz anderen Nachsatz als die Kargus-Pscheidl-Fassung:

»Auf Begehren des Herrn Hüttenmeisters ist es abgeschrieben worden von Andreas Bongratz Lokalschreiber auf der Hilz Hütten, anno 1706.

Abgeschrieben den 26. September 1839

Joh. Bapt. Rechenmacher
Wirt in Kirchdorf.«

Im Gegensatz zur Kargus-Pscheidl-Fassung hat sich diese zweifellos ältere (von Backmund unverändert mitgeteilte) Kirchdorfer Fassung nicht erhalten. Unauffindbar geworden ist auch die nach Backmund im Pfarrarchiv von Bischofsmais verwahrte Fassung von 1860. Ebenso ist eine sogenannte Frauenauer Fassung verschollen. Von einer zweiten Bodenmaiser Fassung (entstanden um die Jahrhundertwende, dann um 1920 von einem gewissen Josef Stern abgeschrieben) konnte Reinhard Haller wenigstens 1964 seinerseits eine Abschrift (mittlerweile die einzig erhaltene) anfertigen. Diese Fassung bringt den Namen Bongratz in der ursprünglichen Schreibung »Baumgratz« als »Prodicalschreiber auf der Hilzhütte ob Zwieslau«.
Ehrlich und korrekt bestätigt Haller, wie fragwürdig die Übertragung der Mühlhiasl-Prophezeiungen auf den allzu kurze Zeit erwähnten »Starnberger« ist. »Weder für den einen noch den anderen Starnberger (den Starnberger-Bue) werden 1766, davor und danach, prophetische Fähigkeiten überliefert. Beide sind über den Schreibkalender hinaus kein zweites Mal urkundlich faßbar geworden.« Die Quelle von 1766 kennt für den Starnberger nicht einmal einen Taufnamen. »Auch ist es nicht sicher, ob das Wort ›Starnberger‹ sich überhaupt auf einen echten Familiennamen beziehen soll«, bedauert Haller. »Denn es fällt auf, daß der unbekannte Schreiber in seiner formlosen Buchführung für die restlichen Aschenbrenner und Glasmacher, für Knechte und Fuhrleute meist nur den Vornamen angibt, andere Arbeiter wieder nach ihrem Herkunftsort benennt, einige offensichtlich mit ihrem Hausnamen oder mit ihrem Beinamen anredet, beziehungsweise nach ihrer Tätigkeit auf dem Glashüttengut bezeichnet.« Sodann bestätigt Haller, der Urheber der Prophezeiungen habe in der ersten überlieferten Handschrift, wobei wohl eine Verwechslung mit dem Hüttenschreiber vorlag, »Andreas« geheißen, gegen 1850 werde

er aber eindeutig immer »Mathias« genannt: Stoanberger Mathias oder Stormberger Mathias.

Mündliche Überlieferung

Wild wuchern die Sagen um das angebliche Findelkind. Was die Leute nicht alles erzählen: Der Bub soll das uneheliche Kind einer Dienstmagd, sein Vater der Storn-Bauer bei Böhmisch Eisenstein gewesen sein. Im Wald bei Rabenstein sei er von böhmischen Bärtentreibern ausgesetzt worden. Ein andermal ging die Rede, seine Eltern seien am Sturmberg in einem wüsten Unwetter ums Leben gekommen. Nach anderen waren die Bärentreiber selbst seine Eltern und hätten ihn ausgesetzt. »Zwe Hoizhaua hamandn gfuna.« Die einen sagen, er habe schon als Bub prophezeit, die anderen »als alter Mann«. Den einen war die Herkunft seiner Voraussagen keineswegs geheuer, da ist vom »Guzigaukerl« die Rede und von einem »Schwarzbüchl«. Die anderen, das waren die mehreren, meinten: Der Stormberger hatte seine Eingebungen von oben her, von Gott selber. Er hat sie zugesprochen bekommen draußen im Wald, in besonderen Nächten. Als er in der Christnacht vor einem Kreuz kniete, hat er alles vorausgesehen.
Und was hat er vorausgesehen? Da gab und gibt es vielerlei, nach Dörfern und Tälern höchst unterschiedliche Aussprüche des Waldpropheten. Reinhard Haller hat eine große Anzahl in mühevoller Feldforschung festgehalten. Er sammelte um Rabenstein, im Zwieseler Winkel, rund um den Rachel, in Kirchdorf, in Bodenmais, im Zeller Tal. In seinem Zwieseler Haus unter den an weißen Wänden aufgereihten bunten böhmischen Madonnen oder auf der Ofenbank, während ich ins Gästebuch den ichweißnichtvielten Eintrag kritzelte, hat er mir davon erzählt. Und er hat mir auch seine Gewährsleute genannt: Etwa den »Schneider-Girgerl«, einen Bauern und Musikanten aus

Kirchdorf, den Außenrieder Holzhauer Hofmann Max, die Hackl Anna, Austragsbäuerin auf der Zell, den Denk Leopold aus Markt Eisenstein, den »Schneck Hans«, Holzhauer aus Bodenmais, den Schafhauser Franz, Bauer, Holzhauer, Pferdevermittler, Schöllensammler aus Formberg in Böhmen, den Hauptlehrer Hans Schreiner aus Drachselsried, den »Kuchei-Hein«, die »Stöberl-Moni«, den »Sternfranzerl«, den »Mühl-Karl«, den »Wampö-Hans« – und wie sie alle heißen mochten.
Wenn sich diese meist schon hochbetagten Gewährsleute auch auf Erzählungen ihrer Eltern und Großeltern beriefen, also auf bereits lang vor der Jahrhundertwende entstandenes Erzählgut, ist manchmal doch der Verdacht nicht von der Hand zu weisen, daß unwillentlich spätere Ausschmückungen mit einflossen.
Später hat Haller diese Aussagen veröffentlicht, wobei er in einem wichtigen Punkt einschränkt: »Auf eine mundartliche Wiedergabe muß leider verzichtet werden. Sie würde zu viele Probleme aufwerfen.« Paul Friedl räumt ein: »Wenn man sich mit der Weissagung des Stormberger befaßt, muß man berücksichtigen, daß er sie in der bilderreichen, waldlerischen Mundart gemacht hat, die bei der Übertragung in die Schriftsprache einiges an Farbe und Gehalt verliert.«

In den Wald hinein fahrt ein eiserner Hund. Vom Gäuboden bellt ein eiserner Hund herein in den Wald. In Klautzenbach wird der Hof vom Hofbauern-Michl weggerissen, weil da die eiserne Straß durchgeht. In Zwiesel wird eine Kirche baut. (Johann Baptist Schott entwarf die neue Pfarrkirche Sankt Nikolaus.) Der Stormberger hat in Rabenstein den Hüterstecken in die Erde gestoßen und hat gesagt: »Da kommt einmal eine Villa her!« (Die Rabensteiner »Villa«, 1913 abgetragen.) In Ludwigsthal hat er das auch gemacht und hat gesagt: »Da kommt einmal eine große Kirche her!« (Mitten im Wald wurde 1894 die stattliche Herz-Jesu-

Kirche fertiggestellt, eine architektonische Besonderheit im deutschen Sprachraum: die einzige neuromanische Kirche mit einem voll ausgeführten Bildprogramm, ein Meisterwerk dreier Könner: des Architekten Johann Baptist Schott, des ersten Ludwigsthaler Seelsorgers Johann Baptist Wolfgruber, des Malers Franz Hofstötter.) Ein weißer Vogel fliegt über den Wald herein. Eine schwarze Straß wird baut. Baut wird sie, aber nimmer fertig vor dieser Gaudi. Auf dem Zwieseler Kirchturm werden Birken wachsen, die werden so groß wie Fahnenstangen, und dann kommen sie herunter. Im Wald werden auf einer Kirche Birken wachsen, und wenn eine so groß ist wie ein Wischbaum (Holzstange zum Einschweren des Heus auf dem Heuwagen), dann kommt ein großer Krieg. Und ein gar strenger Herr wird ans Ruder kommen, der den armen Leuten die Haut abzieht. (Haller denkt bei dieser Schau an die Konzentrationslager, »wo man aus Menschenhaut Handschuhe für die hohen Herren gemacht hat«.)

(Zum Vergleich könnte man die Aussage eines prophezeienden Franzosen anführen, die der Schreinermeister Andreas Rill am 24. August 1914 aus der Etappe seinen Angehörigen in Untermühlhausen bei Geltendorf mitteilte: »Vor dem kommt ein Mann aus der niederen Stufe, und der macht alles gleich in Deutschland, und die Leute haben nichts mehr zu reden, und zwar mit einer Strenge, daß es uns das Wasser bei allen Fugen raustreibt. Denn der nimmt den Leuten mehr, als er gibt, und straft die Leute entsetzlich, denn um diese Zeit verliert das Recht sein Recht.«)

Der Stormberger sagte: Er wird aber nicht lang regieren und wird wieder fort sein. Deutschland wird so klein, daß es unter einem Lindenbaum unterstehen kann. Deutschland wird eine große Macht, daß sie noch nie so groß war, und wird wieder so klein, daß sie noch nie so klein war. Das Bayerland wird vohiert und voziert von seinem eigenen Herrn. Das Böhmerland wird mit dem Besen auskiehrt. Nach einem langen Krieg wird die Armut in Wohlstand übergehen. Danach werden Wägen aufkommen ohne Deichsel, die kann kein Reiter und kein Hund mehr derlaufen. Die Leut gehen mit einem Dach und fahren ohne Roß und Deichsel. Die Häuser werden vom Boden herauswachsen wie die Schwammerl. In Zwiesel werden so große Häuser gebaut, wo man über die ganze Stadt drübersieht. Sie stehen aber nicht lang, weil sie wieder zerstört werden. Häuser werden gebaut wie Backöfen und Bschlösser, werden aber nicht lang stehen, so wachsen Brennessel für die Fenster heraus. Dann kommt die Zeit, wo die ganzen »Owandta« abgegraben werden. Die Mühlen an den Forellenbacherl werden stillgelegt. Im Wald werden so viele Straßen gebaut, daß man von einer auf die ander werfen kann. Wenn so breite Straßen baut werden, daß drei Fuhrwerk nebeneinander fahren können und dabei einer den andern mit der Geißel nicht mehr derglangen kann, – wenn's lauter schöne Straßen gibt, – wenn sich die Bauernleut gewanden wie die Stadtleut und die Stadtleut wie die Narren und Affen, dann ist es soweit. Wenn die Leut so gscheckert daherkommen wie die Kuhkaibl, wenn der Wagen mehr kostet als das Roß, wenn die Leut mehr fliegen als gehen, wenn der Hüttenherr mit dem Glasmacher tauschen möcht, dann wirds bald kommen. Die Weiberleut kriegen Schuahstöckln, daß ma's gspürt wia a Goaß. Sie werden daherkommen wie die Geißen, und die Mannsbilder kennt man nimmer von den Weibern weg. Die Magd wird man nicht mehr von der Frau wegkennen. Die Weiber kriegen verkehrte Köpf. Sie haben die Haar vorn länger als hinten. Hüat kommen auf, grean, rot und alle Farben. Wennst das Hintere und das Vördere nimmer auseinanderkennst, wenn die Häusl so gescheckert angestrichen werden wie die Impenstöck, dann dauert's nimmer lang. Die alten Sachen werden wieder aufgeputzt und kriegen wieder einen Wert. Die Leute werden von den großen Städten aufs Land ziehen. Sie werden sich die zusammengefallenen Häusel kaufen und darin wohnen wie in Wolfshütten. Die von der Stadt werden in den Wald hineinlaufen und die vom Wald werden in die Stadt hinauslaufen. Aber es wird ihnen nicht so gut gehen, wie sie gemeint haben. Wenn die Bauern Gickerl und Henner selber fressen, dann ist die Zeit nah. Es kommt noch die Zeit, da kennt man den Winter und den Sommer nicht mehr auseinander. Der katholische Glaube wird fast ganz verschwinden. Die Geistlichen sind selber schuld, weil sie nicht mehr nach ihrem Stand leben. Der Glaube wird so klein, daß du ihn mit der Droschengeißel (Peitsche mit kurzem Stiel und langem Seilgeflecht) zamhauen kannst. Die Pfarrer werden sich die Hände und die Gesichter anrußen, damit man sie nicht kennt. Wer feine Hände hat, wird erschlagen. Einer kann den andern nimmer schmecken. Wenn die Bauern Tür und Tor verriegeln, dann kommt es. Zwei Holzhauer sitzen auf einem Stock und dürfen einander nicht trauen. Es wird eine Zeit kommen, daß die Mütter ihre Kinder nicht mehr kennen. Das Kind wird in der Wiege nicht sicher sein. Was man nicht zamklauben kann, wird man nicht mehr glauben. Der Herrgott wird in den Kasten eingesperrt. Danach ziehen ihn die Leut wieder recht fromm herfür, aber er hilft nimmermehr. Wenn übers Forellenbachl eine schwarze Straß baut wird, dann ist die Zeit da. Die Herrn kennan sich selber nimmer aus und werfen sich's Papier ins Gsicht, legn Arbatsgwander an, laufen zon Bauan afs Feld und reißn eahm an Pfluag aus da Händ. Es werden Himmelszeichen kommen. Zwischen dem Schwarzen und dem Weißen Regen wird eine Straße gebaut, die nicht ganz fertig wird. Nacha kimmt da Antichrist.

Für die »schwarze Straß übers Forellenbachl« gibt Haller

die volkstümliche Deutung: »Autobahnzubringer Zwiesel«. Ob Mühlhiasl oder Stormberger, »frappierend ist jedenfalls die Gleichheit ihrer Voraussage«, meint Paul Friedl. Und Walther Zeitler findet: »Sei es wie immer: Die Mühlhiasl-Prophezeiungen und die Stormberger-Prophezeiungen sind in Aufbau und Aussage gleich.«

Heißt es beim Stormberger etwa: »Wenn man die Weiberleut wie die Geißen spürt«, so sagt Mühlhiasl: »Die Weiberleut werden daherkommen wie die Gäns und Spuren hinterlassen wie die Geißen.« Hie Stormberger: »Wenn es nur noch rote Hausdächer gibt«, dort Mühlhiasl: »Die roten Hausdächer kommen.« Stormberger: »Wenn die Rabenköpf aufkommen und schön stad wieder abkommen.« Mühlhiasl: »Und die schwarzen Kopftücher kommen ab.« Stormberger: »Um ein Goldstück kann man einen Bauernhof kaufen.« Mühlhiasl: »In dieser Zeit wird das Geld so knapp, daß man sich um ein Goldstück einen Bauernhof kaufen kann.«

Reinhard Haller folgert: »Eine so weitreichende Ausstrahlung einerseits und eine bis zur Auswechselbarkeit gleiche Formulierung auf der anderen Seite können nicht mehr nur mit dem Phänomen der psychischen Gleichartigkeit der einzelnen Volksstämme untereinander oder mit wandernden Sagen erklärt werden.« Jules Silver zieht einen anderen Schluß: »Batholomäus Holzhauser (1613–1658), ein schwäbischer Geistlicher, wurde durch die Erklärung der Apokalypse Johannis bekannt. In seinem Namen wurde später die 1814 von Görres hervorgeholte ›Weissagung vom großen Monarchen‹ verkündet. Der Jesuitengeneral Lorenzo Ricci (1703–1775) erklärte die Gesichte Holzhausers in holländischer Sprache. Seither werden sie gleichzeitig unter seinem Namen verbreitet. So ähnlich war vielleicht das Verhältnis zwischen der Mühlhiasl- und der Stormberger-Prophezeiung.«

Fest steht: Es hat sowohl den Mühlhiasl als den Stormberger gegeben. Daß ihre Aussagen sich auf weiten Strecken decken, *muß* nicht, *kann* aber bedeuten, daß es sich um ein und dieselbe Person handelt. Keinesfalls darf einem Federkrieg zugestimmt werden, der zur Entscheidung zwischen Stormberger und Mühlhiasl zwingt. Entweder lebten beide oder, noch wahrscheinlicher, beide waren eine einzige Person.

Wir erinnern uns an die Behauptung Georg Schneiders, des bärtigen Besitzers der Mühle von Apoig: »Es sind verschiedene! Daß beide dasselbe sagen, liegt daran, daß das, was kommt, dasselbe ist!« Er bezog sich damit bereits auf die geweissagten Umwelt- und Kriegskatastrophen, die in den folgenden Kapiteln aufgeschlüsselt werden sollen. Ich fasse zusammen, was andere Seher vorausgesagt haben, und komme zu dem Ergebnis, daß auch hier verschiedene Personen sprechen, die vorausgesagten Ereignisse aber dieselben sind. So schilderte der erwähnte prophezeiende Franzose am 24. August 1914 die Inflation mit ähnlichen Worten wie der Mühlhiasl: »Reich werden wir, alles wird Millionär, und soviel Geld gibts, daß mans beim Fenster nauswirft und niemand klaubts auf.« Den Verlauf des Zweiten Weltkriegs beschrieb der jenseits des Rheins beheimatete Sensitive so: »Der Krieg endet schlecht für diesen Mann (Hitler) und seinen Anhang. Steht an der Jahreszahl vier und fünf (erstaunliche Voraussage einer Jahreszahl!), dann wird Deutschland von allen Seiten zusammengedrückt, und das zweite Weltgeschehen ist zu Ende.« Über die Jahre nach Hitlers Diktatur sagte er: »Die Leute sinken immer tiefer in der Moral und werden schlechter. Die Leute bedienen sich sogar aller möglichen Ausflüchte und Religionen, um die Schuld an dem teuflischen Verbrechen abzuwälzen.«

Dennoch leuchtet mir nicht recht ein, daß der Stormberger ein anderer gewesen sein soll als der Mühlhiasl. Der Umstand kommt mir zuhilfe, daß Johann Nepomuk Zöllner 1879 in seinen »Historischen Notizen aus dem Bezirke Regen« den Rabensteiner Hirten und Aschenbrenner, dem er die Gabe der Prophetie zuspricht, »Starnberger oder Steinberger« nennt. Bei dieser Coda: »oder Steinberger« war ich von Anfang an hängengeblieben. Jetzt erinnere ich mich an eine These des Straubinger Journalisten und Schriftstellers Rupert Sigl: Die obere Klostermühle in Apoig war nach der Säkularisation des Klosters Windberg durch den bayerischen Staat von der Herrschaft Steinburg erworben worden. Dieses Steinburg hieß früher nachweislich »Steinberg«. So nennt Matthäus Merian 1657 seinen entsprechenden Stich »Stainberg« (es sind die ai-Diphtonge, die den oa-Diphtongen entsprechen: Kaiser–Koaser). Auch der 1718 verstorbene Kupferstecher Michael Wening überschreibt seine Darstellung des Steinburger Schlossers »Steinberg«. (Im Wald, hinter dem heutigen Schloß der Freiherrn von Poschinger, verbergen sich immer noch Reste der älteren Burg. Ich durchstreifte die Wälder auf dem hochragenden Kegel des Steinbergs und hatte überwältigende Ausblicke ins Umland.) Nun wurde man damals in der Fremde (man denke an die Namensgebungen des Hüttenkalenders) einfachheitshalber nach seiner Herkunft genannt, etwa »Amberger« oder »Straubinger«. Der Mühlhiasl dürfte sich also mit Recht beim Instandsetzen der weit entlegenen Mühlen als »Steinberger« oder eben »Stoaberger« bezeichnet haben.

Obwohl die Lücke zwischen den Aussprachen »Stoa'berger« und »Stoa*n*berger«, Stein und Starn, Stoa und Stoan nicht zu schließen ist, wirkt die Sigl-These vom »Stoaberger« zusammen mit Backmunds Vermutung schlüssig: Die Mühlhiasl-Prophezeiungen seien durch Pater Blasius Pfeiffer in den Raum Bodenmais–Rabenstein–Zwiesel gebracht worden und hätten sich dort als »Stormberger-Prophezeiungen« ausgebreitet.

Bemerkenswert ist in diesem Zusammenhang, daß Ernst Faehndrich, ehemaliger Cellist der Münchner Philharmoniker, dessen Mutter eine geborene von Kiesling war, mir spontan erklärte, bei seinem Urahn, dem sechzig

Gasthaus »Mühlhiasl« im Museumsdorf Bayerischer Wald, Tittling

Quadratkilometer Wald im Umgriff gehört hätten, sei der Mühlhiasl in Diensten gestanden. Er sprach nicht vom Starnberger oder Stormberger, sondern schlankweg vom Mühlhiasl. Dies mag nun freilich damit zusammenhängen, daß der Name »Mühlhiasl« offensichtlich auch im inneren Wald allmählich die Oberhand gewinnt. Kaum noch die Rede ist von einem Aschenbrenner. Der Mühlhiasl, der hier übrigens »Mej*hiasl*« oder »Möi*hiasl*« gesprochen

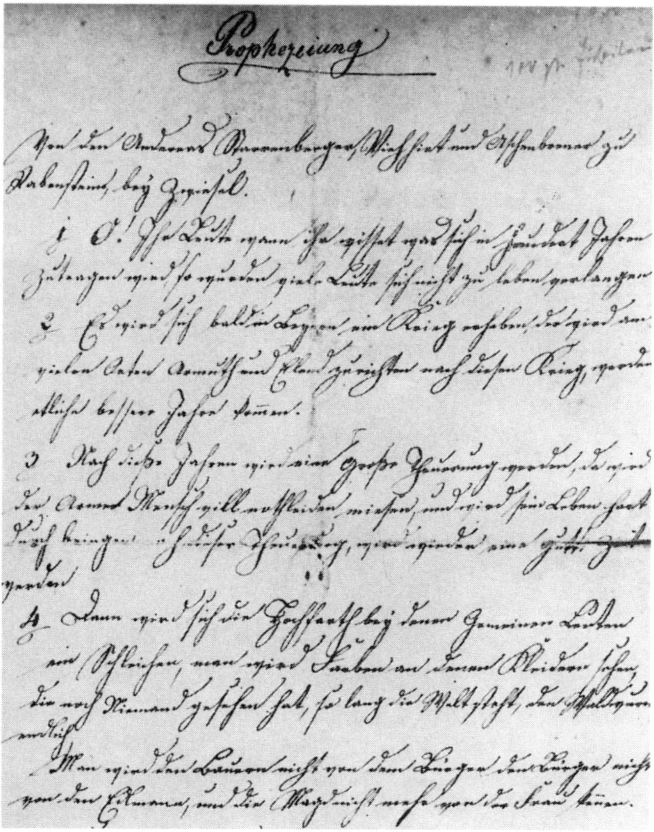
Prophezeiung

Tittlinger Handschrift (Ausschnitt)

wird, verdrängt langsam den Stormberger, festzustellen etwa bei Paul Friedl, vor allem bei Josef Fruth, der immer wieder den »Mühlhiasl«, niemals den »Stormberger« zeichnete, und neuerdings bei Manfred Böckl. Im Tittlinger Museumsdorf heißt ein Gasthaus »Zum Mühlhiasl«. Am Großen Arbersee gibt es (»zu allem Überfluß«, stöhnt Walther Zeitler) eine Mühlhiaslfigur, die nach entsprechendem Geldeinwurf die Mühlhiasl-Prophezeiungen vom Band spricht.

Mühlhiaslfigur im Märchenwald am Arbersee

Wie des Bettelmanns Rock

1.
Vom Sterben des Mühlhiasl

Unterhalb der alten Stadt Straubing dehnt sich eine unendlich weite Wiese bis zu den Ufern der Donau. Wenige Vorstadthäuser und Ausflugsgaststätten, dazu eine Festhalle, säumen die öde Fläche in großen Abständen. Gemeinsam ist ihnen die Straßenbezeichnung »Am Hagn«. Das bedeutet soviel wie: »Am Hain« oder (nach Schmellers Wörterbuch): »Bei den locker gesetzten Stangenzäunen«. Zum Glück für den Autofahrer gibt es den Hain; wo fänden die tausend Karossen der Einkäufer aus dem Wald und aus dem Gäuboden sonst Platz? Hebt man den Blick über die Fläche aus funkelndem Blech empor, steht oben auf dem Steilufer die Kulisse der Stadt wie im Mittelalter, von der dunkel ragenden Burg, zu deren Füßen die unglückliche Bernauerin ertränkt wurde, bis zu den mächtigen Schiffen der Sankt Jakobs-, Karmeliten-, Jesuiten- und Ursulinenkirche, die ihre Türme in den Himmel recken wie die Zacken einer Krone.
Das war mein Eindruck, als ich wieder einmal nach Straubing kam, in die Stadt meiner Großmutter. Ich wollte die Freundin der Tochter des Apoiger Mühlenbesitzers besuchen. Georg Schneider hatte ja behauptet, er wisse zuverlässig, daß der Mühlhiasl auf dem alten Friedhof in Englmar bestattet sei. Der verwitterte Name des zuletzt in dessen Grube Beerdigten sei auf dem alten Grabstein kaum noch zu lesen, er habe aber selbst vor sechs Jahren »Mathias Glashütt« herausbuchstabiert, genau wie vom Hiasl angegeben.
Daß ich weitererzähle: Weil ich bei meinem Besuch in Englmar den bezeichneten Grabstein – vom Eingang links oberhalb der Kirche ein paar Schritte hinein – trotz ver-

Alter Friedhof in Sankt Englmar

zweifelter Suche nicht finden konnte, erbot sich der Apoiger Mühlenbesitzer, den Grabstein für mich zu fotografieren, mußte mir aber bei meinem nächsten Besuch gestehen, daß er den Stein selbst nicht mehr gefunden habe; alt und schief, wie er damals schon gewesen war, sei er offenbar inzwischen entfernt worden.
Schneiders Tochter hatte leider die Verbindung mit ihrer damaligen Freundin Silvia verloren. Das Mädchen war inzwischen mit einem Ausländer verheiratet und angeblich in dessen Heimatland gezogen. Schließlich stellte sich heraus, daß die Freundin doch noch – oder wieder – in Straubing ansässig sei. Eine Hausnummer »am Hagn« wurde mir genannt.
Kurz und gut: Ich meldete mich an und läutete zur vereinbarten Stunde an der Wohnungstür, von der ich das unaussprechliche Wort »Chatziioannou« buchstabierte. Ich machte mich auf gehörige Verständigungsschwierigkeiten gefaßt. Aber der Grieche, der mir öffnete, beruhigte mich lächelnd in leicht niederbayerisch gefärbtem Tonfall. Er schreibe sich gar nicht so schwierig, meinte er; wörtlich übersetzt heiße er »Von Johannes«. Die Kinder, die mir, bevor die Mutter in Erscheinung trat, jubelnd entgegensprangen, waren – christlicher geht's kaum – auf die Namen Georgios und Maria Elena getauft. Ich schluckte. Ausländer? Wo bleibt der sogenannte Haß? Die Mutter, eine kaum Dreiundzwanzigjährige, schlank und mit strahlenden Augen, stammte – wie sie mir erläuterte – aus einem kinderreichen Hof bei Schwarzach im Vorwald und war eine geborene Feldmaier. Ihre Taufname »Silvia« komme aus dem Lateinischen und bedeute: Waldmädchen. Der edle Herr von Johannes hatte sich ein Waldmädchen genommen. Hier stimmte einfach alles, und ich zerknüllte den Zettel, auf dem ich mir als erste Frage notiert hatte: »Ist diese Freundin zuverlässig?«
Nun die anderen Fragen: Wie war das vor sechs Jahren gewesen? Wer hatte gefragt, wo der Mühlhiasl begraben

liegt? Hatte sie oder sonstwer die Antworten des Waldpropheten laut wiederholt? Es gab zuerst eine Überraschung: Der Mühlhiasl habe den Mann, der nach ihm an derselben Stelle begraben worden war, keineswegs »Glashütt« genannt; es könne sich da nur um ein aus der Aufregung erklärliches Mißverständnis des Vaters ihrer Freundin handeln. Der Mühlhiasl habe sich Mathias Lang genannt und angegeben, er sei in Glashütt wohnhaft gewesen, jedenfalls in Glashütt gestorben. Ein Blick in die Wanderkarte genügte, um die kleine Ortschaft Glashütt knapp zwei Kilometer von Englmar entfernt auszumachen. Der Ortsname ließ auf eine ehemalige Glashütte schließen, was wiederum für den Aschenbrenner sprach.

Aber wie habe sie Verbindung mit dem Abgeschiedenen aufgenommen? Sei das nicht ganz und gar unwahrscheinlich und schlechterdings unglaubhaft? Nicht im geringsten! Sie zeichnete mir einen großen Kreis, dem sie rundum die Buchstaben A bis Z und auch die Ziffern 1 bis 0 anfügte. In die Mitte schrieb sie links und rechts eines kleiner gezogenen Kreises die Wörter »Ja« und »Nein«. Das Ganze sei auf ein Brett gezeichnet gewesen. In den kleinen Kreis habe sie ein Glas gestellt – wieder Glas! – ein ganz gewöhnliches, dünnwandiges kleines Wasserglas. Die rundherum Sitzenden hätten von allen Seiten einen Finger auf den Glasrand gelegt und sich geistig auf den Angerufenen gesammelt, gleichsam alle Kräfte auf ihn zusammengezogen. Geraume Zeit hätte man warten müssen; sie habe das damals – nun schon seit Jahr und Tag nicht mehr –, damals aber habe sie es häufig versucht. An die zehn oder zwanzig Minuten hätte man warten müssen, bis ein Zittern durch die Finger ging, bis das Glas anfing, sich zu bewegen. Auf die Frage: »Wer ist da?« habe der Abgeschiedene mit seiner Namensnennung geantwortet, habe das Glas von Buchstaben zu Buchstaben weitergeschoben. Ich zweifelte und gab zu bedenken, daß das Glas nicht von »höheren Kräften«, sondern von ihr selbst in Bewegung gesetzt worden sein könnte. Sie schüttelte todernst den Kopf. »So wahr ich hier sitze und so wahr es einen dreifaltigen Gott gibt, das Glas hat sich bewegt!« Sie brachte mich schließlich trotz meines innerlichen Sträubens und meiner nüchternen Überlegung, daß der Mühlhiasl vermutlich gar nicht lesen konnte, allein durch die Wahrhaftigkeit ihres Wesens dahin zu glauben, daß das Glas auf dem Brett gekreist sei und auf die Buchstaben oder Zahlen gezeigt habe, die sich zu eindeutigen Aussagen zusammensetzen ließen.

Hätte ich damals, als ich mich mit Silvia unterhielt, schon gewußt, was ich erst später erfuhr! Angeblich konnte man – hörte ich – durch das Übereinanderlegen mehrerer Hände so viel Energie ansammeln, daß es möglich war, einen schweren Mann samt Stuhl, auf dem er saß, mit zwei Fingern anzuheben und, als wäre er schwerelos, in der Luft schweben zu lassen. Wäre mir damals schon bewußt gewesen, daß dahinter keineswegs eine »böse« Kraft stand, sondern das Wirken einer Energie, über die am ausgeprägtesten junge Menschen verfügen (Kraft und Stoff als zwei verschiedene äußere Erscheinungen desselben geheimnisvollen Urzustandes enthüllend), so wäre ich vermutlich dennoch der Versuchung erlegen, sofort an »schwarze Magie« zu denken und an Überlieferungen, die behaupteten, der Stormberger sei während der Christmette auf einem Schemel aus neunerlei Holz verkehrt herum in der Zwieseler Kirche gesessen, also in der Richtung, die neuerdings der Pfarrer einnimmt, habe so sitzend ins Neue Jahr geschaut und alle, die im kommenden Jahr sterben mußten, mit schwarzen Gesichtern gesehen. Solche »Lesarten« – meinte ich – verzerrten sein Bild ins Dämonische. Es war aber kaum zu fassen: den unsäglichen Begriff: »Neunerlei Holz« hörte ich nun von Silvias Lippen! Und ich sah in ihr plötzlich die »Engel-Res« von Hohenbach, die vor dem Schneider-Anwesen einen Kindersarg hatte stehen sehen, Wochen bevor dieses »Gesicht«

Wirklichkeit geworden war. Nun wunderte ich mich nicht mehr, als ich von Silvia hörte, sie habe ein Traumgesicht gehabt, sei halb wachend entrückt worden und habe – wie von einem Turm – über Straubing hinweggeblickt. Aber die Stadt sei zum Nichtmehrwiedererkennen verwandelt gewesen; so weit sie blickte, sah sie nur brandgeschwärzte Trümmer und geborstene Mauern, Ruinen wie hohle Mondkrater, dazwischen kreuz und quer verstreut, grausig zugerichtete ... nein, sie könne es nicht sagen, es sei ein Bild gewesen, das sie gern vergäße.

Zum Schluß wartete sie mir noch mit einer Überraschung auf; sie habe, sagte sie, 1986, kurz nach ihrer Ankunft in Straubing – oder war es erst 1987? – eine Frau kennengelernt, eine Katharina Weiß, wohnhaft in der Schillerstraße oder zumindest in diesem südlichen Stadtviertel, die von sich behauptete, eine Nachfahrin des Klostermüllers Mathias Lang zu sein. Die Alte habe es auch aus vergilbten Papieren, die sie ihr zeigte, belegen können. Vielleicht könne ich, meinte Silvia, als ich schon im Aufbruch war, ermitteln, ob die Frau noch am Leben sei, die damals bereits achtzig und kränklich gewesen war und vermutet hatte, es gehe mit ihr zu Ende. Ihre Papiere seien für mich und meine Forschung vielleicht wichtig, würden unter Umständen mehr Licht in die Sache bringen.

Mehr »Licht in der Sache« erhoffte ich mir zunächst von einem Besuch in Sankt Englmar. Wo nach Paul Friedls Erfahrung die Mühlhiasl-Überlieferung am dichtesten war, konnte man mir vielleicht sagen, ob der Mühlhiasl wirklich in Englmar begraben sei. Ich kehrte ein im Haus des alten königlich bayerischen Postillons Haimerl Peter. Der gastfreundliche Enkel gleichen Namens hatte mit mir zwei hochbetagte Einheimische geladen, den ehemaligen Gemeindediener Wanninger Franz und den Bauarbeiter-Rentner Sagstetter Max, den sogenannten »Schaffner«. Im gemütlichen Stübl des liebevoll restaurierten, ganz aus Holz gezimmerten alten Waldlerhauses, das angenehm

von manchen bodenständig tuenden architektonischen Auswüchsen des Fremdenverkehrsortes und Skifahrerzentrums abstach, standen sie mir Rede und Antwort.
Großvater Peter Haimerl, von 1890 bis 1927 letzter königlich bayerischer Postillon, hat leider Gottes den größten Teil seines Wissens über den Mühlhiasl, an dem er den Baumsteftenlenz noch teilhaben ließ, 1949 mit ins Grab genommen; es ist so gut wie nichts auf den Enkel gekommen. Wie groß die Not in seiner Kinderzeit war, weiß dieser noch gut. Von saurer Milch habe man gelebt, an einem kurzen Wurstzipfel habe man zu fünft gegessen. Um ein paar Pfennige zu erlösen, seien die Kinder mit einem Pfund Gänsefedern dreißig Kilometer bis Straubing gegangen. Königin Not habe ein strenges Regiment geführt, aber gesund sei man gewesen. Der Zeppelin, das ergab die Unterhaltung, sei erst gegen das Jahr 1932 über den Wald geflogen. Die Kirche von Sankt Englmar, wurde weiter erörtert, sei einst Windberger Klosterbesitz gewesen, seit 1803 gehöre sie dem bayerischen Staat. Viechtach heiße »Fäida« (warf der Gemeindediener ein), zu den Blaubeeren sage man »Huiwa«, zu den Himbeeren »Hoiwa«, das Büachl sei ein »Böichl«, und scherzhaft reimte der Schaffner: »Kou, Bou, Schou« (Kuah, Bua, Schuah). Bayern werde »vohiert und voziert« (verheert und verzehrt), habe der Mäj*hiasl* gesagt (Aha, nicht Mui, sondern Mäj!), aber hier begraben sei er nicht, riefen die drei Männer unisono. Nein, begraben in Englmar nicht, man hätte sonst längst etwas davon gehört.
Dennoch liest man bei Walther Zeitler, der Mühlhiasl sei nach der Überlieferung in Achslach gestorben (jenem Achslach, wo Pater Blasius Pfeiffer Hilfsgeistlicher gewesen war. Daß der Mühlhiasl »in der Oxla«, das heißt in Achslach bei Gotteszell, begraben sei, behauptete der Schafhauser Franz von der Moosburg lebenslang). Zeitler kennt auch die verbreitete Überlieferung, daß der Mühlhiasl in Sankt Englmar gestorben und begraben sei. Aber

er weist auch auf eine andere, ernst zu nehmende Überlieferung hin. Er verdanke sie – schreibt er – seinem Straubinger Freund Rupert Sigl (Enkel des bayerischen Patrioten Johann Baptist Sigl), der auf das »Mühlhiaslkreuz« gestoßen sei. Als Hauptperson sei der 1989 in Straubing verstorbene Pfarrer Gerhard Lecker, Jahrgang 1905, anzusehen. Zeitler habe ihn zweimal befragt. In den Jahren 1935 und 1936 sei Gerhard Lecker Pfarrprovisor in Hunderdorf gewesen. Dort wurde eben die neue Kirche (die ich zusammen mit Georg Schneider besucht hatte) gebaut. Mitten unter den Bauarbeiten war der dortige Pfarrer gestorben. Lecker mußte als Pfarrprovisor aushelfen, vor allem die Kirche fertigstellen. »1935 wurde Pfarrer Lecker zu einer Sterbenden gerufen«, teilt Walther Zeitler mit. »Sie lebte in der Oberen Klostermühle, der Apoigmühle, die früher an Mathias Lang alias Mühlhiasl verstiftet gewesen war.« Am 10. August 1988 schrieb Zeitler die Ausführungen Pfarrer Leckers wörtlich mit: »Die Leute haben diese Mühle die ›Stoaberger Mühle‹ genannt, weil sie früher zur Herrschaft Steinburg gehört hat. Bei den Leuten hat sie damals (also 1935) noch so geheißen.« Zeitler fragt mit Recht, ob hier nicht ein weiterer Hinweis vorliege, daß der Mühlhiasl auch »Stoaberger« genannt wurde, »aus dem sich dann der ›Stormberger‹ entwickelte.«
Nachdem Pfarrer Lecker die Sterbesakramente gespendet hatte, bemerkte er an der Mauer neben dem Kamin ein beschädigtes, völlig verrußtes Kruzifix. Dem hölzernen Christus hingen die Arme herab, an den verschränkt angenagelten Füßen fehlten einige Teile. Der Querbalken war aus dem Lot. Pfarrer Lecker berichtet wörtlich:
»Als ich so das Kreuz anschaute, meinte die Tochter der Sterbenden, die damals auch schon über Dreißig und damit älter als ich war: ›Herr Pfarrer, wolln S' dös Kreiz?‹ Als ich dies bejahte, nahm sie es von der Wand. Während sie es in Zeitungspapier einwickelte, erzählte sie mir, daß dies das

Mühlhiasl-Kreuz sei. Einmal hätte der Mühlhiasl hier in der Apoigmühle mit seinem Bruder Streit bekommen.«
Dieser Bruder war der am 28. April 1755 geborene, als Hüter des Klosters Windberg beschäftigte Johann Lang. Was der Grund für Mühlhiasls Streit mit seinem zwei Jahre jüngeren Bruder war, wissen wir nicht. Auch der Zeitpunkt ist unbekannt. Sicherlich kam es erst nach 1803 zu dieser Auseinandersetzung, als Mathias obdachlos geworden war, sein Bruder aber, nachdem die Mühle bereits den Steinbergern gehörte, aus was für Gründen immer, dort weiter ein bescheidenes Wohnrecht genoß. Die Möglichkeit ist auch nicht auszuschließen, daß der Mühlhiasl in der Steinberger Mühle wiederum (vorübergehend) als Müller beschäftigt war.
Pfarrer Lecker setzte die Erzählung der Tochter fort: »Im Verlauf des Streits habe der Bruder ein Messer gezogen und sei auf den Mühlhiasl losgegangen. Dieser sprang zur Seite, riß im Herrgottswinkel das Kruzifix herunter und schlug es seinem Bruder über den Kopf. Die Verletzungen des Bruders müssen sehr schwer gewesen sein, denn der Mühlhiasl habe ›auf der Stelle die Apoigmühle verlassen und sich im Wald versteckt‹. Er sei auch nie mehr zurückgekommen.«
Die Voraussetzungen zu dieser Tat sind wie gesagt dunkel. Vielleicht war der heimatlose Mühlhiasl von seinem glücklicheren Bruder der Schwelle verwiesen worden. Vielleicht auch hatte er seinen Bruder Johann, der das Messer gegen ihn führte, mit dem geweihten Abbild des Gekreuzigten bannen wollen, aber in der Verzweiflung, als er den Messerstich schon auf den Rippen spürte, zugeschlagen. Wohl weniger wegen der Verletzungen, die sein Bruder davongetragen hatte, als wegen des ihm augenblicklich bewußt gewordenen schrecklichen Sakrilegs, verließ er Apoig auf Nimmerwiedersehen. Sein Bruder überlebte den Streit um viele Jahre. Er starb erst am 6. Juli 1825 in der Pfarrei Hunderdorf.

Die starke Verrußung des Kruzifixes rührte daher, daß es unmittelbar über der eisernen Einstiegtür eines »Deutschen Kamins« gehangen war, die nicht ganz dicht abschloß. Ständig aufsteigender Rauch und Ruß hatten das Kreuz geschwärzt. In den Pfarrhof zurückgekehrt, säuberte Pfarrer Lecker das Kreuz und entfernte die dicke schmierige Rußschicht. Nun erst stellte sich heraus, daß er ein gotisches Kruzifix in Händen hielt. Nach eigenem Bekunden war ihm nie zuvor und nie wieder so deutlich wie damals beim Anblick dieses kläglich geschundenen und aus dem Winkel geschobenen Kreuzes bewußt gewesen, daß es die Urform des Baumes war.

Später schenkte er das restaurierte Mühlhiasl-Kreuz einer in Deggendorf verheirateten Nichte. Zeitler, der den Corpus des Kreuzes nachgemessen hat, gibt als Armbreite 23,5, als Körperhöhe 36 Zentimeter an.

Gelegentlich war auch vermutet worden, der Mühlhiasl sei aus Angst vor gerichtlicher Verfolgung geflohen. Dr. Johann Geyer vom Staatsarchiv Landshut schlug einen besonderen Weg ein: Angeregt von der Feststellung, daß gerichtlich verfolgte Personen oft ausgewandert waren (später häufig nach Amerika), versuchte er zu ermitteln, ob sich unter den zur Zeit Kaiser Joseph II. in den Banat und nach Siebenbürgen Ausgewanderten etwa Lang-Familien befänden. Leider blieb seine Nachforschung ohne Erfolg.

Nach nahezu allen Überlieferungen soll der Mühlhiasl urplötzlich aus der Gegend von Windberg verschwunden und nie mehr dorthin zurückgekommen sein. Überliefert ist auch, daß er, wo immer es ihn hinverschlug, die Art und Weise seines eigenen Todes voraussagte: »Niemand glaubt mir. Aber ich werde euch noch ein Zeichen geben, daß es wahr ist, was ich voraussage. Wenn ich gestorben bin, komme ich euch noch aus!«

Conrad Adlmaier beruft sich auf eine mündliche Überlieferung; sie wurde ihm von dem 1864 in Dingolfing geborenen und am 16. Februar 1944 als Kommorant in Traunstein gestorbenen (zur Diözese Rom gehörenden) Pfarrer Dr. theol. Franz Xaver Ebner mitgeteilt. (Es fällt auf, daß – bei Pater Blasius Pfeiffer angefangen – vorwiegend Geistliche mit Untersuchungen der Mühlhiaslfrage befaßt waren; man schließt sicher nicht zu Unrecht auf eine Affinität.) Nach Ebner starb der Mühlhiasl im gleichen Jahr wie sein Bruder Johann, 1825, als betagter Mann im Krankenhaus zu Straubing. Wie es beglaubigte Sitte war, wurde die Leiche im Sarg auf einem einfachen Brückenwagen, der mit zwei Zugochsen bespannt war, waldeinwärts gefahren. Ochsen waren die üblichen Zugtiere im Wald. Hart über einer steilen Böschung scheuten die Ochsen an einer Straßenbiegung aus nicht näher überliefertem Anlaß, ein Rad brach, der Brückenwagen kippte um, so daß der Sarg heruntergeschleudert wurde und über die Böschung kollerte, wobei die Leiche im hohen Bogen herausflog. Daß ihr der entsetzte Fuhrmann nachsprang, konnte den Eindruck erwecken, er wolle einen Fliehenden fangen.

Im Widerspruch zu dieser Überlieferung gibt es allerdings keinen Eintrag über eine Beisetzung Mathias Langs in seiner Heimatpfarrei, auf dem Hunderdorfer Friedhof. Expositus Georg Hofmann aus Schönau bei Viechtach spricht von drei möglichen Todesorten: Straubing, Deggendorf oder Zwiesel. Bemerkenswert ist immerhin, daß die erwähnte, dem ehemaligen Klostermüller beigelegte Voraussage über den eigenen Tod genauso vom Stormberger oder Stoamberger (was die zweifellos richtigere Schreibung wäre) berichtet wird. Nach Paul Friedls Mitteilung ist sowohl in der Rabensteiner Familie Buchinger als in der Zwieseler Totengräberfamilie Beierer die Erinnerung glaubhaft erhalten geblieben, daß der Sarg mit dem toten Seher bei der Fahrt auf den Gottesacker vom Wagen fiel. Dabei kam der Tote noch einmal ans Tageslicht. Nach Reinhard Haller hat ihn der Pfarrer von Zwie-

sel (es kann sich nur um Johann Michael Duschl, dort Seelsorger von 1808 bis 1843, gehandelt haben) »kurz vor seinem Tod noch so weit gebracht, daß er wieder ein Mensch geworden ist«. Was damit gemeint sein kann, steht riesengroß vor unseren Augen, wenn wir uns klirrenden Winterfrost und schulterhohen Schnee vergegenwärtigen, darin gegen die Unbill des hercynischen Waldes ankämpfend einen Bärtigen mit den Fetzen des Bettelmanns am schlotternden Leib, dem hin und wieder ein Schluck scharfer Bärwurz ein wenig Wärme in die starren Glieder jagt. Haller: »Der Geistliche hat ihm Schuhe und ein Gewand geschenkt.« Als Dank für diese Wohltat hat ihm der Seher von seiner Schau kommender großer Prüfungen der Kirche erzählt.
Der »Heininger-Schneider«, der an den Samstagen oft mit Hosen und Jankern hinunter nach Regenhütte ging und beim Buchinger in Rabenstein über Nacht blieb, wußte es genauer: »Seine letzte Prophezeiung hat der eigenen Totenfahrt gegolten: Auf der Hammerbrücke in Zwiesel, da sollte der Wederernagel oder ›Reibnagl‹ herausgehen und der Totenwagen auseinanderfallen, die (›feichterne‹) Truhe sich öffnen und er noch einmal herausschauen – so wahr, wie seine Worte auch einmal eintreffen würden.« Haller gibt minutiös den mundartlichen Wortlaut des Heininger-Schneiders wieder: »Voar daß a gstoam is, hat a gsagt: ›Wenn in mana Lächt nix passiert, nand braachts dös ois net glaam, wos i gsagt han!‹ Und wej a gstoam is, dana hamandsn aaf Zwiesel enögfoahn und da hamands iwara Bruck foahrn mejßn, d'Hammerlbruck hats ghoißn.« Noch etliche Schritt bis zur Absetz wären es gewesen, – da ist es passiert. (Die »Absetz« ist eine Stelle, zu der die Toten aus den umliegenden Dörfern und Weilern gefahren wurden. Dort wurden sie abgeladen, »abgesetzt«, »besungen« und weiter zum Friedhof getragen.) Es geschah also noch vor der »Absetz«: Der Brückenwagen rollte eben über die Hammerbrücke, »da is eah da Wedaranogl awa-

ganga von Wong und's hinter Gstoi is hintbliebn und d'Toutntruah is oigfoin und da Deckl is aafganga. Ejtz hamandsn na amoi gsehng, wej a gsagt hat ghat!«
Über sein Ende weiß der Baumsteftenlenz zwei Abwandlungen: Er sei hinterm Ofen im Buchingerhäusl gestorben, ein andermal heiße es, man habe ihn im Frühjahr nach einem besonders strengen Winter tot in der Arberseewand aufgefunden. »Gestorben ist er ganz allein, nur die Tiere waren dabei«, weiß die Eisch-Sattlerin aus Klautzenbach. Der »Kosterer«, ein Maurer aus Außenried, fügt hinzu: »Das war beim Toten Mann«. Verschiedene andere, von Haller befragte Gewährsleute ergänzen: »Er ist in den Wald gegangen und nie mehr zum Vorschein gekommen, Holzhauer haben ihn tot gefunden, der alte Stöberl war dabei. Er wurde unter dem Baum, wo sie ihn gefunden haben, auch gleich eingegraben.« Dieser letzten Aussage des »Mühl-Hans« (aus Bodenmais) widerspricht heftig der alte Schafhauser Franz: »Er liegt auf dem alten Friedhof in Zwiesel, aber außerhalb der Mauer!«
Paul Friedl bestätigt: »Um die Jahrhundertwende und vor dem Ersten Weltkrieg forschte der heimatgeschichtlich interessierte Kaufmann Martin Primbs aus Zwiesel ... Er ließ sich von der Familie Beierer« (die durch Generationen Totengräberdienste in Zwiesel versah) »berichten, daß der Stormberger ... außerhalb des Friedhofs an der Kirchenmauer, gegenüber dem Pfarrhof, begraben sei. Die Marktkirche und der kleine Bürgerfriedhof neben ihr sind längst verschwunden, an ihrer Stelle steht heute das Kriegerdenkmal. Wo einmal der alte Pfarrhof war, finden wir heute eine Eisenhandlung. Über das Ableben des Stormberger fehlen urkundliche Hinweise, da die Sterbematrikeln dieser Zeit nicht mehr vorhanden sind.« Nach Hans Pörnbachers Vermutung ist der unstete Mühlhiasl Hüter geworden, zuletzt in Rabenstein, dort gestorben und in Zwiesel begraben, »allerdings außerhalb der Friedhofsmauer«. Die Sterbematrikeln von Zwiesel sind nach Rein-

Das Zwieseler Kriegerdenkmal an der Stelle des alten Friedhofs

hard Hallers zuverlässiger Angabe »entgegen anderslautenden Mitteilungen sehr wohl erhalten. Sollte aber die mündliche Tradition glaubwürdig sein, daß der Starnberger« (Stormberger, Mühlhiasl) »außerhalb der Friedhofsmauer, ohne Singen und Beten, wie ein Exkommunizierter, begraben worden sei, dann würden wir in den ordentlichen Sterbebüchern vergeblich nach seinem Namen fahnden. Diese Toten wurden in einem eigenen, für Zwiesel aber nicht mehr auffindbaren Register zusammengefaßt.« Nach Primbs kommt für Stoambergers Tod, wie er den Angaben der Totengräberfamilie Beierer entnahm, allerdings bereits der Mai des Jahres 1806 in Frage. Nach Primbs, der eine Reihe alter Leute benannte, deren Großeltern Zeitgenossen des Stoamberger oder Mühlhiasl waren, habe der Seher, als er ein letztes angekündigtes Zeichen gab, sogar die erhobene Hand herausgestreckt. Leider sind alle heimatgeschichtlichen Aufzeichnungen von Primbs im Frühjahr 1945 – nach ihrer Beschlagnahme durch Besatzungssoldaten – verschollen.

Es ging bei meinen Bemühungen, das Geheimnis um das Sterben des Mühlhiasl zu lüften, wie verhext zu. Da immer wieder von den möglichen Sterbeorten Englmar und Achslach die Rede war, durchblätterte ich die entsprechenden Pfarrbücher im bischöflichen Archiv zu Regensburg. Aber auch hier war alles Nachforschen vergeblich: In den Sterbematrikeln von Sankt Englmar findet sich zwischen 1805 und 1836 kein Todesfall eines Mathias oder Matthäus Lang. Dasselbe gilt für die Sterbematrikeln der Pfarrei Achslach.

Nun schon fast gänzlich entmutigt, schrieb ich, um nichts unversucht zu lassen, an das Einwohnermeldeamt Straubing:

»31. 1. 1992

Im Zusammenhang mit einer Dokumentation über den ›Mühlhiasl‹, der als Klostermüller Mathias Lang im Vorwald an der Straubinger Donau lebte, verfolge ich alle

Spuren, die zu neuen historischen Erkenntnissen führen könnten. Das ist im Fall des vermutlich um 1825 gestorbenen Mühlhiasl, von dessen Leben und Sterben immer noch so viel im Dunkel liegt, besonders schwierig. Nun erfuhr ich, daß in Straubing vor fünf oder sechs Jahren eine alte – damals schon achtzigjährige – Frau Katharina Weiß wohnte, angeblich in der Schillerstraße, die von sich behauptete, eine Nachkommin Mathias Langs vulgo Mühlhiasls zu sein, und die auch in dieser Richtung deutbare Papiere vorzuweisen hatte. Falls Frau Katharina Weiß noch am Leben ist, halte ich es als Biograph des Mühlhiasl für meine Pflicht, Verbindung mit ihr aufzunehmen. Daher mein Ersuchen: Teilen Sie mir doch bitte mit, ob Frau Katharina Weiß noch am Leben ist und, wenn ja, wo sie wohnt (wo sie gemeldet ist), privat oder in einem Altersheim. Da Sie über alle An- und Abmeldungen von Straubinger Bürgern alphabetisch verfügen, dürfte es Ihnen gewiß nicht schwer fallen, mir bei meiner Forschung zu helfen. Wichtig wäre es jedenfalls, Auskunft über den Verbleib der genannten Papiere zu bekommen.«

Dieser Brief kam am 5. Februar zurück. Auf die hintere Seite war folgende Bemerkung geschrieben: »Urschriftlich zurück – mit der Auskunft, daß Frau Katharina Weiß, Schillerstraße 28, Straubing, bereits verstorben ist.«
Erst fernmündlich wurde mir auch das Todesdatum genannt: »Eigentlich dürfen wir das wegen des Datenschutzes nicht, aber wir wollen eine Ausnahme machen: Es ist der 24. Mai 1988.«
Die Spur verliert sich. So mag es schon seine Richtigkeit haben, daß der Mühlhiasl uns – auch mir – nach seinem Tode »ausgekommen« ist. Ich nehme es als Ludwigisches Rätsel.

2.
Vom Sterben der Seele des Waldes

Der Wald stirbt, es stirbt aber zuvor die Seele des Waldes. Der Wald ist Mühlhiasls Element, er hat ihm Seele eingehaucht, und es scheint, als stürbe mit seinem Sterben auch die Seele des Waldes. Er selbst hat vom Sterben des Waldes gesprochen. Und wir werden Zeugen der Wahrheit seiner Prophetie.

Im Gegensatz zu den angeblich heiligen Prinzipien der Aufklärung (wo nichts mehr heilig ist, wird notgedrungen das Unheiligste heilig gesprochen) wußte der Mühlhiasl, und er deutete unermüdlich darauf hin, daß zum menschlichen Selbstsein auch das »Mitsein« mit der natürlichen Umwelt, also mit Tieren, Pflanzen, Landschaften gehört. Man war noch nicht so weit heruntergekommen (die Gebildeten machten aber schon Werbung für diesen Niedergang), daß es keine Einbettung in die sinnliche Welt mehr gab, in die Welt von Wasser und Wald. Die Vernutzung stand weit im Hintergrund, im Vordergrund war das ewige Werden und Vergehen, dem man sich unterwarf. Mühlhiasl und Stoamberger. Wasser und Wald.

Paul Friedl, der Baumsteftenlenz, erzählte mir seltsam ergriffen: »Ich war bei einer Flößerei noch dabei als Flößer. Die Flößerei, diese Trift, die ich mitgemacht habe, die war am 3. November. Sobald ma aus' m Wasser raus war, war die Hose steif und da is ma dann gern wieder ins Wasser gegangen, weil's Wasser immer noch wärmer war wie heraußen die Luft.« Als Romancier entführt uns Paul Friedl in eine andere Welt, in ein anderes Leben: »Das Bachbett füllte sich randvoll und hob die eingeworfenen Stämme. Eine Kühle ging von dem schießenden Wasser aus. Lachend und jauchzend sprangen die Flößer in die Flut und schoben die Blöcher in die Flußrichtung, während die Älteren sich tummelten, immer neue Stämme in das Wasser zu rollen. Die Stämme polterten und rumpelten auf den

Laufhölzern zum Fluß und platschten hinein, ritten auf dem rauschenden Wasser davon, sich stoßend und drehend, über die großen Steine wälzend. Wo sie sich querlegen wollten, stieß der Treibhaken sie wieder in die Strömung. Die Wasser hatten es eiliger als ihre Last. Vom Wasserdruck und von den folgenden Stämmen hochgeschnellt, über die Ufer gedrängt oder weiterschießend im Fluß, tümmelte die Trift. Das Rumpeln der stoßenden Blöcher klang in den Vormittag.«

Die Trift war Teil natürlicher Kreisläufe. Weit war man entfernt von der Cartesianischen Verengung: Ich *bin* Geist und *habe* einen Körper, weit war man entfernt von der neuzeitlichen Häresie, die sinnliche Welt sei nur ausgedehnte Materie und unbeseelt. In jedem Blütenkelch, in jedem Tier, auch im Luchs oder Bären, steckte damals ein Dämon, ein Geist, ein »zuständiger« Heiliger; das Wasser, der Wald waren voll Seele. Die Sinnenwelt war noch nicht jene trostlose res extensa, zu der sie heute verkommen ist, eine blanke Ressource, die durch den Wolf – aber keinen mythischen – gedreht wird und in Gestalt von Beton und Spanplatten wiederersteht. Es gab nichts zu »entsorgen«.

Rauhnachtzauber durchglühte die Welt, Masken von Fledermäusen, Schafen, Ebern, Hirschen und Kühen durchtobten sie, Masken von Äckern, Wiesen und Wäldern mit Strohschauben, Heuhaaren und Wipfelhäuptern bedrängten die Hütten im irren Zug; Richard Billinger und Alfred Kubin haben sie, schaurig schimmernd, aus der Erinnerung geholt, geschrieben und gemalt. Bei Dunkelheit gleiten dann große leere Omnibusse über Straßen und Land, sollen Schüler abholen, leiten den Sieg der Ferne über die Nähe ein.

Bitter war einmal die Not (und ist es noch im überwiegenden Teil der Welt), nicht sei es geleugnet. Ob indessen das Wohlleben des zwanzigsten Teils der Erde nicht ein wenig zu teuer erkauft wurde? Diese Frage drängt sich auf, weil uns ein Stein in die Brust gepflanzt wurde wie in Hauffs Märchen vom »Kalten Herz«. Über unseren Wäldern liegt ein Abgasteppich, an dem Heizkraftwerke, Autokarawanen und »Airbusse« heftig weben. Die Menschenmassen, die den Wald reisefiebrig, Stickoxyd und Kerosin ausstoßend, überfliegen, überbrausen, überdonnern und vernichten, sie haben ihn zuvor durch ihr Denken vernichtet. Zuerst sterben die Geister, die guten wie vielleicht sogar die bösen, zuerst stirbt die Seele, dann erst machen Streusalze und Herbizide Pilzen und Beeren den Garaus. Aus der Sackgasse hilft auch der künstliche Besatz mit Bibern und Luchsen schwerlich heraus. Die letzte Perversion der Vernutzung sehen wir im gebräuchlich gewordenen Mißbrauch des Waldes als »Sichtschutz« für die haushohen Müllhalden einer Wohlstandsgesellschaft, die nicht mehr weiß, wohin sie mit ihrem Dreck und Gift soll. Der Wald gilt einer solchen Menschheit nur noch als Versteck für Dreck. Doch zuerst wurden die Wälder durch das Denken verwüstet. Zuerst starb die Seele des Waldes.

Da spendeten die lukrativsten Mobilitäts-Industrien solchen Parteien (selbstverständlich nur solchen!), die »das Sagen« hatten, Hunderttausende (nicht einmal Millionen), und schon war deren Umweltschutzpapier Makulatur. Bestechung lähmte jeden Ansatz eines Widerstands gegen den Ausverkauf der Sinnenwelt, gegen die Schändung der großen, vielgestaltigen Natur, gegen das als Bagatellsache in Kauf genommene Sterben des Waldes. Zuerst aber war die Seele des Waldes gestorben.

Die rasche Zunahme von Immundefektkrankheiten zeigt bereits, daß das Artensterben vor uns Menschen keineswegs haltmacht. Eines ist sicher: Die Mehrheit nimmt an der weltweiten Zerstörung der Lebensgrundlagen durch ihren Lebensstil teil. Dies geschieht mit einer ungeheuerlichen, für den Einzelnen kaum faßbaren Gewalt. Leben wird auf allen Ebenen bedroht oder ist schon ausgerottet. Warum soll da der Wald verschont bleiben?

3.
Vom Sterben des Waldes

Bevor der Mühlhiasl das große Abräumen schilderte, sagte er das Waldsterben voraus. Er sah es als auffälligstes Vorzeichen der letzten Katastrophe.

Die Erforschung der Voraussagen des Waldpropheten ist eine volkskundliche Aufgabe, ein volkskundliches »Gebot«, betont Reinhard Haller. »Die Volkskunde«, stellt er jedoch fest, »hat nicht darüber zu befinden, ob es Menschen gibt, die weissagen können, und noch viel weniger zu entscheiden, welche Gültigkeit solche Weissagungen haben.« Es gibt aber noch andere Kriterien: Die Untersuchung des Inhalts dieser Prophezeiungen und ihrer Bedeutung für die Zukunft ist Aufgabe anderer wissenschaftlicher Bereiche, die nur zum Teil als Parapsychologie verallgemeinert werden können. (»Para« will sagen: »Darüber hinaus«, ins Jenseitige verweisend.) So gesehen, ist es unendlich schwierig, der Thematik voll gerecht zu werden. Diese »anderen Kriterien« müssen gleichwohl berücksichtigt werden, zumindest ist es nicht angebracht, vor der Erfüllung von Voraussagen die Augen zu verschließen.

Was das ominöse Waldsterben betrifft, so haben sich ganze Forschungsinstitute mit seinen Ursachen beschäftigt, ohne das mindeste zu ihrer Behebung beitragen zu können. Zuletzt ermittelte ein Forschungszentrum der technischen Universität Braunschweig den Streß als ernstzunehmenden Faktor: »Streß bringt nicht nur Menschen, sondern auch Wälder ins Schwitzen«, erläuterte der Sprecher der Gruppe. »Abgase oder saurer Regen führen zu Schweißabsonderungen an der Rinde.«

Wer hätte dergleichen zur Goethezeit vermutet, wer hätte solche Erkenntnisse zuzeiten der sozialen Revolution eines Marx und Lenin vorausgesehen! Selbst Brecht war blind für eine Frage, die über den Fortbestand alles irdischen

Lebens entscheidet. Selbst er sah die Natur nur als Verbrämung, als Zierde, als Randproblem im Vergleich mit einer angeblich viel brennenderen Frage, der überhandnehmenden politischen Unmoral, der grausigen Verbrechen eines diktatorischen Regimes, war nicht imstande, beide Gefahren als eine zu sehen. Wir wissen jetzt, allerdings erst durch Schaden klug geworden: Es gibt Zeiten, wo das Schweigen »über Bäume fast ein Verbrechen ist.«

In seinen Prophezeiungen bezeichnet unser Mühlhiasl Dinge, die es zu seinen Lebzeiten noch nicht gab, mit oft recht farbigen, immer treffenden Umschreibungen. Zu den treffendsten gehört sein Wort vom »Hochwald, der ausschaut wie des Bettelmanns Rock«! In eindrucksvoller, vielleicht von der eigenen abgerissenen Erscheinung genommener Bildhaftigkeit weist er darauf hin, daß eines Tages der Wald große Löcher bekommen werde. Und stereotyp setzt er immer wieder hinzu: »Kein Mensch will's glauben!« Die Leute wurden schon müde, es zu hören, sie lächelten mitleidig oder spuckten vor ihm aus – wie Landstorfer weiß –, doch beharrlich blieb er dabei, denn es war mehr als eine Redewendung, war vielleicht seine wichtigste Voraussage: »Kein Mensch will's glauben!«

Der Stormberger (Stoamberger) sagte nach der Keilhoferschen Fassung, die immerhin schon 1842 aufgezeichnet wurde:

> Der Wald wird so licht werden wie des Bettelmanns Rock.

Nach einer mündlichen Rabensteiner Überlieferung heißt es:

> Der Wald wird so öd wie der Bettelmannsrock.

In der Keilhoferschen Fassung weissagte der Stoamberger an anderer Stelle noch deutlicher und nannte dabei sogar zwei Gebirgshöhen, die zu den dichtest bewaldeten gehören:

> Vom Hühnerkobel bis zum Rachel wird man durch keinen Wald mehr gehen brauchen.

Das Waldsterben,
Karikatur von Horst Haitzinger

Die mündliche Rabensteiner Überlieferung drückt es ähnlich aus:

> Wannst einmal vom Hennerkobel bis zum Rachel keinen Wald mehr siehst, dann ist die Zeit da.

Josef Fruth schreibt eine ähnliche (auf den weiter südlich verlaufenden Waldabschnitt bezogene) Voraussage dem Mühlhiasl zu:

> Wenn vom Rachel bis zum Lusen keine Bäume mehr stehen, dann ist die Zeit da.

Der Graphiker aus Fürsteneck wiederholte, als er mir davon erzählte, die Sentenz des Mühlhiasl fast beschwörend: »Kein Mensch will's glauben!« Sogar Max Peinkofer habe gesagt: »Wenn ich alles glaube, aber daß die unendlichen Wälder zwischen Rachel und Lusen einmal nicht mehr sein sollen – ich kann es nicht glauben. Die, wie Stifter es unnachahmlich sagt, ›edlen, im leisesten Luftzuge sanft wankenden Tannen‹ wurden vierhundertfünfzig Jahre alt (im Zwieseler Waldmuseum wird es gezeigt). Wer konnte glauben, daß es einmal Zeiten gab, in denen die jungen Setzlinge nicht einmal mehr aufkamen? Es war in der Tat unvorstellbar, undenkbar, unglaublich. Neuere Bilder von dürr und braun gewordenen Baumleichen, schieren Baumschutthalden mit ausgedörrten Stangen und Stengeln beginnen uns eines Besseren, vielmehr Schlechteren zu belehren ...«

Eine ähnliche Aufzeichnung kennen wir von Paul Friedl.

Nach Peter Haimerl sagte der Mühlhiasl:

> Schaut den Wald an! Er wird Löcher haben wie des Bettelmanns Rock.

In Landstorfers 1923 veröffentlichter, auf Pfarrer Mühlbauer zurückgehenden Fassung sagt Mühlhiasl:

> Wenn der Hochwald ausschaut wie'm Bettelmann sein Rock.

Und immer wieder, in allen, zumal den ältesten Fassungen der Mühlhiasl-Prophetie heißt es:

> Der Wald wird ausschauen wie des Bettelmanns Rock.

Wenn der Bayerische Wald ausschaut wie dem Bettelmann sein Leibl, dann kimmts, die Sach geht ihren Lauf.

Baumruinen und inmitten die »großen Gebäude«, mit denen unter Umständen die Nobelhotels, die zahlreichen vielfenstrigen Baukolosse gemeint sein könnten, die aus Raffsucht errichtet worden sind und gleichfalls wieder »zu nichts werden«: Ruinen in Ruinen. Wir sahen es schon Wirklichkeit werden.

Die armen Länder holzen ihre riesigen Wälder ab, wollen das Holz nicht einmal mehr vermarkten, greifen vielfach zur Brandrodung, damit es schneller zu schaffen ist, halten sich durch die Ausfuhr von Steakfleisch in die Länder des Wohlstands über Wasser, wollen – ein begreiflicher Wunsch – endlich selbst wohlhabend werden. Vielfach geht es aber nur noch ums nackte Überleben. Die Länder des Wohlstands verlieren ihre Wälder durch ihre führende Stellung in der Maschinenproduktion, durch Großindustrie und Verkehr. Der Wald stirbt so oder so. Wer nicht glauben will, daß derartig phantastische Dinge in unserer angeblich so alltäglichen Wirklichkeit geschehen können, der möge sich nur umblicken. Weit muß er nicht mehr schauen. Bis zur Zerstörung der Ozonschicht in der Stratosphäre, dieser »Sonnenbrille der Erde«, muß er gar nicht schauen. Der Blick in unsere Wälder genügt. Das eigentliche Abräumen begann weder 1517 noch 1618, weder 1789 noch 1803, auch nicht 1871 oder 1933, es begann erst, als die Wälder verdorrten.

Das große Abräumen

1.
Die Vorhersage im Wortlaut

Johann Evangelist Landstorfer schrieb zu seiner ins Allgemeinverständliche geglätteten Fassung der Prophezeiungen Mathias Langs alias Mühlhiasl: »Seine Redeweise ist von kraftvoller Treffsicherheit und farbensatter Urwüchsigkeit, ausgesprochen natürlich in den breiten Kernlauten tiefster Waldvolksmundart, die sich leider ohne Kraft-und Saftverlust nicht ins Hochdeutsche übersetzen läßt.«

Es folgt hier die Voraussage des Abräumens nach Landstorfers Fassung vom 28. Februar 1923. Die anderen Fassungen sind im Schrifttypus abgehoben. Kurze Erläuterungen oder Übersetzungen sind unmittelbar hinter dem fraglichen Begriff in Klammer gesetzt.

Abweichungen sind bei mündlicher Überlieferung keineswegs ungewöhnlich. Selbst von den vier Evangelien, bemerkt Walther Zeitler, existieren keine Originalniederschriften der Evangelisten, sie wurden erstmals im zweiten und dritten Jahrhundert nach Christus aufgeschrieben. Trotzdem unterscheiden sie sich nur ganz geringfügig. Zeitler: »Es liegt mir fern, die Evangelien und die Mühlhiasl-Prophezeiungen auch nur ein Quentchen in gleiche geistige Nähe zu rücken oder sie gar vergleichen zu wollen. Es geht mir nur darum, zu zeigen, daß von viel bedeutenderen Texten keine originalen Niederschriften ihrer Urheber existieren.« Im übrigen kamen die verschiedenen Fassungen der Mühlhiasl-Voraussagen mit Sicherheit schon von den Lippen des Propheten selbst; für seine – nach Mittelung Otto Kerschers – immer wiederholten Ankündigungen hat er gewiß nicht jedesmal genau denselben Wortlaut gewählt.

Als Vorzeichen des Dritten Weltkriegs beschrieb der Mühlhiasl den Straßenbau von Straubing über Stallwang und Cham bis zum Pilgramsberg bei Rattiszell. Als der Mühlhiasl diese Voraussage machte, wurde er ausgelacht, denn diese Gegend war damals derartig unwirtlich, daß der alte Weiherbauer (von Landstorfer und auch Adlmaier ohne Ortsangabe zitiert) erklärte: »Wenn ich alles glaube, was der Mühlhiasl vorausgesagt hat, so kann ich nicht glauben, daß da einmal eine Straße gebaut werden soll.« Die Straße Straubing–Stallwang–Cham bis zur Further Senke wurde in den fünfziger und sechziger Jahren gebaut.

> Von Straubing auf den Pilmersberg hinein wird eine Straß' gebaut. Und auf der Straß' kommen sie einmal heraus, dieselben (dieselln) Roten, die Rotjankerl, die Rotkapperl. (»Janker«, nach Schmellers Bayerischem Wörterbuch: Kurzes Oberkleid, Jacke.)
>
> Wenn sie aber einmal kommen, dann muß man davonlaufen, was man kann und muß sich verstecken mit drei Laib Brot. Wenn man beim Laufen einen verliert, darf man sich nicht bücken, so muß es »schlaun« (so schnell muß es gehen). Wenn man den zweiten verliert, muß man ihn auch hintlassen, man kann's auch mit einem noch aushalten.
>
> *Man darf sich nicht bücken darum, so eilig ist es. Man kann's auch mit einem Laib aushalten, weil es nicht lang dauern wird.*

Wegen seiner Äußerungen über die Rotjankerl, die man häufig als »Rothosen« mißverstand, wurde der Mühlhiasl verlacht. Manche Leute fragten, ob er etwa die rotbehosten Franzosen meine. Darauf antwortete er stets:

> Nein, die Franzosen sind's nicht, rote Hosen haben s' auch nicht, aber die Roten sind's!

Als Versteck empfahl er je nach der Gegend, wo er befragt wurde, für Mitterfels etwa die Wälder im Perlbachtal oder die Niederungen beim Buchberg, für Sankt Englmar die

Käsplatte, für Bodenmais die Bergwerksstollen, für den waldlosen Gäuboden die Weizenmanndln.

Soviel Feuer und soviel Eisen hat noch kein Mensch gesehen. Die Berge werden ganz schwarz sein von Leuten. In einem Wirtshaus an der Brücke werden viele Menschen beieinander sein – und draußen werden die Soldaten schon vorbeilaufen, so schnell kommen sie. In einem Wirtshaus werden viele Leute beisammen sein, und draußen werden die Soldaten vorbeireiten. (Backmund notierte am Rand: Hier hat der Seher die Panzer mit Pferden verwechselt.) Wer's überlebt, der muß einen eisernen Schädel haben. Die wenigen, die übrig geblieben sind, werden sich schutzsuchend in den Windberger Klostermauern versammeln. (Zum Schluß ist noch ein besonders unheimlicher Gast in Aussicht gestellt, nach Art des Sensenmannes:) Auf d'Letzt kommt der Bänke-Abräumer, »af d'letzt kimmt da Bänk-O'ramer«. (Da man in den Bauernstuben auf Bänken sitzt oder saß, ist er zu verstehen als eine die Familien hinwegraffende Seuche, eine um sich greifende tödliche Krankheit. – Der »Bänkabräumer« ist ein dem Mühlhiasl eigentümliches und völlig eigenes Wort.) *Es wird nichts helfen, wenn auch die Leute wieder fromm werden und den Herrgott wieder hervorholen. Sie werden krank und kein Mensch kann ihnen helfen. Es wird erst vorbei sein, wenn kein Totenvogel mehr fliegt.*

Die Leute sind nur noch wenig. Nachher grüßen sich die Leute wieder mit »Gelobt sei Jesus Christus!«, und einer sagt zum andern: »Grüß dich Gott, Bruder, grüß dich Gott, Schwester!« *»Wo hast dich denn du versteckt?«* Auf d'Nacht zündet einer ein Licht an, schaut, ob noch jemand eins hat. *Wer zur Nacht auf einem hohen Berg steht, wird im ganzen Waldland kein Licht mehr sehen.* Wer eine Kronawittstaudn (Wacholder) sieht, geht drauf los, ob's nicht ein Mensch ist. Ein Fuhrmann haut mit der Geißel auf die Erde nieder und sagt: Da ist einmal die Straubinger Stadt gestanden. Das Bayerland wird verheert und verzehrt von seinen eigenen Herrn, am längsten wird's stehen, am schlechtesten wird's ihm gehen. Wenn man am Donaustrand und im Gäuboden noch eine Kuh findet, der muß man eine silberne Glocke umhängen, ein Roß, dem muß man ein goldenes Hufeisen hinaufschlagen, aber im Wald drinnen krähen noch Gickerl (Gockel).

Eine merkwürdige Voraussage soll noch erwähnt werden, die der Mühlhiasl seinen Freunden gegenüber machte:

Wenn der Bänkabräumer dagewesen ist, werden die bösen Geister und die, die waizen, gebannt. »Werden die Waiz verschafft.« (»Waiz« sind in Bayern Spukgestalten; »waizen oder weizen«, nach Schmeller: »umgehen als arme Seele, als Geist oder Gespenst«. Seit Papst Leo XIII. den großen Exorzismus neu formulierte und Gebete nach der Messe einführte, in denen von »umherschweifenden Geistern« die Rede ist, fühlte sich das Volk in seiner weitverbreiteten Anschauung bestätigt.)

Schließlich sei noch eine Aussage des Mühlhiasl angeführt (eine auf das Windberger Patrozinium Sankt Maria bezogene), die er denen entgegenhielt, die ihn auslachten. Sehr ernst und nachdenklich meinte er:

Lachts nur, ihr brauchts es ja nicht aushalten, aber euere Kindeskinder und die, wo nachher kommen, die werden 's schon glauben müssen. Toats beten, daß der Herrgott auf Bitten Unserer Lieben Frau 's Unglück abwendt. Mir glaubt's niemand, und doch ist's wahr.

Es folgen die Weissagungen des Stoamberger nach der Keilhoferschen Handschrift. (Andere Fassungen aus Bodenmais, Rabenstein und Tittling sind kenntlich gemacht.)

Es wird nicht lang dauern, denn wenn alles eingetroffen ist, dann kommt das große Abräumen. Das Bayerland wird verheert und verzehrt, das Böhmerland mit dem Besen auskehrt. Der Wald wird öd werden ohne Hunger und Sterb. Über den Hühnerkobel, über den Falkenstein und über den Rachel werden sie kommen und rote Jankerl anhaben. Über Nacht wird es geschehen. In einem Wirtshaus in Zwiesel werden viele Leute beisammen sein, und draußen werden die Soldaten über die Brücke reiten. Die Berge werden ganz schwarz werden von Leuten. Die Leute werden aus dem Wald rennen. Wer zwei Laib Brot unterm Arm hat und verliert einen, der soll ihn liegen lassen, denn er wird mit dem einen Laib auch reichen.

Bodenmaiser Fassung: ... darnach get es auf ein mahl zurich und wird ibel aus schauen, ein straim neben dem Pemerwald wird bleiben, wo mann den grösten sturm mit 3 laib Brod überleben kann wann mann es hat, wan aber einer in lauffen aus der handt falt, so las in ligen, es glecken 2 auch.

Rabensteiner Fassung: Danach wird sich ein großer Krieg erheben und wird aufwärts, dann wird es viel Geld und Blut und Leute kosten. Der Landesfürst wird zwar nicht kriegen, es wird doch sein Land durch lauter Durchzüge verdorben werden. Danach geht es auf einmal zurück und wird übel ausschauen. Ein Striegel neben dem Böhmerwald wird bleiben, wo man den großen Rummel mit drei Laib Brot überstehen kann, wenn man eins hat. Wenn im Laufen ihm einer aus der Hand fallt, der soll ihn liegen lassen, es reichen zwei aus.

Tittlinger Fassung: Wann einer mit drei Laib Brod davon laufen wurde, und er wird einen in laufen verlieren, so hat er es nicht nöthig, das er zurück laufe, es klekgen in zwey auch.

Keilhofer: Die Leut, die sich am Fuchsenriegel verstecken oder am Falkenstein, werden verschont bleiben. Wer's übersteht, muß einen eisernen Kopf haben.

Bodenmaiser: Wer es aber über lebt, der mus ein eissen Kopf haben.

Rabensteiner: Wer es überlebt, muß einen eisernen Kopf und eiserne Hände haben.

Keilhofer: Die Leut werden krank, und niemand kann ihnen helfen. Von allen Schrecken wird der Bänkeräumer der letzte sein. Wenn die Leute von der Bank fallen wie die Fliegen von der Wand, beginnt die letzte Zeit. Sie wird furchtbar sein. Wenn man auf den Bergen steht, wird man im ganzen Wald kein Licht mehr sehen. Wenn man herüber der Donau noch eine Kuh findet, der soll man eine goldene Glocke umhängen.

Bodenmaiser: Und wer nebst den Danauer straim ein kuch findt der sol man eine silberne glocken anhengen, und die leith werden sich Verlauffen hunger und sterb. Wo laufen sie dan hin? Ihr Nahrn, in die gutten lender, die in dem krieg Eth (öd) geworden sind und wo Nieman(d) mer da sey. darnach werden erst euere Heusser zu Viks und wolf hitten werden.

Rabensteiner: Wer neben dem Donaustrom eine Kuh findet, soll ihr eine silberne Glocke anhängen, und die Leute werden sich verlaufen ohne Hunger und ohne Sterb. Ja wo laufen sie denn hin? O ihr Narren, in guten Ländern, die in diesem Krieg tot geworden sind und niemand mehr da ist, danach werden erst neue Häuser zu Füchsen- und Wolfhütten werden.

Tittlinger: Wann aber in ganzen Donaustrom eine Kuhe noch jemand fündet, so ist sie es werth, daß ihr der eigenthümer eine Silberne Glocke anhängt. Nach dieser Rebelion werden nur die Leute bleiben, nach der Waldung, so weit das Forelen wasser Lauft. nach diesen werden die Leute der Waldung in die Länder ziehen, ohne Hunger und sterb, und die eingebauten Häuser in denen wäldern denen Fixsen zur wohnung werden.

Dies kann aus den drei zum Vergleich mit der Keilhofer-Handschrift herangezogenen Fassungen übereinstimmend herausgelesen werden: Die Überlebenden des großen Abräumens werden höchstens in den weniger unwirtlichen Gegenden seßhaft bleiben, die anderen Überlebenden werden aus dem Wald in fruchtbarere Landstriche, die menschenleer geworden sind (vermutlich den Gäuboden) auswandern; ihre verlassenen Häuser im Wald werden Füchsen und Wölfen zum Wohnplatz.

Bodenmaiser: Hernach wird widerum Eine liebe des Nägsten unter dem menschen gehalten werden und was es noch gibt, so wird es durchaus besser werden.

Rabensteiner: Dann wird wieder eine Liebe des Nächsten unter den Menschen gehalten werden, und was es noch gibt, wird durchaus besser werden. Und die Leute werden froh sein, wenn eins das andere wiedersieht und noch von einem Bekannten hört, denn die Leute werden so wenig werden, daß man es leicht zählen kann. Man wird nicht wissen, wie sie umkommen sind. Ich erlebe es nicht. Gott gebe es, daß ich es nicht überlebe, aber ihr, meine Kinder, könntet es überleben.

Bodenmaiser: Ich iber lebs nicht, gott giebs das ich es nicht erleb, aber ihr meine Kinder kendt es iber leben.

Tittlinger: Ich danke Gott das ich meine lebens Zeit vollendet habe, ich sehe das mein leben nicht lang dauern werde. Ihr meine Kinder erlebt das größte unheil nicht, ihr meine Endl (Enkel) erlebt es auch nicht, aber der drite Stamm der kann es Leicht erleben.

Als Ergänzung seien auch die von Reinhard Haller zuverlässig notierten mündlichen Fassungen der Stoamberger-Vorhersage aus Zwiesel, Bodenmais, Rabenstein und vom Zeller Tal mitgeteilt. An ihnen wird die inhaltliche und manchmal wortwörtliche Übereinstimmung mit der Mühlhiasl-Prophezeiung besonders deutlich.

Bald's angeht, laufen tut alles. Die Leut werden in den Wald hineinlaufen und werden wieder aus dem Wald herauslaufen. (Mobilität? Reisewut?) Und je mehr Leut in den Wald hineinlaufen, desto schlechter ist es.

Dann geht's los wie das Donnerwetter in der Luft. Übern Hennerkobel und Falkenstein kommen die

Rotjackerl herunter. Die Roten kommen über den Falkenstein her, aber rote Hosen haben sie nicht an. Die Rotjanker werden kommen; wenn wir in der Früh aufstehen und schauen zum Fenster hinaus, schauen sie schon herein auf uns. Im Unterdorf spielt man noch Karten, im Oberdorf reiten sie schon ein. (Bildliche Darstellung: sie kommen von oben, von der Höhe, vom Grenzkamm.) Die Schwarzach-Mühle braucht kein Wasser mehr, weil soviel Blut daherschwimmt. Und Gott, der Allmächtige, schreitet ein. Kommen tuts nicht von heut auf morgen. Dauern tuts auch nicht lang. Es wird so schnell gehen, daß man den Speck nicht mehr vom Hausboden herunterholen kann. Aber es dauert nur dreimal den Mond. Wer drei Laib Brot hat und einen verliert, soll sich nicht umdrehen. Es glangen auch zwei. Wenn du noch soviel Zeit hast, kannst du dich verstecken auf der Kasplatten bei Böbrach, im Bodenmaiser Bergwerk, im Fuchsenriegel, am Falkenstein und am Wagensonnriegel, wennst noch hinkommst! Der Bodenmais ist sicher. Und in dem Versteckungswinkel kommst du mit drei Laib Brot durch. Wenn dir einer hinunterfällt, kommst du auch mit zwei Laib durch.
Man wird die Toten in der Erde beneiden. Man wird sagen: Grad ich wenn gestorben wär, daß ich das nicht mehr erleben hätte müssen! Wer das überlebt, der muß einen eisernen Kopf aufhaben. Der erste Schub tut mit Freuden fort. Der zweite geht auch noch gern. Die Dritten aber wollen nicht mehr, weil man von den Ersten nichts mehr hört und sieht. Die Letzten werden noch auf den Wagen gebunden. Die müssen fort. (Dunkler Sinn. Vielleicht sind die Einberufungen und Abtransporte junger Rekruten gemeint.) Die letzte Schlacht ist bei der Neuerner Trat (im Böhmerwald).
Wer sich am Hennerkobel und am Rachel und am Silberberg versteckt, der bleibt über. In Bodenmais blei-

ben Herd und Feuer verschont. Im Klosterkeller (Windberg) bleiben ein paar Leut über. So dünn werden die Leut, daß man sie in einer Kornreitern reitern kann. (Die Reiter: Das Sieb.) Zwischen dem Weißen Regen und dem Schwarzen Regen passiert nichts. Im Bayerischen Wald wird noch ein Leiterwagen voll Leut übrigbleiben. Von Arschlingkirche auf Arschlingkirche (»gewestete« Kirchen), von Freyung bis Bodenmais, geschieht nichts. Da gehts nimmer weiter. Und hinter einer Arschlingkirche, wo der Altar (von Westen) auf Osten schaut, unter zwei Lindenbäumen, da kommen sie zusammen, die Großen. Sie geben einander die Händ und sagen: »Leute, was haben wir angefangen!« (Von herkömmlicher Kriegführung genommenes Bild.) Über die Straubinger Stadt da wird nach dieser Gaudi ein Roßknecht fahren. Er haut mit der Geißel hinein und sagt: »Da ist die Straubinger Stadt einmal gestanden!« Ein Fuhrmann aus Böhmen fährt vorbei, schnalzt mit der Geißel und sagt: »Da ist einmal Prag gestanden!« Ein Hirte rennt seinen Stecken in die Erd und sagt: »Da ist Rabenstein einmal gestanden!« Und der Stecken wird noch lang drinbleiben, bis ihn einer herauszieht.
Nachher sagt einer zum andern, wenn er noch einen trifft: »Gelobt sei Jesus Christus, weil wir das Leben noch haben!« Und eines sagt zum andern: »Bruada, wo bist denn du gwen, und Schwesta, wo bist denn du gwen?« Wenn sich zwei wildfremde Menschen treffen, sagen sie: »Freund, wo hast du dich versteckt gehabt?« Man wird sagen: »Ich habe Graswurzeln gegessen!« Wennst durch den Wald gehst, wirst kein Licht mehr sehen. (Die Dunkelheit nach der vorangegangenen Lichterflut ist ein allzu auffallendes Merkmal, um es unerwähnt zu lassen.) Die Leut schüren auf den hohen Bergen Feuer an, damit eines das ander sieht. Wenn man no a Kuah herin findt, derf ma eahm a silbas

Glöckerl umhänga. Und wenn man enterhalb der Donau noch eine Kuh findet, so soll man ihr eine silberne Glocke anhängen. Findet man ein Roß, soll man ihm ein goldenes Eisen aufnageln. Und in den Gegenden, wo die Forellenbachl sind, da hört man ab und zu noch einen Gickerl krähen.

Solang der Name Buchinger in Rabenstein auf dem Haus ist, kommt es nicht. Ihr meine Kinder erlebt das große Unheil nicht, ihr meine Kindeskinder auch nicht. Aber der dritte Stamm kann es leicht noch erleben.

2.
Sieg der Ferne über die Nähe

»Kuck mal«, sagte die offenbar von septentrionalen Feriengästen und Einwanderern »umgedrehte« Waldlerin, »Sie komm' *zu* uns! Herzlich willkomm'!« Am Anfang dieses Buches erzählte ich von zwei jungen Einheimischen am Wirtshaustisch in Zwiesel. Nun heißt es also: »O weh! Rämdäter ade!« Wenn der Imperativ »Bring!« und »Komm!« auch im Bayerwald über die dritte Person Plural siegt, ist eine Grenze überschritten worden. Man kann auch von einem Sieg der Ferne über die Nähe sprechen. Dieser Sieg ist schlimm genug. Es gibt aber noch schlimmere Siege. Es gibt vielerlei Gestalten, in denen die Ferne über die Nähe siegt. Eine ist immer schlimmer als die andere.

Und eine davon ist der Krieg. »Dann kommt der Krieg und noch einer, und dann wird der letzte kommen«, sagte der Haimerl Peter 1920 zum Baumsteftenlenz, nicht anders, als es schon 1880 erzählt worden war.

Wenn ein Sieger riesige Länder seines Nachbarn dem eigenen Territorium zuschlägt, kann sein begreiflicher Wunsch, daß dieser Krieg der letzte gewesen sei, nicht in Erfüllung gehen. So war es schon immer. Die Sowjetunion, solang sie bestanden hatte, traute mit Recht einem solchen Frieden nicht. Noch viel weniger traute ihm die DDR (Moskaus Lieblingskind) und beherzigte die uralte Wahrheit: »Willst du Frieden, so rüste zum Krieg« oder: »Angriff ist die beste Verteidigung«. Das ganze Ausmaß der Kriegsvorbereitungen des »Arbeiter- und Bauernstaates« wurde erst nach seinem Zusammenbruch bekannt. Aufmarschplan und Ausrüstung der Nationalen Volksarmee belegten im »Operativen Ausbildungszentrum« von Strausberg bei Berlin, daß die DDR-Armee als Angriffsspitze der Sowjetunion weit nach Westen vorgestoßen wäre. Brückensätze wurden gefunden, die genau ins Profil der Donau bei Regensburg paßten. Es gab 140 und 160 Meter breite Brückensätze, passend für den Rhein und reichlich genug, um bis an die Nordsee vorzustoßen. Endlose Regale waren bis zur Decke mit Verkehrsschildern gefüllt. Gebots- und Verbotsschilder, sogar Straßenschilder mit flämischen Aufschriften wurden für den Westeinsatz gehortet. Karten über Karten wurden gefunden, die im Norden bis Dänemark, im Westen bis Le Havre reichten; sie zeigten das gesamte Rohrleitungsnetz der NATO, Flugplätze und Kasernen. Alle Krankenhäuser zwischen Elbe und Atlantik waren zur Beschlagnahme vorgemerkt für den sicheren Fall, daß man im Westen Verwundete hätte versorgen müssen. Auf einer Karte für das Kriegsszenario »Soyuz '83« wurde mit kyrillischen Zeichen die »Lage« am Tag X vorbuchstabiert; sie sah einen Angriffskeil der NVA in die norddeutsche Tiefebene und einen anderen Keil durch das Ruhrgebiet nach Belgien vor. Aus den gefundenen Plänen wurde deutlich, daß die Nationale Volksarmee nie allein marschiert wäre. Links und rechts und hinter jeder DDR-Division standen sowjetische Einheiten. All das wurde gefunden, all das ist schwarz auf weiß belegt.

Selbstverständlich gab es Angriffspläne auf Westberlin mit der blitzartigen Besetzung sämtlicher Regierungs- und Militärdienststellen, aller Nachrichtenmedien wie Presse,

Funk und Fernsehen. Ein einziges Gruselszenario. Ergänzt man den ostdeutsch-sowjetischen Eroberungsplan mit anderen (zweifellos in Prag aufbewahrten) Plänen zur Benutzung der zahlreichen an die böhmische Westgrenze heranführenden (für den gleichzeitigen Einsatz von je tausend Panzern bestimmten) Betonstartbahnen, so ergibt sich das ganze Ausmaß des vom Mühlhiasl beschriebenen Grauens.

In der DDR wurde auch eine begehbare Reliefkarte des gesamten Deutschland, minus Bayern, gefunden. Der Brückensatz für die Donau bei Regensburg spricht allerdings gegen die Annahme, daß die Eroberung Bayerns einzig von der ČSSR aus geplant war. Soviel ist sicher: Der Mühlhiasl hatte die Eroberung Bayerns exakt beschrieben.

Weit abscheulichere Pläne kamen aber zutage: Hundertfünfzig westeuropäische Städte sollten durch taktische Atombomben zerstört werden, darunter Plattling, Passau und Straubing. Widerstand sollte durch Auslöschung des überwiegenden Teils der Bevölkerung mit einem Erstschlag gebrochen werden. Ein blitzschneller Durchstoß binnen zehn Tagen bis zur spanischen Grenze war bis ins Detail vorbereitet. Medaillen in mehreren tausend Exemplaren wurden gefunden: sie waren gedacht als Auszeichnung für die (als Vorhut sowjetischer Besatzungseinheiten) operierenden NVA-Spitzenverbände. Eingeprägt war diesen Nahkampf-Medaillen ein Porträt des preußischen Generals Blücher, bekannt unter dem Namen »General Vorwärts«. Erbarme dich unser, o Gott, erbarme dich unser! Die Frage bleibt nämlich: Sind diese Vorbereitungen einer getreuen Verwirklichung der Mühlhiasl-Schau aufgehoben oder nur aufgeschoben?

Nach der am Anfang dieses Buches zitierten Schau des Waldhüters Prokop gibt offenbar erst ein vom Gegner ausgelöstes Riesenfeuer dem bereits schwer angeschlagenen, zum Teil schon ganz gelichteten Wald (was zu

Mühlhiasls Vorzeichen gehörte) den Rest: »Auf oamoi sehg i, wia da Wind 's Feia daherbringt, und alle Baam brennan wia Zündhölzl.« Die wohl wichtigste Voraussage des Waldpropheten wurde wahr: »Kein Mensch will's glauben«. Mehr noch: Wer sich schützte, wurde als Militarist beschimpft. Wer sich die Arme vor den Kopf hielt, um den Schlag des Feindes abzuwehren, galt – nach solchen Siebengescheiten – als Angreifer. Die Verblendung der Gehirne hätte nicht vollständiger sein können.

All das Schreckliche traf nicht ein, all das Grauenvolle wurde uns erspart, all das Tödliche wurde verhindert. Es hätte aber jederzeit wahr werden können, so viel steht nun fest. Und mit Recht betonte Pater Backmund, als ich mich im August 1970 in Windberg mit ihm besprach: »Es gibt zwei Dinge, die da überliefert wurden, die immerhin zu denken geben: Die Roten kommen von Osten, und die Inflation. Das wurde erwiesenermaßen schon 1895 im Volk erzählt. Und das konnte man damals nicht erfunden haben. Das ist ausgeschlossen.« Als ich im Verlauf eines weiteren Gesprächs am 21. Juli 1975 in München gelinde Zweifel anmeldete, beharrte er: »Der Mühlhiasl hat diese Dinge behauptet, als sie wirklich noch nicht in Sicht waren. Heutzutage können wir auch ohne Hellseher die Meinung äußern, daß diese Dinge auf uns zukommen. Dagegen wurde mir von Menschen, die 1895 schon gelebt haben, mitgeteilt, daß das Volk damals schon dem Mühlhiasl in den Mund legte: ›Die Roten kommen von Osten‹. Damals wußte man aber noch nicht, warum sie rot sind und warum sie von Osten kommen.«

Conrad Adlmaier dachte 1952 bei der Voraussage: »Das Böhmland wird mit eisernem Besen auskehrt« an die Vertreibung der deutschen Siedler, berichtigte sich aber gleich: »Wahrscheinlicher ist die Deutung, daß erst in kommender Zeit der eiserne Besen des Krieges auskehren wird.« Auch über die Jahreszeit, in der »abgeräumt werden soll«, macht sich Adlmaier Gedanken. »Als Versteck

Die Gesichter des Mühlhiasl (Collage aus fünf Büchern: Norbert Backmund, Reinhard Haller, Walther Zeitler, Manfred Böckl, Paul Friedl)

für die Flüchtenden empfahl der Hiasl (nachdem er verschiedene Plätze im Wald genannt hatte) für den waldlosen Gäuboden sogar die Weizenmanndln auf dem freien Feld. Man könnte also annehmen, daß der Überfall zur Zeit der Getreideernte, im ausgehenden Hochsommer, stattfinden würde. Daß eine Vernichtungswelle über ganze Landstriche nicht mehr als eine Nacht braucht, darüber sind wir uns in Zeiten der Atombombe klar geworden.« Aber wann? Daß etwas Schreckliches verschoben oder gar erlassen wurde, daß wir zumindest in erheblich größeren Zeiträumen zu rechnen haben als man früher annahm, sieht schließlich Adlmaier schon in den fünfziger Jahren ein: »Bis jetzt hat sich mit wenigen Ausnahmen jede genaue Datumsangabe als zweifelhaft oder falsch erwiesen. Sobald menschliche Berechnung (ins Spiel kommt), wird alles unsicher. Was wissen wir sicher? Die Zukunft liegt stets in Gottes Hand, und seine Wege sind nicht unsere Wege. Zudem ist jede Voraussage von Menschen an Bedingungen gebunden, die wir nur ahnen können.« Am 27. Oktober 1962 standen wir einen Augenblick lang an der Schwelle des Dritten Weltkriegs (in allen Funkhäusern wurden wegen der von Kuba auf Amerika gerichteten sowjetischen Atomraketen, der Blockade Kennedys und Chruschtschows Ultimatum »rote Telephone« installiert). Seitdem sind wir nach Aussagen in den Westen geflüchteter höchstrangiger Offiziere des Warschauer Paktes noch mindestens dreimal haarscharf an einem Dritten Weltkrieg vorbeigekommen.
Niemand gibt uns Gewähr, daß es nicht eines keineswegs ganz unvorhergesehenen Tages (oder eines Nachts) kommen wird. »Es wird kommen, wie es der Stormberger gesagt hat«, schärft Wudy Sepp seinem Bauern ein, »aber er hat nicht alles gesagt, oder sie haben ihn nicht verstanden. Denn es kommt viel schlimmer.« Der hellsehende Franzose bezieht sich bei den von ihm geschilderten Ereignissen zwar nicht auf den Stormberger, weil er ihn gar nicht

kennt, nennt sie aber beim selben Namen (mitgeteilt am 30. August 1914 von einem einfachen Schreinermeister in dessen schlichter Ausdruckweise, mit Bleistift und vielen Rechtschreibfehlern, aufbewahrt und jederzeit einzusehen im Missionskloster der Benediktiner von Sankt Ottilien): »Das Unheil des 3 ten Weltgeschehen bricht herrein. Rußland überfält den Süden Deutschlands aber kurze Zeit u den Verfluchten Menschen wird gezeigt werden, daß ein Gott besteht, der diesem Geschehen ein Ende macht um diese Zeit soll es furchtbar zu gehen.«
Warum ist es nötig, diese Vorausschau als Ammenmärchen oder Täuschung zu nehmen, zumal sie von den aufgefundenen Plänen bis in Einzelheiten bestätigt wird? Warum sollte sie Täuschung sein?
Die Mühlhiasl-Prophezeiung spricht vom Ausmaß der Verheerungen gleichsam al fresco. Jules Silver überträgt sie, in gewisser Übereinstimmung mit dem Straubinger Journalisten Rupert Sigl, ins Detail. Mag die Drastik seiner Auslegung auch haarsträubend anmuten, wahrscheinlich würde sie, falls es zur Erfüllung der Prophetie käme, immer noch hinter der Wirklichkeit zurückbleiben, sagte doch schon Sepp Wudy: »Es kommt viel schlimmer.«
Jules Silver: »Im tausendjährigen Wald erlebte der Waldprophet vor zweihundert Jahren einen künftigen Untergang seiner Welt. Er sah die Städte Niederbayerns in Trümmer sinken. Der Tod herrschte, so weit der Blick reichte. Das Feuer zerstörte Kirchen, Klöster. Sogar die Friedhöfe wurden dem Erdboden gleichgemacht. Die Priester und sonstigen Würdenträger wurden erstochen, gehängt, erschossen oder einfach erschlagen.
So sah der Mühlhiasl das ›große Weltabräumen‹: Gleich nach dem ersten Einmarsch der Roten aus Böhmen in Passau und Straubing müssen sich Priester und Würdenträger bei den neuen Machthabern melden, soweit sie nicht schon verhaftet wurden. Wer sich meldet, wird sofort erschossen oder anderweitig zu Tode gebracht. Es finden

furchtbare Gemetzel statt. Möglichkeiten zur Flucht sind fast völlig ausgeschlossen.
Ganz schlimm sieht es in Deggendorf aus. Unter den Frauen und Kindern der Stadt wird ein großes Weinen und Wehklagen herrschen. Denn alle Ehemänner und Väter werden verschleppt. Keiner von ihnen kehrt jemals zurück. In Straubing, Passau und Deggendorf werden große Brände gelegt. Die Stadt Landshut wird ein Raub der Flammen. Sie geht unter durch Tod, Feuer, Pest, Hunger und Leid. Die Bewohner von Regensburg können überleben, wenn sie die Stadt verlassen. Es wird riesige Flüchtingstrecks geben. Auf dem sogenannten Gäuboden, einem fruchtbaren Weizenboden bei Straubing, werden die Invasoren länger bleiben. Sie werden überall hausen wie vor langen Zeiten die Hunnen.
Der Untergang Niederbayerns bildet das Detail einer weltweiten Vernichtungskatastrophe. Bomben werden auf die Städte fallen, alles Leben wird ausgelöscht, das ganze Gebiet hoffnungslos verwüstet. Außer den Städten werden auch die Dörfer in Flammen aufgehen. ›Viel Feuer wird kommen.‹ Die Roten aus Böhmen ergießen sich über den gesamten Bayerischen Wald. Sie werden die Männer töten und die Frauen vergewaltigen.
Die Verwüster werden dann zwar nach Westen ziehen, aber bald zurückkommen und ihr Unwesen fortsetzen. Nach den Ereignissen des entsetzlichen Krieges fällt auch noch Feuer vom Himmel. Zuletzt kommt der ›Bänkeabräumer‹, eine alles dahinraffende seuchenartige Krankheit. Die Häuser werden zu Fuchs- und Wolfshöhlen.«
Wie Conrad Adlmaier vermutet, wird damit »wohl eine der schwersten Strafen, die über die Menschheit kommen, ein Blutzoll von Weltweite gemeint sein«.
Es geschah nichts dergleichen. Alles kam anders. Die Entscheidung wurde zurückgenommen – wie die von Jona im Auftrag Jahwes verkündete Zerstörung Ninives. Hat es

die Macht unseres Gebets getan? Erhielt Gott überzeugende Beweise unserer Bußgesinnung, sodaß er von einer Zerstörung seines Werkes absah? Hielt er es nicht mehr für nötig, wofür Goethe die Zeit bald gekommen sah, »abermals alles zusammen(zu)schlagen zu einer verjüngten Schöpfung«? Wie dem auch sei, gewiß wären die Ereignisse des Umbruchs und Aufschubs nicht möglich gewesen – so urteilte Gorbatschow – ohne die beharrlich-weitschauende Ostpolitik des »polnischen Papstes«, den bei uns im Westen viele Abtrünnige noch lieber weggehabt hätten als einst im Osten die Kommunisten, denn an den Vatikan wurde ja nicht nur vom Leninismus-Marxixmus oder vom Islam die Lunte gelegt; lang vorher sägten deutsche Reformatoren, sogar als Philosophen und Psychoanalytiker verkleidete Publikumslieblinge unter katholischen Klerikern an den Beinen des Stuhles Petri. Der Mühlhiasl weiß nichts davon, er sieht nur die Folgeerscheinungen in seinem Wald:

> Der Pfarrer muaß auf einem Baumstock sei' heilige Meß lesen.

Es gab viele Siege der Ferne über die Nähe. Einer war immer furchtbarer als der andere. Ein einziges der 938 noch fahrenden, ehedem sowjetischen, Atom-U-Boote konnte die siebentausendfache Sprengkraft der Hiroshima-Bombe ausspucken. Die Raketen und Sprengköpfe einer einzigen dieser mobilen Untersee-Abschußrampen reichten aus, um zweihundert größere Städte zu zerstören. Aber nicht genug: Allein der Zustand östlicher Atomkraftwerke – die Explosion von Tschernobyl saß uns noch in den Knochen, buchstäblich – war erschreckend und ließ Schlimmstes befürchten. Da bedurfte es keines Einsatzes von Atomwaffen, es genügte schon der GAU (der größte aller Unfälle) eines einzigen Kernkraftwerks, um Europa der Strahlenverseuchung auszuliefern.

»Dann sitzt du vorm Wassergrandl und dich dürscht und du darfst das Wasser nicht trinken, weil es dein Tod wär, und du sitzt vorm Brotlaib und dich hungert und du darfst nicht essen, es wär dein Tod!« Verschiedene Publizisten haben diese Voraussage dem Mühlhiasl zugeschrieben, fälschlich, denn sie stammt von dem bereits mehrfach erwähnten Bauernknecht Sepp Wudy. Es erschreckt gleichwohl, daß dieser einfache Mann bereits 1914 eine Vision haben konnte, die sieben oder acht Jahrzehnte später nicht nur möglich erscheinen, sondern durch Tschernobyl bestätigt werden sollte.

Aber die Ferne droht uns noch andere Siege an: Sie kann – wenn sie will – auch in der Gestalt von Flüchtlingen kommen, von Millionen Flüchtlingen, bewaffneten, schwerbewaffneten (Waffen gibt es übergenug). (Bewaffnet waren auch dreihunderttausend ehedem sowjetische Soldaten, die im Frühjahr 1992 immer noch in den Grenzen der ehemaligen DDR festsaßen, mit Plänen zur Überrollung der Bundesrepublik im Tornister). Nicht müde wurden die Machthaber der ehemaligen Sowjetunion zu warnen: »Wenn bei uns der Hunger nicht gestillt wird, mit anderen Worten: Wenn der Westen uns nicht großzügiger hilft, kann es zu einer Katastrophe für die ganze Welt kommen.« Der Freistaat Bayern half, Bayerische Polizei half in der Ukraine, aber es war nur der berühmte Tropfen auf den heißen Stein. Denn keineswegs fünfzehn Milliarden Mark reichten zur Rettung einer ruinierten Wirtschaft aus, es wurden tausend Milliarden gebraucht. Schon bald schätzte man die Notleidenden im Osten auf mindestens hundertfünfzig Millionen. Sie alle, befürchteten wir, würden in den Westen kommen, wenn sie könnten. Und die Sonne ging vielleicht über dem Tag auf, an dem sie es tun würden – oder müßten? Was würde geschehen, wenn die neugegründeten Republiken Rußland, Weißrußland und Ukraine (diese unermeßlichen Armenhäuser) ihre Grenzen öffneten? Die Not würde Heere von Menschen in die schmalen Bereiche des Wohlstands treiben.

Es gibt noch andere Siege der Ferne über die Nähe, die

beim ersten Hinsehen gar nicht so schlimm anmuten. So sind etwa auch Autobahnen Siege der Ferne über die Nähe. Wenn Berge bis zur Fußsohle abgeschnitten und Abgründe bis zu den Höhen mit gewaltigen Betonbrücken überspannt werden, kann die Ferne darüber hinwegbrausen. Je schneller aber die Autos werden, umso kleiner werden die Räume. (Zwei Beispiele aus der Vergangenheit seien in Erinnerung gerufen: Von München brauchte der neu eingeführte Christbaum hundert Jahre, bis er den Weg – 1916 – ins fünfzig Kilometer entfernte Dorf Rappoltskirchen fand, wo man vorher nur die Krippe kannte. Von Erding brauchte das neugebräuchliche Silvesteranschießen, bis es die vierzehn Kilometer nach Rappoltskirchen überwand – wo man bisher das Christkindl »anschoß« – volle sechzig Jahre. Schon zwanzig Jahre später wurden breite »Tangenten« kreuz und quer durch das unschuldige Land gezogen, damit überall Ferne sei.) Und es wurden Automobile konstruiert mit Spitzengeschwindigkeiten von 250 Stundenkilometern, mit Motoren, die eine Stärke von vierhundert Pferden erreichten. *Aus* der Ferne *in* die Ferne! Während im absolutistischen Zeitalter auch der Höchste im Lande von sechs und nicht mehr Pferden gezogen wurde, waren Herrn Jedermann im Namen der Freiheit keine Grenzen gesetzt.
Und es gab Konzerne, die im Jahr fünf Millionen Autos bauten. Aber welch bitterer Ausgleich: Herr Jedermann mußte die Unmöglichkeit einer »autogerechten Stadt« einsehen, wie er auf den vollgestauten Autobahnen auch einsehen mußte, daß es nicht einmal »autogerechtes Land« gibt.
Es wäre freilich zu viel verlangt, wollte man fordern, den Verlockungen des »Fortschritts« nicht ins Garn zu gehen. Wer aber die Erde zum Paradies machen will, der macht sie zur Hölle. Von Plakatsäulen schrie es herunter: »Wie läuft das Ölgeschäft in Holland?« – »Ruf doch mal an!« Telekom (Telekommunikation). Lauter Siege der Ferne

über die Nähe. Die Reisewut war ihrer Siege größter: Omnibusreisen, Fahrten ins Blaue, »Wochenendtrips«, Flugreisen, verbilligte Urlaube über viertausend Kilometer hinweg, Sexflüge nach Thailand, Flüge nach Afrika ins Nobelhotel mit Swimmingpool, die arithmetische Vermehrung der Reisebüros, die Überflutung der Erde mit Millionen und Milliarden von Reisenden. Wenn jeder daheim bliebe, wäre kein Geld zu »machen«. Mitten im altbayerischen Bauernland New Yorker Preise – und New Yorker Krankheiten. Lauter Siege der Ferne über die Nähe. Es gab auch keine Handwerker mehr, nur noch Zulieferer der Auto- und Flugzeugindustrie. Die Bauern gingen dahin ohne Umkehr, sie behinderten den Markt für Gegenimporte. Das zugereiste Verbrechen triumphierte. Lauter Siege der Ferne über die Nähe. Es hatte den Anschein, als wollte die verrückt gewordene Menschheit in wenigen Jahren mit ihrem Planeten fertig werden. Und es gab kein Entrinnen.

Wie oft fragte ich mich, ob ich recht hätte, wenn ich die Mühlhiasl-Prophetie so auslegte! Aber ich fand am Schluß nur noch diese Deckung der Bilder. Ich bin sicher, daß Blaise Pascal nicht irrte: Es gibt ewig gültige Dinge. Seine weitschauende Behauptung, die menschliche Mobilität sei die Wurzel allen Übels, ist so ein ewig gültiges Ding. Der Mühlhiasl bestätigte ihn, ohne ihn zu kennen: »Wenn's so weiter geht, dann geht's bald nimmer weiter.«

Dessen bin ich gewiß: Er meinte mit den Worten seiner Zeit unseren Luxus und unsere Verschwendung, er geißelte den Energieverschleiß, die Automobilüberschwemmung, die Zersiedelung, den inflationären Straßen- und Autobahnbau, die Flugzeugindustrie, das Fernsehen (das im Namen schon die Ferne trägt), jene ganze unselige Komparation: Schneller – weiter – größer – mehr. Statt weniger, näher, langsamer, kleiner. Er sah am Ende die Selbstverdammung, sah, daß es kein Weiterkommen mehr gab, aber auch kein Zurück. Er sah die exportierten

Industriewaren der Konzerne, die chemieabhängige Massenproduktion der Agrarfabriken, die allem Sterben vorangehende Ausrottung der Schwächsten, der Fasane, Rebhühner und Hasen, der Fledermäuse, Vögel, Falter und Käfer, – der Blumen.

Es gab auch keine Stille mehr. Motorenlärm war im letzten Winkel. Die Ferne raubte die Nähe. Still wird es erst einmal wieder werden, wenn alles – nach Mühlhiasl – vorbei ist. Aber dann ist es die Stille des Todes.

Nietzsche sagte einmal: »Die Größe eines ›Fortschritts‹ bemißt sich nach der Masse dessen, was ihm alles geopfert werden mußte.« Aber auf keine Warnung hörte man. Die Welt verrannte sich schließlich in die Atom- und Gentechnik. Stellte man die Verbindung mit dem Weltverbrechertum her, so erhielt man das große Abräumen, den letzten Sieg der Ferne über die Nähe.

Wir haben es mit Erscheinungen zu tun, deren Folgen alles übersteigen, was bisher von den härtesten Kriegen geboten wurde. Die Konturen der heraufziehenden Katastrophe sind überdeutlich. Der Mühlhiasl hat sie uns bereits gezeigt, aber wir »haben ihn nicht verstanden«. Er meinte mit seinem Wort von der eingerissenen »Schlechtigkeit« unser Wertesystem und unseren Lebensstil, die nicht nur kein Modell für die Welt sind, sondern Ursache des Welt-Endes.

Der Mühlhiasl hat nur den Bayerischen Wald gesehen – er hat aber dennoch die Welt gesehen. Das Kleine ist groß, es ist aber nicht ein Ausschnitt des Ganzen, sondern das Ganze selbst in anderer Proportion.

Der Mühlhiasl, dieser Außenseiter der Gesellschaft, hat schon früh die bayerische Schwermut empfunden, diese Angst vor der Flucht aus der von der Ferne überrollten Nähe, vor dem Sterben der Schöpfung, vor dem Ende des Menschengeschlechts.

Die Frage bleibt als Rest: Wie können wir der Ferne ihren Sieg entreißen, wie können wir die Nähe wiedergewinnen?

Zuvor müßte die Nähe in ihrer Fülle und Schönheit wiederhergestellt werden. Dafür ist es nach menschlichem Ermessen zu spät. So können wir bloß noch hoffen, daß es für Gott kein »Zu spät« gibt.

Kein Mensch will's glauben

Vom Wandel der Zeiten

Sowohl die Stormberger- als die Mühlhiasl-Prophezeiungen sind vom Propheten mündlich übers Land verbreitet und erst später aufgeschrieben worden. Daß die ersten Ab- und Niederschriften im Inhalt und in der Wortwahl so auffällig übereinstimmen, spricht für die Genauigkeit ihrer Überlieferung. Walther Zeitler bringt in diesem Zusammenhang das Beispiel einer vierundneunzigjährigen Frau, die ihre Kindheit in Bayerisch Eisenstein verbracht hatte und nach achtzig Jahren immer noch alle ihre Lehrer mit Vor- und Nachnamen aufzählen konnte. Diese Erfahrung kann ich nach ausführlichen Gesprächen mit meiner fast fünfundneunzigjährigen Mutter bestätigen, die beachtlich viele Gedichte ihrer Kinderzeit immer noch wortgetreu und fließend aufzusagen wußte.
Ein weiteres Merkmal erhärtet über bereits mitgeteilte Eigentümlichkeiten hinaus die Zuverlässigkeit der Mühlhiasl-Voraussagen: Die Bilder der Vorzeichen bis zum Großereignis des Welt-Abräumens wurden, so wie sie dem Seher erschienen waren, in wirrer Vielfalt, zeitlich ungeordnet, tradiert, aufgezeichnet und später auch gedruckt. Sie waren immer erst im nachhinein, wenn sie eingetroffen waren, in eine zeitliche Reihenfolge zu bringen. So konnte es vorkommen, daß gelegentlich auch Bilder zu früh und fälschlich auf inzwischen eingetretene Ereignisse bezogen wurden.
Selbstverständlich finden wir den Beweis erst a posteriori durch das Eintreffen der vorausgesagten Ereignisse. Für uns ist es vor allem die Sprachlosigkeit des Propheten, die uns seine Bilder verraten, weil er keine Worte, keine Begriffe hat, sondern eben bloß Bilder für Auto, Eisenbahn, Lokomotive, Fahrrad oder Zeppelin, für Inflation, Dikta-

tur, moderne Kriegsführung oder schreckliche Menschenseuche.

Eine der bemerkenswertesten Auslegungen der neueren Gesetzesflut gibt es in einer Rabensteiner Fassung der Mühlhiasl- beziehungsweise Stormberger-Voraussage:

> Es werden immer neue Gesetze gemacht, weil man die alten nicht mehr lesen kann.

Vom suchtartigen Um-sich-Greifen modernen Zeitvertreibs, von der ausschließlichen Diesseitsgesinnung einer nur noch auf Genuß und »Stolz« gerichteten Menschheit weiß der Haimerl Peter, Postillon von Sankt Englmar:

> Die Hoffahrt wird die Menschen befallen. Denn niemand denkt daran, daß die Geißel Gottes kommt. Und so wird der Jammer groß sein. Vom Osten her wird es kommen und im Westen aufhören.

Von Antonius Kiermayer wurde eine Mühlhiasl-Aussage über die Endzeit aufgeschrieben:

> Die Leute bleiben soweit verschont, als die schwarzen Bäche gehen und bis zur verkehrten Kirch (in Freyung).

Bei anderen Aussagen handelt es sich eindeutig um spätere Zutaten, die weniger echte Ankündigungen als Bestätigungen bereits eingetroffener Ereignisse sind:

> Wenn man am Arber droben steht und in das Zellertal hinausschaut, sieht man in der Nacht kein Licht mehr, weil die Häuser verdunkelt werden müssen.

Wie Norbert Backmund mitteilt, legte man dem Mühlhiasl neuerdings in den Mund:

> Wenn d' Leut amal auf'n Mo'schei auffifahrn.

Wozu anzumerken wäre, daß es sich dabei keineswegs um eine poetische Verzierung oder – was vermutet wurde – um die Beschreibung eines »Hinaufgleitens an den Strahlen des Mondes« handelt, sondern ganz nüchtern um die Benennung des Mondes, der in der bairischen Volkssprache nicht »Mond«, sondern »Mondschein« heißt, eben »Mo'schei'«!

In den eineinhalb Jahrhunderten vom vermutlichen Tod Mathias Langs bis in die siebziger Jahre des zwanzigsten Jahrhunderts hat sich auf der Weltbühne mehr verändert als in den vorangegangenen eineinhalb Jahrtausenden. Alle diese Veränderungen waren in der Sprache des Propheten »Vorzeichen«. Manche Aussagen sind im Laufe dieses Zeitraums abgewandelt worden, manche sind hinzugekommen. Eine Fassung in Versen war nach dem Zeugnis des Dichters Gottfried Kölwel um 1900 in der Oberpfalz bekannt. Eine andere Versfassung stammt vom Wolnzacher Pfarrer Anton Ederer. Ein Gutteil wurde erst unter dem Eindruck des Zweiten Weltkriegs niedergeschrieben, was aus manchen Zeilen deutlich herauszuspüren ist. (Expositus Georg Hofmann bekam von Ederer dessen Opus als Beilage eines Briefes am 14. Februar 1949 zugeschickt. Hofmann übergab die Verse kurz vor seinem Tod – im Jahre 1966 – dem Zwieseler Forscher Reinhard Haller, der sie 1976 erstmals veröffentlichte.)
Wie dem auch sei: Uns ist – nach einem Wort Conrad Adlmaiers – »das Lachen über seine (des Waldpropheten) ›Spinnereien‹ in zwei fürchterlichen Weltkriegen, in den Bombennächten, in zwei Inflationen und in einem ›Tausendjährigen Reich‹ mit seinem strengen Herren vergangen.«
Darin liegt für den späteren Leser die Größe des Mühlhiasl, daß er das Ewigmenschliche und Göttliche aufleuchten läßt, und zwar, nach einem Wort Rupert Sigls, »*vor* der Katastrophe, aufleuchten läßt wegen unserer und hinter unseren Unzulänglichkeiten und Untergängen, Süchten und Irrungen.«
Durch unsere zu öden Produktionsstätten verkommene Welt hindurch schimmern bei ihm die alten Blumenwiesen, in seinen Worten spiegeln sich die von Urzeiten her bewahrten Herrlichkeiten der Schöpfung, bei ihm sind wehende Kornfelder mit Mohnblumen »weihfestlich geschmückt« und verstummen die Vögel, bevor sie schlafen.

Er war ein Wanderer zwischen den Welten, der alles einschloß: Ende und Anfang, friedliche Heimatauen und schreckliche Dinge, die hinter der Zeitschwelle auf uns warten. Er lebte alles gleichzeitig – und überlebte. Er war so etwas wie ein später Druide im ehemaligen Keltenreich, er war kein falscher Prophet, denn er redete zwar in der Sprache des Volkes wie die alten Glaubensboten, aber er redete der Menge nicht nach dem Mund. Er war keiner jener falschen Propheten, vor denen schon Jeremia warnte, die denen, die das Wort Gottes gering achten, immerzu sagen: Das Heil ist euch sicher, und jenen, die dem Starrsinn ihres Herzens folgen, versprechen: Kein Unheil kommt über euch. Er hörte auf eine Stimme, die nicht von unten kam.
Umsomehr können uns – das ist meine feste Überzeugung – die Vorhersagen des Mühlhiasl bewegen, als sie durch die Prophezeiungen der Gottesmutter in Fatima bestätigt werden.

Von den erfolglosen Erfolgen

Es war für den Künstler ein (allerdings vorübergehendes) Gefühl von Freiheit, nach 1790, wie es etwa Joseph Haydn in den Londoner Sinfonien demonstrierte, seine Kunst ohne Fürsten- und Stilschranken, ganz individuell-bürgerlich entwickeln und in ungeahnte Höhen treiben zu können (wenngleich Goethe, das Gegenbeispiel, bis ans Lebensende Freiheit und Fürstengnade zu vereinen wußte). Aber dieses Glück war ein Kontrasterlebnis. Die Freiheit hatte zwei Seiten.
Ohne Gott, Kirche, Sakrament und Religion (Rückbindung) meinte die Aufklärung, das Glück der Menschheit schmieden zu können. Das neue Evangelium hieß Fortschritt und Entwicklung. Ungeheuere Erfolge auf technischem und naturwissenschaftlichem Gebiet, für unmöglich gehaltene Erfindungen und Entdeckungen schienen

Der Mühlhiaslweg in Apoig

im neunzehnten Jahrhundert und noch zu Anfang des zwanzigsten diese Haltung zu rechtfertigen. Inzwischen zwingt aber der Geschichtsverlauf dazu, Abstrich um Abstrich von diesem Bild zu machen. Weder die »Klassenlose Gesellschaft« noch der »Übermensch« noch die »Arische Herrenrasse« konnten verwirklicht werden. Nach der Auffassung von Dostojewskis »Dämonen« steht aller Fortschritt links und ist gegen die sogenannte Reaktion gerichtet, kann aber nur durch ein Morden ohne Ende oder durch Einlieferung ganzer Völker in psychiatrische Kliniken verwirklicht werden. Denken wir die Prophetie, von der dieses Buch handelt, zu Ende, und messen wir sie an der Wirklichkeit, so wissen wir, daß Lenins, des »umgestülpten Westlers« 1917 postuliertes Patentrezept »Büro und Fabrik« (im Auftrag der allgegenwärtigen Partei) anstelle von Bauern und Handwerkern, Priestern und Künstlern (im Auftrag von Kirche und König) nicht aufgehen konnte. Er wollte den Kapitalismus durch Kommunismus *überholen:* Gleiche Arbeit für alle, gleicher Lohn für alle. Sein Reich und sein angestrebtes Weltreich waren als einziges Büro und einzige Fabrik entworfen. Seine Schandtaten an der Schöpfung übertrafen die des Westens um ein Vielfaches. Das Ziel war wiederum Kapital. Die Theorie von der Abschaffung des Privateigentums mußte scheitern.

Trotz (oder wegen) solcher Errungenschaften wurde das Leben des Menschen immer armseliger, friedloser, gehetzter. Keine der so unwiderstehlichen Weltanschauungen und Philosophien, die das moderne Bewußtsein prägten, hatte den Menschen – wie es verheißen wurde – glücklich gemacht. Im Gegenteil: Tief unglücklich, verlassen und bedroht von furchtbaren Erfindungen wartete die Menschheit auf den Gnadenstoß. Der »Existentialismus« sprach es schonungslos und ehrlich aus. Er war nichts anderes als der Versuch, diese »Entblößung« wissenschaftlich auszudrücken, eine Lehre des Ausgeliefertseins, des ewigen »Umsonst«. Von dem großartigen Anstoß, mit dem das junge neunzehnte Jahrhundert die Weltbühne betreten hatte, von seinem stolzen Anspruch auf soziale, politische und religiöse Freiheit, war nur ein Trümmerfeld geblieben. Man hatte alle Bindungen zerschlagen, die der Verwirklichung dieser Freiheiten im Wege gestanden waren oder zu stehen schienen und dabei auch alle jene Bindungen zerstört, die den Bestand der Gesellschaft verbürgten.

Eine simple »Rückkehr« zu Bindungen, die vergessen, verloren oder vernichtet waren, konnte es nicht geben, höchstens ein als Gnade wiedergeschenktes Leben, ein unverdient gewährtes »Hindurchgegangensein«, eine Fülle, in der die Erfahrung des Grauens enthalten war, eine Nächstenliebe, die dem Tod seinen Sieg entriß. Mit den Idealen der Revolutionen von links und rechts war die Menschheit sehr schnell bei der Selbstausrottung angelangt, härter noch: die Zerstörung der Erde war in greifbare Nähe gerückt. Der neue Anfang mußte das Ende in sich aufgenommen haben, eine Vorstellung, die nicht leichter fiel als der Glaube an die Verheißung von der Auferstehung des Fleisches.

Von den »Nachgeborenen«, die eigentlich »Vorgeborene« sind

Was waren das für Zeiten, in denen das Pendel der Geschichte so weit nach einer Seite ausschwingen konnte, daß der Rückschwung, wenn er erst bis zur Mitte gelangt war, schon für »extrem« gehalten wurde!

Die Nachkriegsjahrgänge hatten den Terror der Diktaturen Hitlers und Stalins nicht erleben müssen; das war nicht ihre Schuld. Unangebrachte Undankbarkeit und Herbeisehnung einer neuen Diktatur waren aber Schuld. Was einem solchen Geschlecht »Nachgeborener« kein aufrechter Mensch wünschen konnte, der Mühlhiasl hatte es gesehen und gesagt.

Gerade wenn man gegen Hitlers Diktatur sein Leben eingesetzt und sich in dieser Hinsicht nichts vorzuwerfen hatte, konnte man die erfolgreichen Ellenbogen Spätgeborener, die nichts bewiesen hatten und nichts beweisen mußten, schwer ertragen. Wie leicht wurde einer, der nicht »links« dachte, als »rechts«, wer nicht atheistisch argumentierte, als »faschistoid« verschrien, wie leicht wurden Gesetze, die bis an die Schwelle der Gegenwart gegolten hatten, als »mittelalterlich« abgetan! Alle Fäden, die uns an die Geschichte knüpften, waren zerrissen. Und es hatte damit schon seine Richtigkeit, was ein Mühlhiasl-Interpret vermutete, daß man deswegen in immer kürzeren Abständen immer neue Gesetze mache, weil man die alten »nicht mehr lesen« könne. Da war man dann außerstande, eine siebzig Jahre alte Handschrift zu lesen, gebärdete sich aber »hochwissenschaftlich« (vor allem hochnäsig). Eine angeblich »krude« (also grausame) deutsche Schrift mußte zur Übersetzung (wie im ostbayerischen Magazin »lichtung« mitgeteilt) bis nach Berlin (sic!) geschickt werden, weil man des Einfachsten vom Einfachen nicht mehr fähig war. Aber gerade Leute, die von der Vergangenheit keinen Deut wußten, warfen sich zu Schnüfflern und Richtern ihrer Väter und Mütter auf. Aus allen Winkeln kriechende Nazi-Entlarver machten sich mit haßerfüllten Drohungen pressewirksam: »Weiße Westen werden schwarze Flecken kriegen!«, »Prominente werden zittern!« Das Betätigungsfeld solcher »Gerechter« (Selbstgerechter) wurde nach der Öffnung der »Stasi«-Akten ins Unermeßliche erweitert. Nun konnten die »Nachgeborenen«, die eigentlich »Vorgeborene« waren, so recht nach Herzenslust weiterschnüffeln, schmähen, verurteilen – und nur hoffen, eines Tages nicht selbst verurteilt zu werden.

Von Minderheiten in den Massen

In seinem Buch: »Gegen die verstreichende Zeit« schrieb Günter Grass 1991: »Die Ex-DDR wird kaltschnäuzig umgebaut zum Absatzblinddarm des westdeutschen Kapitalismus, Korruption wird zur gesamtdeutschen Übung. Das einzige, was im Osten wächst, ist der Rechtsradikalismus.«

Und Max Zierl schrieb im Tassilo-Brief, März 1992: »Stümperei und Leichtsinn waren immer schon charakteristische Begleiterscheinungen deutschnationaler Kraftakte. Für ihre Fehler werden wir alle zahlen müssen, weil die Ex-DDR, falls keine Investitionen möglich sind, zu einem Faß ohne Boden wird.«

Otto Graf Lambsdorff aber folgerte: »Deutschland wird nun größer und Bayern kleiner!« Richtig, weil dem fünfzehnhundertjährigen Staat im Herzen Europas nach dem Willen der Gleichmacher des »Vierten Reichs« genausowenig Minderheitenrechte zugestanden wurden wie unter Hitler: Sprache, Geschichte, Religion, Kunst, Unverwechselbarkeit, Identität, Grenzen. Das Glück, das darin liegt, »anders« zu sein, durfte nicht mehr empfunden werden.

Mit dem Verbot der Eremiten am 12. Mai 1804, mitten in Mühlhiasls fortschrittstrunkener Zeit, schaufelte sich der bayerische Staat unwillentlich selbst sein Grab: Fortan bestritt man jeder Minderheit, sogar der kleinsten, ihren Lebensraum. Niemand mehr durfte vorhanden sein, der nicht dem »Großen Ganzen« unterworfen war. Daß das »Große Ganze« eines Tages seine Zentrale hoch im Norden haben würde, dieser Vorausschau war König Max I. Joseph noch nicht fähig gewesen. Felix Austria!

Ein Österreicher – Irenäus Eibl-Eibesfeldt – war es denn auch, der im SZ-Magazin als einsamer Rufer die Rechte der Minderheiten wissenschaftlich verteidigte: »Zwingt eine Gruppe eine andere, ihre Kultur aufzugeben, dann sprechen wir von Ethnozid. Eine harmonische Koexistenz verschiedener Ethnien setzt voraus, daß jede ihr eigenes Territorium besitzt und Dominanz durch andere nicht befürchten muß. So wie viele höhere Wirbeltiere Revierfremde als Eindringlinge vertreiben, so reagieren auch wir Menschen auf Zuwanderer in ein bereits besetztes Gebiet. Um das zu verstehen, muß man sich darüber im klaren sein, daß Überleben grundsätzlich Überleben in eigenen Nachkommen ... bedeutet. Ressourcen sind dafür eine Voraussetzung, und Land deren wichtigste. Wenn wir Pluralität begrüßen, dann dürfen wir uns auch für die Erhaltung der eigenen Kulturen einsetzen. Wer ... so spricht, wird oft als ›Rassist‹ diffamiert, daher sei klargestellt, daß Rassismus von einer biologischen Überlegenheit einer Rasse über eine andere ausgeht und daraus das Recht zur Herrschaft ableitet. Die meisten Biologen werten nicht so. Sie sind für einen ethnischen Pluralismus, und damit auch für die Erhaltung der eigenen Ethnie.«

Es gab noch andere Bedrängungen: Heiligenstatuen, insbesondere Brückenheilige, waren in skandinavischen und anderen reformatorisch-germanischen Ländern so gut wie unbekannt. Im Zuge der Nivellierung nach germanisch-reformatorischem Beispiel sollten sie auch im keltisch-römisch-katholischen Bayern eine Minorität sein. An Bundesstraßen und Bundesautobahnen wurde – im Gegensatz zum selbständigen, die eigene Ethnie eingrenzenden, Österreich – die Aufstellung von Brückenheiligen verboten. Die Bayern Richard Strauss, Christoph Willibald Gluck und Alois Senefelder erfuhren auf österreichischen und tschechischen Briefmarken eine Ehre, die ihnen vom Preußenstaat, in dem Bayern steckte, verweigert wurde. Kein Erasmus Grasser, kein Hans Carossa, kein Carl Orff, kein Georg Britting wurde einer deutschen Briefmarke für würdig befunden. In allen Teilbereichen: Ausrottung einer Ethnie. Und kein Mensch wollte glauben, daß Mühlhiasls Abend aller Tage kommen werde.

Es gab noch andere Minderheiten. Von Leid und Not betroffen war bei uns eine Minderheit inmitten einer im Überfluß schwelgenden Mehrheit. Weltweit waren dagegen Überfluß und Verschwendung in die Minderheit geraten. Abzusehen war der Tag, an dem die Fleischtöpfe auch bei uns nur noch einer Minderheit gefüllt wurden. Oder überhaupt leer blieben.

Von Hiobs Klage: Gott, warum hast du mich geschlagen?

Die Ereignisse überstürzten sich. Erkenntnisse schrumpften zu Stichworten: Marode Atomkraftwerke und Verkauf strategischer Atomwaffen in alle Welt. Was gestern entscheidend war, wurde vom Heute überholt. Waldbewohner wurden Autobahnraser und Wochenendbesucher bei Frau und Kind. In einer Flut von Ausgaben ertrinken sahen sich die Staaten; ihr Zusammenbruch war nur noch eine Frage der Zeit. Längst wußten wir, daß nicht alles, was erfunden werden kann, erfunden, und wenn erfunden, auch angewendet werden darf. Bei der Atombombe hatten wir verstanden. Zu spät kam unsere Erkenntnis beim Fernsehen, beim Auto und beim Flugzeug, in deren Abhängigkeit wir alle geraten waren. Das Geschützteste vom Geschützten, der Mutterschoß, wurde zum lebensgefährlichen Ort. Selbst Blinde konnten sehen, daß mit der »Entsorgung« vom ungeborenen Leben die Heraufkunft einer neuen Barbarei an »lebensunwertem Leben«, an Alten und Kranken in die Wege geleitet war. Grauenvolle Perspektiven taten sich auf und wir wurden Zeugen eines Daseins, das nur mit Suchtmitteln bewältigt werden konnte. Das Ende der Geld- und Freizeitgesellschaft rückte in die Nähe, wir waren »am Ende der Fahnenstange angekommen«. Der implantierte »Personalausweis« befand sich im Stadium der Vorbereitung. Das angedrohte »Malzeichen« nahm konkrete Formen an. Ende der Neuzeit?

Vom Ärgernis an denen, die glauben

> Heute erlebt unsere Heimat die qualvolle Periode der Wiedererstehung. Wir haben begonnen, aus dem Abgrund aufzusteigen, in den wir viele Jahrzehnte hindurch stürzten. Wir gewinnen das Gedächtnis wieder und den Glauben. Unsere Blicke wenden sich wieder den Heiligtümern zu.
>
> Boris Nikolajewitsch Jelzin
> am 5. Dezember 1991

Das innere Blickfeld eines Propheten bewegt sich im Bereich des Gegensatzes zwischen Gott und Satan. Die dem Rationalisten unerträgliche Wirklichkeit Satans, die seit dem Zeitalter der Aufklärung mit nimmermüdem Werbeaufwand wegdisputiert und aus dem Vorstellungsvermögen der abendländischen Menschheit verbannt worden war, ist nach den furchtbaren Ausbrüchen von Unmenschlichkeit in den vergangenen Jahrzehnten wieder lebhaft erörtert worden. Satanisches offenbarte sich freilich nicht mehr in den grausigen Gestalten spätmittelalterlicher Dämonen, aber es trat uns in der kalten technischen Systematik, mit der man mißliebige Menschenmassen tötete, um so eindringlicher entgegen. Handschuhe und Lampenschirme aus Menschenhaut waren ein Menetekel für alle Zeiten. Fast noch weitreichender war die Art, wie man bisher anerkannte Grundsätze und Begriffe verfälschte und entwertete. Gerade die Dämonie des Geistigen spielt in der Prophetie eine wesentliche Rolle.

Es entbehrt nicht einer gewissen Logik, daß immer noch oder erst wieder im Banne der Aufklärung stehende kirchliche Neuerer, gerade in den Jahren der größten Machtdemonstration des Bösen, »Abschied vom Teufel« nahmen. Vernichtet man aber im Glauben bloß »irgend etwas«

– urteilte Dostojewski scharfsichtig – »so stürzt die ganze moralische Grundlage des Christentums ein, denn alles ist untereinander verbunden, das eine zieht das andere nach sich.« Daß es beim Teufel um wesentlich mehr als um »irgend etwas« geht, macht das Vorgehen besagter »Neuerer« noch unverantwortlicher. Aber sie wußten sehr wohl, was sie taten, und »haben ihren Lohn schon empfangen«. In betrüblicher Lage sahen sich nur jene kirchlichen Würdenträger, die es wirklich gut meinten, aber dem Grundirrtum aller Anpassung an den »heutigen Menschen« erlagen: Dem Popanz des »heutigen Menschen« genügten ja die waghalsigsten Gleichmachereien längst nicht mehr, er wollte nicht eine moderne Kirche, er wollte überhaupt keine Kirche. Zwischen Verführern und Verführten konnte man am Ende nicht mehr unterscheiden. Da lehnten zeitgemäße Dozenten die Würdigung der Jungfräulichkeit und Mutterschaft (wie sie uns das erhabene Beispiel Mariens nahelegt) entschieden ab, weil Keuschheit und Mütterlichkeit »veraltete Tugenden« seien. Die moderne Frau wolle – beweisführten sie – selbst über ihren Leib bestimmen, ohne zu etwas verpflichtet zu sein. Daß die heftig geübte Kritik an der Jungfräulichkeit und Mütterlichkeit folgerichtig zum »Genuß ohne Reue« führen mußte, den Gott mit bittersten Krankheiten bestraft, machte die »Mutter Kirche« immer noch nicht hellhörig. Das »Heimfallen« immer größerer Massen Suchender zu neuer »Innerlichkeit«, die in Wahrheit alte Dämonie war, wurde längst nicht als Antwort auf offenkundige Fehlbeträge verstanden. Im Gegenteil: Obwohl angesichts einer noch nie dagewesenen Vollsäkularisierung der an die letzten christlichen Restbestände gerichtete Vorwurf, »unmodern, unbeweglich, altertümlich, unzeitgemäß und rückständig« zu sein, kaum törichter ausfallen konnte, wurde er gerade von Lehrern des Glaubens gebetsmühlenartig wiederholt. Atheistische Systeme konnten sich inzwischen die Mühe sparen, »Glaubenssätze zu verdrehen und neue

Bücher einzuführen« (Mathias Lang): In dem Bemühen, die katholische Religion zu bedrängen und schließlich ganz abzuschaffen, ließen sich »Zuständige« von niemandem übertreffen.
Alles Lebendige ist ein Gehorchendes. Es kann sich aber zwischen der Schlange und Jahwe entscheiden. Dämonische Populisten standen aus den Reihen der Kleriker auf, die in spektakulären »Talkshows« hohnlächelnd in laufende Kameras verkündeten: Die Kirche sei nach allen Verflachungen und Verlusten immer noch nicht einerlei genug mit einer in Dreck und Sünde versinkenden Welt, man müsse ihr die Fenster, wenn man sie von innen nicht auftun wolle, »von außen einschlagen«. Im Evangelium heißt es aber: »Wer einem von diesen Kleinen, die glauben, Ärgernis gibt, für den wäre es besser, wenn ein Mühlstein um seinen Hals gehängt und er hinabgeworfen würde ins Meer.« Nicht einmal dieses Wort Christi traf mehr den Kern der Sache, da man »die Kleinen, die glauben«, bereits mit der Diogeneslaterne suchen mußte. Nach der Schau des Bauernknechtes Wudy Sepp wird der Anlaß zum beschriebenen Untergangspanorama der sein, »daß die Leut den Teufel nimmer erkennen«. In der Tat standen teuflische Kräfte allenthalben auf, die an den Straßenecken mit ohrenbetäubendem Rockmusik-Lärm (die Phonstärke ihrer Lautsprecher machte es möglich) stille Andachten störten (Hitler ließ grüßen). Wer Angst in der beängstigend schwindenden Minderheit hatte, konnte den Glauben nicht leben. Die Anfangstage des Christentums kehrten zurück.
Und am Ende mußte vielleicht auch der Stuhl Petri wieder leer stehen. Aber, wie uns verheißen wurde, nur eine kurze Spanne. Zur wahren Erneuerung, die alles Leid einschließen mußte, bedurfte es des Gebets.

Von leuchtenden Tagen: Nicht weinen, daß sie vorüber, lächeln, daß sie gewesen

Kein Mensch kennt das Wann und Wie. Unter den aufgezeigten Bedrohungen schien am Ende doch die militärische die bedrohlichste zu sein. Konflikt und Zerfall bestimmten unsere Tage. Nach dem Ostblock zerbrach die Sowjetunion selbst. Ein Putsch, der scheiterte, markierte den Anfang vom Ende des roten Riesenreichs. Der siebente Staatspräsident – Gorbatschow – wurde entmachtet. In Alma-Ata wurde die UdSSR zu Grabe getragen. Im selben Jahr begann die »Operation Wüstensturm« gegen den Irak. Und mitten in Europa kämpfte die Belgrader Bundesarmee im Dienst eines großserbischen Nationalismus gegen das abtrünnige Kroatien mit nicht mehr für möglich gehaltener Grausamkeit.

Vor dem nächsten Putsch auf den Trümmern eines herrenlosen und hungernden Riesenreichs war aber niemandem bange, vor Bürgerkrieg und Aufstand der Armee. Die wichtigste Voraussage des Waldpropheten lautete: »Kein Mensch will's glauben.« Der deutsche Bundes-Zivilschutz wurde aufgelöst. Man lächelte, wenn einer für den Ernstfall um Rat fragte. Man hatte nichts anzubieten als Hilflosigkeit: »In den Keller gehen und die Tür aufmachen, bevor man erstickt.« Staatliche Zuschüsse für den Schutzraumbau wurden gestrichen, obwohl noch immer so gut wie keine Schutzräume gebaut waren (im Gegensatz zur friedliebenden Schweiz, die ihre gesamte Bevölkerung im Notfall unter die Erde schicken konnte). Die These: »Im Ernstfall hilft ja doch nichts«, zeitigte ihre Früchte; mit einem feinen Unterschied: man rechtfertigte die Schutzlosigkeit nun mit der politischen Entspannung. »Kein Mensch will's glauben.« Daß die Katastrophe unter Umständen deshalb so verheerend ausfallen könnte, weil nicht vorgesorgt war, wollte niemand hören. »Was nicht sein darf, kann nicht sein!« Die Luftschutz-Alarmsirenen wurden bundesweit abgebaut. Die kopflosen Betriebsamkeiten der politisch Verantwortlichen erinnerten an den durchdringenden Gesang des Kindes, das im finsteren Wald seine Furcht übertönt. »Friede! Friede!« lautete der unermüdlich wiederholte Refrain, obwohl kein Friede war. Es blieben die Warnworte des Propheten: Traut dem Frieden nicht. Bereit sein ist alles. Das Wichtigste von allem ist aber: Nicht aufregen, nicht Angst haben, gefaßt sein, im lähmenden Schrecken keine falschen Handgriffe tun.

Spalatinus berichtete Melanchthon vom Versiegen großer und tiefer Brunnen beim Beginn des göttlichen Strafgerichts. Vor der Sintflut füllten sich alle Brunnen mit Wasser. Jetzt aber müßten sie versiegen, und das sei ein bedrohliches Vorzeichen. Das knapp werdende Wasser werde den großen Brand einleiten, mit dem Gott die Welt läutern wolle. Ähnlich sieht es der Mühlhiasl. Er spricht von »geräumten Flüssen«. Aber ein letztes Geheimnis bleibt. Was bleibt, sind auch nicht die Fragen unserer Zeit, sondern die ewigen Fragen. Schweigen allein ist fruchtlos. Unzweideutiges Verstummen wird noch viel mehr mißverstanden als mißverständliche Gesten. Wolfgang Hildesheimer sprach am Ende seines Lebens nur noch, um darauf hinzuweisen, daß es nichts mehr zu sagen gibt.

Ende und Anfang

Krebsgang der Einleitung

Über die Zeit »nachher« gab uns der Mühlhiasl Auskunft in ähnlich großflächigen Bildern, wie wir sie von ihm über die Vorzeichen – als erste Zeit – und über das Abräumen – als zweite Zeit – kennen. Sie sind nachfolgend in den Fassungen von Landstorfer, Backmund und Keilhofer, sowie in der Sprache der Bodenmaiser Handschrift und mündlicher Überlieferung mitgeteilt. Es sind Worte äußerster Sammlung, am Rande der Stille.

Im Ried geht der erste Rauch auf.

Aber wenn sich im Ried der erste Rauch zeigt, ist alles überstanden.

Der erste Rauch wird wieder aufsteigen über Innenried.

Dort wird später eine große Kirch gebaut, von weit und breit werden die Leut wallfahren kommen. Wer's überlebt, kriegt ein Haus geschenkt und soviel Grund wie er mag. Je mehr Hände (Kinder) einer hat, umso mehr wird er gelten. Der Wald wird wieder öd, ohne Hunger und Sterb.

Wer nur die Zeit iberlebt, hernach wird es wider gut werden, die Leith (werden) wider froh sein, wan eines das ander sigt, und die Leith werden so wenig sein, das man es leicht zehlen kan.

Wenn alles vorbei ist, hört man den Gruß »Gelobt sei Jesus Christus« wieder in jedem Haus. Die Leut lernen das Beten wieder.

Nachher, wenn die Welt abgeräumt ist, kommt eine schöne Zeit. Große Glaubensprediger stehen auf, und heilige Männer, die tun viele Wunder, und die Leute glauben wieder. Vorher werden noch die »Waiz« verschafft, nachher erscheinen aber wieder Geister und bringen die Leute zum Glauben.

Überm Innenried steigt der erste Rauch auf. Dann kommt eine neue Zeit. Gelobt sei Jesus Christus kommt wieder ins Haus. Der erste Rauch wird im Ried aufsteigen. Dort wird später eine große Kirch gebaut, und von weither werden die Leut kommen.

Wenn die Leut gereitert (gesiebt) sind, kommt wieder eine gute Zeit, kommt eine fromme Friedenszeit. Wer dann noch lebt, kriegt ein Haus geschenkt und Grund, so viel er mag.

Dann wird das Beten wieder gelten. Die harte Arbeit wird wieder zu Ehren kommen.

Jenseits der Donau wird alles wüst und öd geworden sein, jeder kann sich ansiedeln, wo er mag, und so viel Grund haben, wie er bewirtschaften kann.

Dort werden sich die Waldleute ansiedeln, obwohl es im Wald auch wieder ganz schön sein wird. Die Berg- und Waldleute werden ins Flachland ziehen, in den Dörfern im Wald werden die Brennesseln aus den Fenstern wachsen. So wird der Wald wieder öd und leer, ohne Krieg und Sterb.

Danach gibt es auch im Waldland soviel Grund, daß jeder sich ein Haus wählen kann und Land soviel er will.

Danach wird der Glaube wieder so groß und christlich wie noch nie. Dann kommen die Goldjahre.

Reiche und Arme gibt's wieder, einen Herrn und einen Knecht.

Nachher wird es wieder besser sein. Dann gibt's wieder Bauern und Knecht.

Mit einem Wort, Unordnung und Leid werden von geglaubten Gliederungen abgelöst. Es kommen die Fußwege wieder, die Fluchtwege, die Arbeitswege, die Kirchenwege. Der Mensch geht nicht mehr auf die Dinge zu, sondern tritt vor ihnen zurück. Die Schönheiten Böhmens, Finnlands und Polens waren besungen; in der vom Waldpropheten verheißenen Zeit wird wieder sein Waldland besungen werden, wie er es getan hatte, sein Waldland im unteren

Bayern, Bayern selbst im Kranze der Nachbarn, das wieder erstandene Bayern aus jeder Art von Tod und Nacht.

Als ich bei dem »Waldmädchen« Silvia in Straubing zu Gast gewesen war, hatte sie mich auch zu überzeugen gesucht (sie schlug die mit einem Griff erreichte Bibel auf), daß beim Abräumen keineswegs nur, wie ich vermutete, eine weitere, strengere »Ruthe« über uns kommen werde, sondern das in der Heiligen Schrift vorhergesagte Endgericht. Ich wollte widersprechen, weil der Mühlhiasl kein Ende, sondern für »danach« eine glückliche und friedliche Zeit vorhergesagt habe. »Ja und?«, fiel sie ein, »spricht etwa die Geheime Offenbarung nicht von einer ›erneuerten Erde‹?«

Vergeblich wies ich darauf hin, daß man zwischen zweierlei Ebenen unterscheiden müsse, einer irdischen und einer überirdischen, daß das »Himmlische Jerusalem« schwerlich auf Erden zu suchen sei, wo das irdische Jerusalem geglänzt habe, das untergegangene. Und ich erwähnte, weil ich meine Auffassung durchsetzen wollte, weitere Worte, die uns der Mühlhiasl als Vermächtnis hinterlassen hat:

> Aber es wird weitergehen, und was dann kommt, ist das Ende der Welt. Himmel und Erde werden brennen, denn es ist die Zeit da, wo alles ein Ende nimmt. Und diese Zeit ist da, wenn die wilde Jagd mit Feuer und Schwefel über alle Länder braust. Dann wird der Teufel ohne Füße und ohne Kopf über die Berge reiten. Er wird alle Farben haben und sein wie Glas. Bis dahin ist es noch lange ...

Silvia zweifelte noch immer. Sie fragte mich lächelnd: »Sind seine Geister nicht Engel?« und gab, während uns ihre Kinder (der kleine Georgios und seine noch kleinere Schwester Maria Elena) umhüpften, zu bedenken, daß der Mühlhiasl sich nicht im Widerspruch zu den anerkannten Propheten der Kirche befinde. Denn es heiße im zweiten Tessalonicherbrief, daß am Ende der Geschichte der große Abfall komme. Vom Arzt Lukas – erklärte sie eifrig – wüßten wir, daß der Menschensohn bei seiner Wiederkunft fast keinen Glauben mehr antreffe, in seinem zweiten Brief an Timotheus schreibe Paulus, daß auch die Christen sich Lehren nach ihrem eigenen Geschmack zurechtmachen würden, daß schließlich der Antichrist im Tempel Gottes Platz nehme und von sich erkläre, er sei Gott. Beim Evangelisten Matthäus aber läsen wir (setzte sie als deutlichen Schlußpunkt hinzu), daß die Liebe vieler erkalten werde, ja daß, wenn die Tage nicht abgekürzt würden, kein Mensch gerettet werden könne.

Da sah ich im Geist ein riesiges Gerippe, ein Skelett mit Stundenglas und Sense, die Furie des Verschwindens, den sturmgepeitschten Engel der Geschichte. Und ich stimmte Silvia zu, die das Auftauchen eines universalen Code-Programm-Systems für Pflanze, Tier und Mensch ebenso schockierend fand wie ich, daß der große Umbruch, je weniger Menschen der Schöpfung und ihren Mitmenschen mit Achtung und Schonung begegneten, umso gewaltiger und gewalttätiger sein werde.

Als ich, heimgekehrt, über mein Straubinger Gespräch nachdachte, überfiel es mich wie eine Entdeckung, daß der Mensch ohne Glauben einem Wanderer in der Wüste glich, der die Oase, die Quelle, die Datteln für eine Fata Morgana hielt und starb, statt, beglückt von der erlösenden Wirklichkeit, danach zu greifen.

Die Theologen schwiegen, statt auf die Frage, die die Genetiker nicht stellten: *Wer* programmiert hier? (die Genetiker: In Zukunft wir!) tröstlich zu antworten. Die Umkehrung der Parabel heißt nämlich: Dem Wanderer entpuppt sich die Wüste des Materialismus als Illusion, als »Fata Morgana«, zur Wirklichkeit wird ihm die Einheit von Geist und Stoff, »Information« und Träger, Schöpfer und Schöpfung; sie tut sich knospengleich auf als Wasser des Lebens, als Brot des Lebens, genau wie Jesaja gesagt hat: »Wir sind der Ton, Du bist der Töpfer, wir sind das Werk Deiner Hände.«

Und es durchströmte mich (wie die brausende Musik des Meisters von Ansfelden, wie seine Weiträumigkeit und orgelnde Gottnähe) ein unaussprechlicher Jubel über Anfang und Ende, Alpha und Omega, ein herrliches Lob des allmächtigen Schöpfers!

Liest man, daß auf einer Pariser Tagung Manfred Durzak dem Schriftsteller Peter Handke vorwarf, er habe seine Prosa »in eine sakrale Wolke von Weihrauch« gehüllt, hört man, daß Jacques Le Rider, der dieses Kolloquium vorbereitet hatte, sein Befremden darüber ausdrückte, daß der Begriff der Postmoderne unter deutschen Intellektuellen oft nur noch als »Schimpfwort« gehandelt werde, als Inbegriff der Reaktion und Anti-Aufklärung, nimmt man zur Kenntnis, daß der Weihrauch im buchstäblichen Sinn – allen Progressisten, auch kirchlichen, zum Trotz, und übereinstimmend mit dem Zusammenbruch des Kommunismus – freudige Urständ feiert, beobachtet man, daß jedes Ende zurückfällt an den Anfang, daß Pilger in hellen Scharen aus Böhmen und Mähren, aus der Slowakei und Polen, aus Ungarn, Österreich und ganz Bayern inbrünstig betend ins Marienheiligtum Altötting strömen, so begreift man vielleicht, warum das Phänomen »Mühlhiasl« als ein »Heimfallen zum Uralten« von bisher nicht für möglich gehaltener, ganz neuer Bedeutung ist.

Süßer Harzgeruch quellender Wolken, züngelnder Schein sich im Leuchten und Wärmen verzehrender Kerzen, erregendes Schwirren von Dreiklangschellen, die mit schwerem Glockengeläut und monastischem Choral die Schönheit als Glanz der Wahrheit verkünden! Gott, sprich nur ein Wort, und ich komme zu Dir!

Damit ich meine Seele gewinne, muß ich mich aber an den Heiland verlieren. O selige Schuld, die einen solchen Erlöser zu haben verdient hat! Als Sterbender werde ich um die Litanei bitten: Durch Deine Auferstehung zum neuen Leben, Herr und Gott, befreie mich! Denn eine Straße muß ich gehen, die noch keiner ging zurück.

Chronologische Zeittafel

1753 16. Sept. Mühlhiasl (eigentlich Matthäus – gerufen Mathias – Lang) in der oberen Klostermühle von Apoig, Pfarrei Hunderdorf, beim Prämonstratenserstift Windberg geboren

1755 28. April Johann Lang, Bruder Mathias Langs, geboren

1759 Gründung der Bayerischen Akademie der Wissenschaften

1762 Jean Jacques Rousseau veröffentlicht seinen Erziehungsroman »Emile«, der den Menschen für von Natur aus gut erklärt, so daß er des Staates und der Kirche zur Erziehung nicht bedarf

1773 Aufhebung des Jesuitenordens

1776 1. Mai Adam Weishaupt gründet in Ingolstadt den Geheimorden der Illuminaten, Vorstufe der 2. und 3. Internationale

1777 6. März Tod des Abtes Bernhard Strelin von Windberg. »Mit ihm wird die Blüte des Klosters zu Grabe getragen« (Norbert Backmund)

1778 30. Mai Tod Voltaires, 2. Juli Tod Rousseaus, zweier Wegbereiter der Französischen Revolution

1787 Lorenz Westenrieders erster Historischer Kalender erscheint in München. Im Geiste vorrevolutionärer Aufklärung tritt Wstr. für Abschaffung der mönchischen Askese und Landreformen wie Entwässerung der Sümpfe und Begradigung der Flüsse ein

22. Okt. in Prag Uraufführung des »Don Giovanni«, Mozarts Oper vom Untergang des Bösen

1788 Verehelichung des Mathias Lang mit Barbara Lorenz von Racklberg (Recksberg? Reitlberg?). Arbeit in der noch vom Vater betriebenen oberen Klostermühle von Apoig

1789 14. Juli in Paris Erstürmung der Bastille.

Andreas Zaupser: »Versuch eines baierischen und oberpfälzischen Idiotikons«, München (erstes bairisches Wörterbuch der Aufklärung)

1789–1800 Dem Ehepaar Mathias und Barbara Lang werden acht Kinder geboren, von denen vermutlich nur vier überleben

1791 30. Sept. in Wien Uraufführung der »Zauberflöte«, Mozarts Oper vom Sieg des Guten

1793	21. Juni Hinrichtung König Ludwig XVI. von Frankreich
1794	28. Juli Hinrichtung Robespierres auf ders. Guillotine
1799	Abt Joachim Eggmann von Windberg »verstiftet« die obere Klostermühle von Apoig an den sechsundvierzigjährigen Mathias Lang
1801	Mathias Lang geht auf Anordnung des neuen Abtes Ignatius Preu wegen Lieferung schlechten Mehls und Zahlungsrückständen der Klosterpacht von Apoig verlustig und prophezeit Einzelheiten der Säkularisation. Wird in einer Kammer der unteren Klostermühle am Dambach vom Vetter Johann Georg Lang aufgenommen
1802	»Gedichte in nürnberger Mundart« von Konrad Grübel, die nach Johann Nepomuk Ringseis »in der ganzen Oberpfalz als oberpfälzische Gedichte gelesen werden«
1803	Säkularisation in Bayern. Schließung sämtlicher Klöster, Verstaatlichung allen Klosterbesitzes, Zerstörung unersetzlicher Kunstschätze und wertvoller Archivalien
1803	Kloster Windberg wird aufgehoben. Die Mühle von Apoig wird staatlich und geht in den Besitz der Herren auf Steinberg über. In dieser Zeit macht Mühlhiasl seine meisten Voraussagen
1804	Allerheiligenkapelle und Augustinuskapelle in Windberg werden abgerissen
1804	12. Mai: Durch kurfürstl. Dekret Abschaffung der Eremiten in Bayern
1804 od. 1805	Streit zwischen Mathias Lang und seinem Bruder Johann. Der Mühlhiasl verläßt Hunderdorf, wird »Mühlenrichter« und setzt landauf, landab schadhafte Mühlen instand
1805	Max Joseph Wagenbauer malt die »Überfahrt über den Regen bei Viechtach«
1806	1. Januar Bayern wird Königreich 6. August Franz II. legt die römisch-deutsche Kaiserkrone nieder. Ende des alten Reichs
1808	25. Mai Erste Bayerische Konstitution
1809	22. April Sieg Napoleons bei Eggmühl über Österreich 14. Oktober Friede von Wien. Das 1779 verlorene Innviertel wird wieder bayerisch (geht 1816 erneut verloren)

1814	3. Juni Tirol kommt wieder zu Österreich, nachdem die Rückgliederung an Bayern bereits durch den Volksaufstand von 1809 gescheitert war: Niederlage der Aufklärung gegen eine religiös gebliebene Bevölkerung
1815	6. April in Alburg Tod des ehemaligen Windberger Chorherrn P. Isfried Mühlbauer, eines Onkels von Johann Georg Mühlbauer (1827–1921), des Hauptträgers der Mühlhiasl-Tradition
1816	Lorenz Westenrieder veröffentlicht in München sein »Glossarium germanico-latinum vocum obsoletarum primi et medii aevi, imprimis bavaricarum« (Auftakt der Romantik in der Sprachforschung, Voraussetzung zu Schmellers Wörterbuch und Stelzhamers Mundartliedern)
1816 –1819	Der Windberger Ex-Conventuale P. Blasius Pfeiffer ist Hilfsgeistlicher in Achslach
1825	Angenommener Tod Mathias Langs, vulgo Mühlhiasl 6. Juli Tod des Bruders Johann Lang Ende des Jahres übernimmt P. Blasius Pfeiffer die Stelle eines Benefiziaten im Schloß des Edlen Wolfgang von Kießling, Glashüttenbesitzers in Rabenstein
1827 –1837	Bayerisches Wörterbuch (vier Teile) von Johann Andreas Schmeller
1828	17. März Tod P. Blasius Pfeiffers in Rabenstein. Beisetzung in Zwiesel. Ungefähr gleichzeitig Entstehung der ersten Handschriften nach Prophezeiungen eines angeblichen Mathias Stoamberger (Stormberger, Starnberger, Aschenbrenners und Hüters in Rabenstein) 19. November Franz Schubert stirbt in Wien
1831	Bergwerk von Bodenmais (nach Mühlhiasl ein »Versteckungswinkel«) stellt Kupfervitriol und Glaubersalz her
1832	Schmeller gibt die bairisch-althochdeutsche Dichtung »Muspilli« heraus, in der ums Jahr 880 vom Weltuntergang, Weltgericht und Weltbrand gekündet wird
1837	Franz Stelzhamers »Lieder in obderennsischer Volksmundart« erscheinen in Wien
1839 –1860	Entstehung weiterer Stoamberger (Stormberger)-Handschriften
1849	Die seit 1803 als Scheune zweckentfremdete Windberger Kirche Sankt Blasius wird abgebrochen

Zeugnisse

Hans Bender

Die erste Frage, die an den Parapsychologen gestellt wird, ist wohl die nach der Existenz der Prophetie, des Hellsehens in die Zukunft. Denn ein nicht geringer Teil der Zeitgenossen wird Prophetie für Aberglauben halten. Andere werden davon überzeugt sein. Vom Standpunkt der Parapsychologie, der Wissenschaft von den okkulten Erscheinungen, kann man Folgendes sagen: Wir haben als Hauptforschungsgebiet die Untersuchung der sogenannten »außersinnlichen Wahrnehmung«, die in drei Formen untersucht wird: Telepathie, die außersinnliche Beziehung zwischen Menschen, vielleicht auch Tieren; dann Hellsehen, die außersinnliche Wahrnehmung von objektiven Sachverhalten, und Hellsehen in die Zukunft: wir nennen das Präkognition.

Die Parapsychologen sind heute von der Existenz der Präkognition, der Prophetie, zum großen Teil überzeugt. Es hat lange gedauert, denn die Behauptung, daß die Zeit übersprungen werden kann, ist so ungeheuerlich, daß wirklich ein sehr massives Beweismaterial notwendig ist.

1. Oktober 1975

Norbert Backmund

Ich bin Prämonstratenser im Kloster Windberg. Dort lebte vor 180 Jahren als Klostermüller der bekannte Mühlhiesl alias Mathias Lang. Und da hat man mich immer gedrängt, ich möchte der Sache nachgehen, etwas darüber schreiben; aber ich wollte das natürlich in der richtigen Weise tun und habe mich erst noch mit der Wissenschaft der Parapsychologie möglichst vertraut gemacht. Ich habe sämtliche Werke von Professor Tenhaeff studiert und zwar in der Ursprache, holländisch. Ich bin dann allen Quellen

nachgegangen, um diesen Mathias Lang auch aktenmäßig zu erfassen. Und es gelang mir, die Volkstradition aus den Akten in manchen Dingen zu bestätigen.
Mathias Lang hat existiert, er ist also durchaus erfaßbar, historisch, er war Klostermüller, er hat schlecht gearbeitet, wurde davongejagt, genau wie die Volkstradition es sagt, und er hat in den Mühlen gelebt, die ihm die Volkstradition heute noch zuweist. Daß er Hellseher war, kann man allerdings aus den Akten nicht ersehen; man weiß auch nicht, wo er gestorben ist. Also, der Mühlhiesl, Mathias Lang, lebte in Hunderdorf, zu Füßen des Klosters Windberg.
Ich versuchte, durch Befragung von alten, von Jugend auf mit der Prophezeiung vertrauten Leuten zu erforschen, wie weit die Tradition der einzelnen Aussagen zurückreicht. Daß die »Roten von Osten kommen« ist schon für die neunziger Jahre bezeugt, also in einer Zeit, da sich niemand einen Vers darauf machen konnte.
Der Mühlhiesl hat diese Dinge behauptet, als sie wirklich noch nicht in Sicht waren. Heutzutage können wir auch ohne Hellseher die Meinung äußern, daß diese Dinge auf uns zukommen. Mir wurde von Menschen, die 1895 schon gelebt haben, mitgeteilt, daß das Volk damals schon dem Mühlhiesl in den Mund legte: »Die Roten kommen von Osten.« Und damals wußte man noch nicht, warum sie rot sind und warum sie von Osten kommen. Auch die Geldentwertung in der Inflation (»lauter Papierflanken«) läßt sich lange vor 1923 schon nachweisen.

21. Juli 1975

Benno Hubensteiner

Es war in dieser Zeit des späten 18. Jahrhunderts, daß der berühmte Mühlhiasl von Apoig durch die Bauernstuben des Gäubodens und des Böhmerwaldes ging. Die aufgeklärten Prämonstratenser von Windberg jagten zwar den sonderlichen Mann kurzerhand zum Kloster hinaus, aber in den Dörfern und Einöden war er überall daheim und wohlgelitten. Und ob er im breiten Mühlwasser von Apoig die Buben mit dem Kahn spazierenfuhr oder von der Bergeshöh' aus über die Waldheimat hinschaute, überall fühlte er sich gedrängt, in seltsam bildhafter Sprache von den künftigen Zeiten zu reden. Im letzten aber gingen alle seine Prophezeiungen immer wieder auf dieselbe schlichte Bauernweisheit hinaus: daß es nicht gut enden könne und der »Bänk-Abräumer« nimmer weit sei, wenn man einmal gänzlich abfiele von Vätersitte und Väterbrauch. In der hintergründigen Gestalt des Mühlhiasl von Apoig verdichtet sich mitten in der Aufklärungszeit die beharrende Kraft des bayerischen Stammes zu symbolhafter Größe. Und was das lebendige Weiterwirken bis zum heutigen Tag anlangt, so kann sich kein einziges gedrucktes Buch der bayerischen Aufklärung mit dem gesprochenen Wort des Mühlhiasl messen.

Bayerische Geschichte, 1950

Alfons Schweiggert

Was mich am Mühlhiasl fasziniert? Neben solchen seiner Voraussagen, die sich bereits bewahrheitet haben, ist es vor allem seine bildkräftige, urwüchsige Sprache mit ihren rätselhaften, aber treffenden Umschreibungen, die häufig neuzeitliche Erfindungen kennzeichnen, die es zu seiner Zeit überhaupt noch nicht gab. So nennt er die Eisenbahn den »eisernen bellenden Wolf« und die Schleppkähne auf der Donau »eiserne Hunde«, das Luftschiff Zeppelin den »silbernen Fisch«, und Stöckelschuhabdrücke meint er, wenn er sagt: »Die Weiberleut werden sich spuren wie die Geißn.« Die Mondfahrt umschreibt er mit den Worten: »Wenn d'Leut amal auffn Mo'schei auffifahrn«, und das Waldsterben schildert er so: »Der Hochwald schaut aus wie'm Bettelmann sein Rock.« Besonders schaurig nennt

er den nächsten großen Krieg »das große Abräumen«, in dem zudem eine Seuche, »der Bankabräumer«, die Menschheit reduziert.
Zu denken gibt mir auch immer wieder der berühmte Schlußsatz Mühlhiasls: »Kein Mensch will's glauben.« In der Tat, das fällt nicht immer leicht. Es wäre aber zu billig, die Voraussagen mit krankhaften Hirngespinsten oder kalkulierter Panikmache abzutun. Andrerseits wäre es sehr gefährlich, auf Grund der Ankündigungen die Hände in den Schoß zu legen und der dunklen Zukunft untätig entgegenzutreiben.
Insofern ist die in den Weissagungen intendierte Ausweglosigkeit des zukünftigen Weltgeschehens entsetzlich bedrückend, zumal immer deutlicher wird, daß der Weg in diese Einbahnstraße ohne Umkehrmöglichkeit weltweit tatsächlich längst eingeschlagen wurde. Erfreulich wäre es, wenn gerade deshalb alle gutwilligen Menschen sich verstärkt um eine Heilung der brüchig gewordenen Welt bemühen würden, nicht zuletzt auch deshalb, weil Mühlhiasl nach dem »großen Abräumen« eine »schöne Zeit« voraussieht, in der Menschlichkeit wieder zu ihrem Recht kommen soll: Der einzige Lichtblick in dieser dunklen Prophetie, allerdings wohl nur für den, dem es vergönnt ist, diese neue Zeit zu erleben.

20. Januar 1992

Eugen Oker

Da haben wir mit unserem geliebten Führer Adolf Hitler ganz Europa, ja sogar ein bißl ein Afrika vom Deutschen Wesen genesen lassen, mit Gewalt allerdings, weil sie freiwillig nicht ums Verrecken gewollt haben, und haben das rote Untermenschentum schon auf dem Boden gehabt, von dem es sich nie wieder erheben wird, wie man uns glaubwürdig versichert hat, da hat es sich samtdem aufgerappelt und ist uns immer näher und näher auf den Pelz gerückt, da hat es dann immer mehr und mehr gegeben, wo zum zweifeln angefangen haben und auf einmal ist bei uns von einem gewissen Stormberger oder Mühlhiasl die geheimnistuerische Rede gewesen, einem Propheten aus der Zeit vom alten Maxen und vom Wald hinten, dem Böhmerwald, der wo weiß, wie diese ganze Hundsfotzen einmal ausgeht, und zwar miserabel. Ein wie ein guter Vorauswisser daß er ist, hat man aus etlichen von seinen Prophezeiungen entnehmen können: der Eiserne Hund wird in den Wald kommen und die Weiber werden wie Geißen spuren, womit er die Eisenbahn und die Stöckelschuh vorausgesagt hat, und nachdem dieses eingetreten ist, muß auch das andere eintreffen, nämlich daß die Rotjankerln vom Böhmischen heraus über uns kommen werden, was ja nur diese Kommunisten von Rußland hinten haben sein können, o mein o mein, aber das wird nicht lang dauern: da soll man bloß einen Laib Brot untern Arm nehmen und rennen, bis man den dann aufgegessen hat, ist alles vorbei.

Hat er aber bloß halbert Recht bekommen, dieser Waldprophet, weil diese Rotjankerln sind ja nicht weiter als wie bis zu der tschechischen Grenz kommen – und jetzt sind sie nicht einmal mehr dort, ja sie haben sich, scheints, überhaupts in Luft aufgelöst. Aber das macht nichts, weil man dem Mühlhiasl schon seit etliche Jahre ein recht ein schönes Denkmal gesetzt hat, indem man einem ganz einem schönen alten Wirtshaus im Bayerwaldfreilichtmuseum, wo sie ein ganz ein wunderbares saueres Züngerl machen, seinen Namen gegeben hat.

3. Februar 1992

Franz Kuchler

Dös Einelusn in Zukunft is so alt wia dMenschheit selm. In da Biblischn Gschicht hörn ma vo Traam, wias da ägyptische Josef und da heilige Josef ghabt ham. Dö Könige

und Kaiser und dö Feldherrn ham se Astrologn gholt, daß' aus de Stern glesn hamd, wia beispielmassi da Seni, an Wallenstein sei Sterngucka. Und bei dö oafachn Leit sans dLosnächt gwen, dö eahna Zukunft, wenigstns aaf a Johr hi, verrotn ham solln. Und Kartn wern gschlogn und aus da Händ laßt man sö wahrsagn und gar aa Traam konnst da auslegn lassn, bolst wuißt. Tats ös net selm in da Silvesternacht Bleigiaßn und schaugn, ob net a Figur aufs neue Johr hi an Deuta gaab?
Seit mehr als zwoahundert Johr geistern sonderbare Prophezeiungen durchn Boarischn Wald, übern Gäubodn auße, landaaf und landab. Dabei muaß ma scho aa bedenka, daß da Waldprophet selm niggs aafgeschriebn hod vo seine Weissagungen – er hod sicher net schreibn kenna. Gredt hod a, wia eahm da Schnobl gewachsn is und dLeut ham an scho verstandn und hams nochegsogt und a so san de Prophezeiungen hausiern ganga. A dö geistlinga Herrn is zOhrn kemma und dö Schullehrer aa – ja und nacha is' halt aafgeschriebn worn, aber net in da Mundart, sondern nach da Schrift. Sicher werd aber dabei dös oane oder andere unterganga sei bei dera Übersetzung. Und wenns dWeissagung net grod guat verstandn ham, is aa ebbs wegalassn worn oder gar aa ebbs dazuakemma.
Es is gar net bloß a Neugier gwen, wenn dLeut in Zukunft schaugn ham wolln und aaf dö Prophezeiunga ghört ham, es is mehra dAngst gwen, d Angst zweng dö Kinda und Kindeskinder. s Entsetzliche, d Nout und da Schrecka vor dem kommendn End is' gwen, daß dLeut aafgehorcht ham.

4. Mai 1980

Bernhard Setzwein

Die Frage, ob sich die Prophezeiungen des Mühlhiasl nun tatsächlich alle bewahrheitet haben oder noch bewahrheiten werden, ist für mich nicht maßgebend. Dazu geht mir auch jeglicher Sinn für Eschatologie ab, für den Glauben, daß letzten Endes ja doch bloß alles »aufg'setzt« ist. (Nebenbei bemerkt, scheint mir solches Verifikationsdenken – sind seine Vorhersagen falsch oder richtig? – genau jenem stringent rationalen Denken zu entspringen, gegen das man Erscheinungen wie den Mühlhiasl immer ins Feld führt.) Nein, für mich ist der Mühlhiasl schlicht und ergreifend ein Dichter gewesen – ein um so erstaunlicherer, berücksichtigt man sein soziales Herkommen, seine Bildung, seine Möglichkeiten. Und es macht wenig Sinn, bei Dichtung danach zu fragen, ob sie sich eingelöst hat, ob sie Wirklichkeit geworden ist.

Der Mühlhiasl hat das Amt des Dichters in seiner urältesten Form ... ja, nicht begriffen, sondern wohl unbewußt ausgefüllt: als das des Sehers! Die Zukunft aus dem Vogelflug ablesen zu können, sagte man zum Beispiel den Dichtern nach. Daß sie schon immer vorzugsweise das Unheil an den Himmel geschrieben sahen, läßt sich mannigfach belegen. Eines der ältesten altbairischen Literaturdenkmäler, »Muspilli«, das fragmentarische Epos vom Weltenende aus der zweiten Hälfte des 9. Jahrhunderts, spricht bereits in denselben, wohl archetypischen Bildern zu uns wie 900 Jahre später der Mühlhiasl (man vergleiche die aus dem Althochdeutschen vorgenommene Übertragung von Josef Dünninger mit der Wortwahl Mühlhiasls): »Da entbrennen die Berge, kein Baum bleibt stehen, / nicht einer auf Erden, die Wasser austrocknen, / das Moor versiegt, zu Lohe schwelt der Himmel, / der Mond fällt, der Erdkreis brennt. / Kein Stein steht mehr fest, wenn der Sühnetag ins Land fährt, / fährt mit dem Feuer die Menschen heimzusuchen: / Da kann kein Verwandter dem anderen helfen vor dem Muspilli.«

Das Bedichten des Muspilli, des Weltenbrandes, hat in Altbaiern eine lange Tradition. Und die ist nicht nur religiös geprägt. Denn neben der Sündflut-Komödie des Jesuitenschülers Anton von Bucher gibt es genauso die

Häresien des Oskar Panizza, und Carl Amerys vom Katholizismus inspirierter Endzeitroman »Die Wallfahrer« wird komplettiert durch den gar nicht mystischen Karl Valentin. Bei ihm zittert beim Weltuntergang lediglich die Luft wie Schweinssulz, von einem Herrgott keine Spur. – Sie alle waren und sind soviel Seher, wie der Mühlhiasl Dichter war.

25. Februar 1992

Joseph Berlinger
Am Ende des Jahrhunderts, am Ende des Jahrtausends steht die Menschheit leer da. Die Ideologie der Fülle, der Völlerei und des Vielhabens hat gesiegt. Die anderen Ideologien haben verloren. Die Amtskirchen sind so unbeweglich und verkrustet, daß ihnen die Menschen davonlaufen. Der Westen, das Abendland hat Bedarf nach Sinn. Im Konsumieren kann er nicht liegen. Die Gurus und Propheten werden einer Prüfung unterzogen. Wer von ihnen gibt uns etwas? Einer aus Bayern, der vielen etwas gibt, ist der Mühlhiasl. Sein Weltbild ist eine sonderbare Mischung aus Gläubigkeit, Fortschrittskritik und Ökologie. Seine »Lehre« ist zwar in die Zukunft gerichtet, aber sie beschreibt die Verirrungen unserer Vergangenheit. Den neuen, den besseren Weg zeigt er uns zwar nicht, aber er richtet unser Augenmerk auf den alten, schlechten. Und das ist immerhin ein Stück Orientierung.

29. Februar 1992

Hans F. Nöhbauer
Schließlich fiel es auch uns Kindern auf, daß im Dorf kaum noch jemand an die versprochenen Wunderwaffen oder an den Endsieg glauben mochte. Aber darüber hat man in der Öffentlichkeit nicht gesprochen, und auch die Mel-

dungen von deutschen Verlusten und Rückzügen, die man aus dem Londoner Funkhaus oder vom Soldatensender Calais gehört hatte, erzählte man nur im vertrautesten Kreise weiter. Die wahre Nachricht im falschen Ohr, das wußte man, konnte den Tod bringen ...

Dann aber, als die Sondermeldungen immer rarer wurden, als sich die fremden Armeen von Osten und von Westen an die deutschen Grenzen herankämpften – oder verliefen die Frontlinien damals schon in Deutschland? –, eines unbekannten Tages also hörte ich zum ersten Mal den Satz: »Der Mühlhiasl hat scho recht ...«, und in einem bayerisch eingefärbten Hochdeutsch ging es dann weiter: »Von Osten her wird es kommen und im Westen aufhören. Der letzte Krieg wird der Bankabräumer sein. Er wird nicht lange dauern. Es wird so schnell gehen, daß kein Mensch es glauben kann ...«

Und ich hörte diese und hörte ähnliche Sätze des Waldpropheten nun immer öfter. Es ist in der Erinnerung, als hätten alle Menschen, denen ich in meinem niederbayerischen Dorf begegnete, die dusteren Weissagungen aus dem Wald gekannt. Alle wußten sie auswendig herzusagen, und zuletzt hörte ich sie so oft, daß auch ich mich am Aufsagen dieser prophetischen »Gsatzln« beteiligen konnte. Am Hersagen und am Spekulieren. Denn noch ehe der Große Krieg aus war, fragte man, ob das denn nun auch wirklich schon der letzte Kampf war, oder ob das irgendwann wieder weitergehen würde.

Wenn dann alle Szenarien künftiger Verheerungen durchgespielt waren, folgte regelmäßig die Aufzählung jener vielen Vorhersagen, die bereits eingetroffen waren: der eiserne Hund, die roten Hausdächer und die Stöckelschuhe, dazu der Baum auf dem Kirchturm von Zwiesel, und hatte man es nicht eben erst erlebt, wie sie 1941 (oder war es 1942?) das Kreuz aus den Schulen reißen wollten und wie sie dabei dann doch – zum erstenmal seit sie am Regieren waren – den kürzeren ziehen mußten.

So also redeten sie, und niemand hatte mehr Angst, die wahre Prophetie könnte in falsche Ohren kommen und Unheil über die Familie bringen. Warum war die Furcht verflogen? War's der naive Glaube, diese Vorhersagen seien erlaubt, da sie ja nicht von konkreten Ereignissen berichten – man sprach doch nicht von einer verlorenen Stadt oder einer Niederlage an einem Frontabschnitt wie der Londoner Rundfunk, sondern ganz vage und in einer beinahe biblischen Bilder-Sprache von einem kleinen Weltuntergang.
Erst lange nach dem Krieg (der für unser Dorf so viel sanfter zu Ende ging, als wir es uns, die Mühlhiasl-Vorhersagen rezitierend, erwartet hatten) erfuhr ich, daß die Gestapo die Verbreitung der Prophezeiungen des schon so lange toten Waldlers verboten hatte.
Aber ob das nun alles vorbei ist, ob sich gleichsam das Wort dieses Sehers erfüllt hat, wer weiß es? Noch scheint die Sonne, noch kann man Sommer und Winter – wenn auch lange schon nicht mehr so deutlich wie in der Kindheit – auseinanderkennen. Noch ...

28. März 1992

Hans Carossa

Jetzt aber erzählte die Senz von den Prophezeiungen, die seit anderthalbhundert Jahren im Bayer- und Böhmerwald umlaufen. Zeitenweise vergaß das Volk auf sie; dann aber huschten sie auf einmal wieder durch die abendlichen Spinnstuben.
Die Dichterin (Emerenz Meier) dämpfte die Stimme, als fürchte sie heimliche Lauscher; in mir vermutete sie wohl einen besonders guten Zuhörer, hätte aber einen noch besseren verdient. Ein junger Mensch, der eben erst zu entdecken beginnt, wie wunderbar es mitten im Alltag zugeht, hat kaum den rechten Sinn für Märchen, und etwas anderes als Märchengespinste sah ich nicht in diesen Vor-

hersagungen, die man einem längst verstorbenen Hirten oder Waldhüter zuschrieb. Die eisernen Wägen, die ohne Rosse und ohne Deichsel fahren, gab es freilich schon in Form von Eisenbahnen; Kraftwägen kannte das Land noch nicht. Der große Krieg aber, der für eine Zeit verkündet war, wo die »Rabenköpf«, also die schwarzen Kopftücher der Bäuerinnen, »schön stad wieder abkommen« würden, der stand noch aus, und ich glaubte so wenig an ihn wie an die Vertreibung von Kaisern und Königen oder an das Ungültigwerden des Geldes. Auch nahm ichs nur als eine hübsche, nicht gerade neue Phantasie, daß die Menschen dann in der Luft fliegen würden wie die Vögel. Die Erzählerin aber glühte von diesen Gesichten; sie schien auch an die allgemeine Seelenverfinsterung zu glauben, die dem Krieg dereinst folgen werde, da müsse einer den andern hassen, der Himmel werde ein Zeichen geben, das große Abräumen stehe bevor. Wer dann auf der Flucht zwei Brotlaibe unter dem Arm trage und einen verliere, der solle ihn liegen lassen und weiterlaufen, einer sei ausreichend, bald werde alles vorüber sein. Wer zur Nachtzeit auf dem Rachel oder auf dem Lusen stehe, der sehe nirgends ein Lichtlein mehr, öd und ausgestorben sei das Waldland, Brennesseln wüchsen aus den Fenstern. Einmal aber, wenn die Leute genug »gereitert« (durchgesiebt) seien, komme eine gute, fromme Friedenszeit. Wer dann noch lebe, der kriege Haus und Grund geschenkt, und je mehr Hände einer habe, um so mehr werde er gelten.

Das Jahr der schönen Täuschungen. 1941

Walter Münz

Die Gestalt des Mühlhiasl trägt seit geraumer Zeit viele Kennzeichen einer Wandersage. Wer im Bayerischen Wald oder nebenan aufgewachsen ist, kennt nicht nur die verschiedensten biographischen Varianten, sondern selbst

Deutungen selbsternannter, völkisch motivierter Heimatforscher, die den Waldpropheten schlichtweg mit einem Sonnenmythos identifizierten. Nach dem Zweiten Weltkrieg andererseits, zumal seit dem »Sputnikschock« gegen Ende der Fünfzigerjahre, begannen vaticinationes post eventum zu sprießen, Zuschreibungen von Vorhersagen also, die in mehr oder weniger sentenzhafter Form laufende politische und technische Entwicklungen dem Mühlhiasl-Zitatenfundus zuschlugen. Um so überraschender ist es, unter dem Wust der Verformungen und Entstellungen und im Schatten einer wohl nie mehr ganz zu klärenden Identität ein paranormales Talent von seltener Präzision zu entdecken. So waren mir selbst noch glaubwürdige Gewährsleute bekannt, die etwa 1911 der Marokkokrise keine kriegsauslösende Bedeutung beimaßen, da der an den Ausbruch des Großen Kriegs geknüpfte Satz vom eisernen Wolf oder Hund, der auf dem eisernen Weg durch den Vorwald bellen würde, noch nicht eingetroffen war. Einiges, was auf uns in seiner Exaktheit ebenso befremdlich wirken mag wie auf unsere Großeltern die so umschriebene Streckeneröffnung Kalteneck-Deggendorf am 1. August 1914, ist vorderhand noch uneingelöst. Um mit einer gehörigen Portion Unbehagen in die Zukunft zu blicken, braucht man freilich heute kein Hellseher mehr zu sein.

27. Dezember 1991

Mühl-Hiasl, der Waldprophet

von Anton Ederer, Pfarrer

Menschen können ahnend schauen,
spüren ferne Schreckensdinge,
feinstes Fühlen bebt beim Grauen,
wenn zieht Massentod die Schlinge.

So Matthias Lang, der Waldsohn,
war in Hunderdorf geboren,
Jugend kannte wenig Lichtsonn,
war vom Glück nicht auserkoren.

In Apoig stand seine Hütte,
ging nach Windberg in die Schule,
lernte Vaterunserbitte,
lernte auch so manche Schrulle.

Säge, Hobel mußt er nehmen,
als er aus der Schul entlassen,
mußte Phantasie eindämmen,
mußte stramm die Pflicht erfassen.

War von Müllern viel geschätzet,
wenn ein Mühlrad war gebrochen,
nach der Arbeit er viel schwätzet,
was der Pater hat gesprochen.

In der Kirch hört keiner schärfer,
als Matthias in dem Stuhle,
manches Wort wirkt wie Scheinwerfer,
Kopf dreht sinnend seine Spule.

Leben, Treiben auf der Erde,
gleicht es nicht den Noe-Zeiten?
Noch kanns halten Gottes Gerte,
doch das Übel will sich weiten.

Schon sitzt Gift in heißen Adern,
wirket weiter in die Ferne,
brechen werden Ordnungsquader,
wenn erlöschen Glaubenssterne.

Wagend sitzt der junge Mühlknecht
auf den baumumringten Höhen:
Zerschlaget nur das Gottesrecht,
dann verschlingen Höllenwehen.

Auch die Kirch muß etwas büßen,
hatt zuviel der Größ und Ehre,
darf nicht liegen auf Samtkissen,
opferhart ist ihre Lehre.

Fastenpredigt rief die Leute,
in der Kirch das Volk sich dränget,
Vorhall sperret in der Breite,
Hias fühlt seine Brust beenget.

»Müßt das Kloster bald verlassen,
gute Mönche tragt das Schicksal!
Seht, Gottlose wolln euch hassen,
jagen euch in Not und Trübsal!«

Patres lachen ob der Sprüche,
Sonderling denkt eigenwillig,
doch Geduld geht in die Brüche:
»Hias, hinaus! Dein Wort ist billig.«

Ärgerlich muß Hias drauß stehen,
ruft noch einmal: »Ich komm wieder!
Aber, Patres, ihr müßt gehen,
euer Los ist leidvoll bitter!«

»Kinderköpfe werden schauen
aus der Stallung, die so prächtig.
Wohnungen wird man da bauen,
Räuber Staat ist euer mächtig.«

Klöster will man frech aufheben,
giert nach altem Klostergute.
Neue Menschheit will so leben,
folgt gar zäh dem Raubtierblute.

Heilig Kreuz, das Wallfahrtskirchlein,
rüstet froh zum großen Feste.
Kreuz Auffindung lockt viel Menschlein,
wollen sein des Herrgotts Gäste.

Patres schreiten auf Kammhöhe,
da kommt Bote tiefbetroffen.
Treues Volk klagt schmerzvoll Wehe:
»Hiasls Wort läßt Schlimmstes hoffen!«

Kommissäre der Regierung
treiben Patres aus der Wohnung.
Düstre Stunde der Verirrung
kennt nur Raub, will keine Schonung.

Doch der Hias fragt sich verlegen,
bitter schwer ist solch Gespüre,
muß solch dunkle Sichten hegen,
daß der Kopf wird dumpf und wirre.

Der Mühlrichter will jetzt wandern,
Zupfgeig ward ihm froh Begleiter.
Immer drängt es ihn zum Andern,
lenkt dann Schritte immer weiter.

Singt und sagt, daß »Welt verdrehet,
daß gar alles ist verblendet,
wenn nicht andrer Wind bald wehet,
alles Streben hier bald endet.«

Hiasl schritt Wald auf und nieder,
einprägsam war all sein Reden,
manches klang hinein in Lieder,
wie Prophet spann er die Fäden.

In der Mode sah er Abfall
von der Keuschheit, von der Sitte.
Wenn noch weiter geht solch Verfall,
hilft kein Beten, keine Bitte.

Mädchen ihr Geschlecht vergessen,
kleiden sich, als wärn sie Buben,
tun in Frechheit sich dann messen,
immer schlechter wachsen Ruben.

Andre tragen bunte Sachen,
wolln die Eva stark betonen,
alte Trachten das nicht machen,
Eitelkeit sucht Schönheitsbronnen.

Burschen gieren nach den Weibern,
schmücken sich, um zu gefallen.
Zierrat hängt an ihren Kleidern,
großes Wort sie gern verknallen.

Glaube will gewaltig sinken,
böse Sitt, ein schlechter Führer,
nach dem Scheinglanz will man blinken,
hören auf den Weltbrandschürer.

Abwärts rutschen alle Völker,
so, wie in den Sintflutstagen.
Sittlichkeit wird schwach und welker,
wann wird Schnitter Tod nachfragen?

Auf der Ofenbank man sitzet,
kommt herein ein großer Flegel,
rauft, bis alles Blut sich hitzet,
bis entscheidet starker Schlegel.

So wird Tod der Bankabräumer,
Ende setzt er losem Schwätzen,
packt den Wachen wie den Träumer,
will mit Blut die Erd benetzen.

Alle fragen, wann wird kommen,
wann wohl werden wirs erleben?
Helfen nicht die vielen Frommen?
Rettung könnten sie erstreben.

Bei Apoig ein Haus wird bauet,
frischer Bub will froh hingucken,
Hias ihm eine runterhauet:
»Hör! Wirst bald die Zeit verrucken!«

Nimmer wird das Haus ganz fertig,
bis da kommt das große Sterben,
diese Watsche ist vollwertig,
daß du's sagest deinen Erben.

Ein Jahrhundert war vergangen,
seit der Hias verließ das Kloster.
Lange währt das Hangen, Bangen,
Welt wird immer mehr verboster.

Hias weiß noch ganz andre Zeichen,
Silbervögel werden fliegen,
Eisenstraßen Hände reichen,
auf den Schienen Wägen liegen.

Werden bellen wie die Hunde,
werden ganzen Wald durchlaufen,
werden künden diese Stunde,
wo dann alle Menschen raufen.

Ohne Pferd wird man kutschieren,
ohne Flügel hoch hinschweben,
dennoch wird das Unheil führen,
da die Menschen böse leben.

Kleiner wird zunächst beginnen,
wird dann große Trübsal schaffen.
Keiner kann den Preis gewinnen,
erst der Groß wird ihn erraffen.

Als der Kleine warf die Fackel,
in den Völkerbund der Mitte,
fiel auf ihn des Mordes Makel,
Fluch begleitet seine Schritte.

Dennoch wird der Sieg zur Frage,
von den Enden kommen Heere,
Blei belastet Schicksalstage,
Deutschland bleibt nur noch die Ehre.

Übers Meer naht jetzt der Große,
Schiffe bringen Schreckenswaffen,
wild es gärt im deutschen Schoße,
man will blut'gen Aufruhr schaffen.

Seltsam ist die neue Lage,
Fledermaus prägt neuen Geldschein,
seine Schwindsucht wird zur Plage,
achtlos wirft mans in den Wandschrein.

Doch ein Goldstück ist gar kostbar,
mit ihm kauft man große Äcker,
wer gespart das, wenn auch ruchbar,
ist des Reichtums Neuerwecker.

Nach dem Herren wird man rufen,
der die Ordnung schafft in Eile,
der versteht auch fest zu bluffen,
der da führt zum guten Heile.

Mit Gesetzen hart und strenge
wird er Volk und Staat regieren;
soviel macht man im Gedränge,
daß sie Groß und Klein verwirren.

Steuern bringt man, soviel drückend,
daß so mancher kann nicht zahlen.
Doch sein Tun ist schier berückend,
viele in die Netze fallen.

Eintracht predigt er so mutig,
daß zwei sitzen auf Holzschragen,
jedem ist die Welt zu blutig,
daß Mißtrauen beide tragen.

Allen wird er Haut abziehen,
der Diktator mit der Peitsche.
Furchtsam werden manche fliehen,
Sklave wird der arme Deutsche.

Wenn soll Flammen sprühn sein Glücksstern,
wird ein Himmelszeichen strahlen.
Volk folgt willig seinem Reichsherrn,
Kriegsruf wird die Welt durchhallen.

Krieg wird sein wie lauter Feuer,
Schnitter Tod wird emsig mähen,
Schrecken wächst ganz ungeheuer,
Zeit wird Not und Kummer säen.

Reichtum wird zu Spreu zerschlagen,
letzter Bub muß in die Fremde.
Wer will Allerletztes wagen,
steht so arm wie Mensch im Hemde.

Schicksal wird zur schwersten Strafe,
Volk hat seinen Gott verloren,
da hilft keine Schreckenswaffe,
Unglaub hat das Leid geboren.

Trug man Christus über Straßen,
niemand wollt das Knie mehr beugen,
alles Lieben ward zum Hassen,
alles Gute mußte schweigen.

Priester wollt man schlecht mehr grüßen,
galten als verschrobne Künder,
selbst die Kirchen mußt man schließen,
weil am Werk die Fremdguts Finder.

Doch zum Führer tut man jubeln,
selbst als sich die Himmel schwärzen,
weiß im lauten Chor zu trubeln,
weiß zu lachen und zu scherzen.

Männer gleich den Puppen fallen,
fürchten sich in Kirch zu gehen,
es genügt ein Peitschenknallen,
sie wie Flaum in Luft verwehen.

Kruzifixe will man werfen
zum Gerümpel in die Kammer,
doch die Zungen kann man schärfen,
Spott und Hohn – welch Trost im Jammer!

Ist der Führer dann gefallen,
wird man 's Kreuz dann hervorholen,
will das Kreuz an Häuser malen,
alles wird dann beten wollen.

Doch solch Wandlung nützt nur wenig,
Unheil bricht herein in Strömen,
Angst und Furcht gilt keinen Pfennig,
tut man weiter sich bequemen.

Wie im Wirbel wird man tanzen,
will vergessen alles Leiden,
will sich hinter dem verschanzen,
daß man mußt viel Freude meiden.

Waffenfriede will Bewährung,
ob das Volk zu Gott heimfindet.
Weh! Versagt es ihm die Ehrung,
Gott dann neue Ruten bindet.

So arg schnell das Unheil schreitet,
daß am Wirtstisch spielen Leute,
grausig sich das Auge weitet,
wenn hereintritt fremde Meute.

Der Rotjackeln wilde Horden
kommen über Böhmens Berge,
wollen plündern, rauben, morden,
da braucht's keine Leichensärge.

Auf dem Stoppelfeld stehn Garben,
wenn die Feind ins Land eindringen,
leuchtend flimmern Sommerfarben,
will der Tod die Ernt einbringen.

Viele werden sich verstecken,
Hiasl nennet viele Orte,
dort wird Sicherheit umhegen,
Einsamkeit wird dann zum Horte.

In Waldmünchen ist's das Bärnloch,
in Englmar die Hohe Breite,
in der Sintflut ragt die Arch hoch,
man ist fern dem blutigen Streite.

Jedem Waldlerort gilt Mahnung,
Greise geben's warnend weiter,
wohl das Jahr spürt keine Ahnung,
spotten mag, wer scheint gescheiter.

Liegt ein Türschloß auf der Erde,
wird es dünn wie Blech zertreten;
soviel Völker jeder Rasse
kommen, rauben aus den Stätten.

Furcht jagt wie die wilde Sturmnacht
durch die Länder, durch die Gaue.
Feuer lodern durch die Blutnacht,
blutrot färbt sich manche Aue.

Wenn so brennt das Bergnest Arnstein,
ihr Waldmünchner lauft und rennet,
Wenn ihr seht den grellen Lichtschein,
nehmt zwei Brotlaib! Keiner höhnet!

Schwarzachmühle braucht kein Wasser,
Blut fließt hoch zu deinen Rädern,
Macht hat jetzt der Menschheitshasser,
läßt jetzt sühnen in Blutbädern.

Flieh, wer will dem Tod entgehen!
Fällt ein Brotlaib – dann kein Bücken!
Todesflügel kurz nur wehen,
Hunger kann dich nicht erdrücken.

Dort, wo ragen keine Höhen,
sucht auf Garben im Kornfelde,
dort versteckt euch, wollt recht flehen,
daß Erlösung kommt in Bälde.

In Kartoffelfurchen fliehet,
rasch vereilen die Kolonnen.
Nach dem Süden der Feind ziehet,
keinen wird er dort verschonen.

Glücklich, wer abseits der Straße,
in der Einöd kann still leben.
Glücklich, wem versperrt die Gasse,
wo wird's Höllenschrecken geben.

Donau hemmt erst grause Sturmflut,
Hiasl spricht da vom Ausraufen,
fieberhaft steigt dort die Kampfglut,
Land will fast im Blut ersaufen.

Der Gäuboden wird verheeret,
Sintflut ziehet weite Kreise.
Alle Ställe ausgeleeret,
hilflos ganz die Kinder, Greise.

Keine Kuh ist mehr zu hören,
wäre es in einem Falle,
silbern Glöcklein müßt sie ehren,
Freude wär mit einem Male.

Auch die Pferde sind verschwunden,
gäb es eines noch durch Zufall,
goldner Huf müßt Fuß umrunden,
alles weg durch Raub und Unfall.

Straubing ist gar nicht zum Kennen,
Fuhrmann will die Lage zeigen,
Peitschenstiel soll das benennen,
wo im Leid sich Trümmer beugen.

Gräßlich Los fürs arme Bayern,
hat am längsten doch bestanden,
wollt in Gott sich nicht erneuern,
Schlimmstes kommt ihm jetzt zuhanden.

Große hat man klein geschlagen,
Kleine saßen hoch zu Rosse,
doch den braucht kein Teufel jagen,
dem die Habsucht gärt im Schoße.

So war's schon beim starken Führer,
doch sein Gift sitzt noch im Blute,
als die Lüg macht toll und wirrer,
saugt der Mensch ganz wild am Gute.

Herrenjagd läßt Bittres ahnen,
gilt nun denen mit feinen Händen,
die da folgten falschen Fahnen,
die versäumten, Not zu wenden.

Wie ein Raubtier stoßt der Feind vor,
Leute fliehen in die Berge,
Gottesmacht verschließt das Südtor,
Teufel bebt vor dieser Stärke.

Wunder dann plötzlich geschehen,
wilde Angst peitscht Mörderhorden,
sehn im Osten Feuer stehen,
Macht zerbricht nun allerorten.

's Böhmerlandl muß noch büßen,
eisner Besen kehrt es nieder,
alles Blut, das hier muß fließen,
bringt die Gottesordnung wieder.

Arg verödet liegen Felder,
nur im Wald kräht Hahn und Henne,
Flüchtling' suchten tiefe Wälder,
stille ist des Bauern Tenne.

Plötzlich leuchten Feuerzeichen,
künden Menschen, die noch leben,
aus Verstecken manche weichen,
ihre Glieder angstvoll beben.

Bruder, Schwester tut man grüßen,
liegt voll Freude in den Armen,
Freudentränen zahlreich fließen,
mög sich nun Gott ganz erbarmen.

Waldler senden gauwärts Botschaft,
wie die Schlacht ist ausgegangen,
Melder bringen diese Kundschaft,
daß das Leben angefangen.

Doch die ersten, die es wagen,
will das Schicksal nicht beglücken,
andre Kämpfe Unheil tragen,
dumpfe Not will schwer bedrücken.

Späher wiederum erzählen,
daß viel Häuser leer noch stehen,
bessres Los könnt man erwählen,
wollt man drauß in Arbeit gehen.

Bayerwald tut nun veröden,
ohne Sterb und Krieg und Feinde,
doch nach Süden bringt man 's Beten,
Menschen werden Gottesfreunde.

Jesus Christus sei gelobet,
so nur grüßt man in dem Lande,
Glaube hat sich doch erprobet,
dient dem Glück zum Unterpfande.

Jeder hat gar viel verloren,
Menschen, die ihm lieb doch waren;
doch das Neue ist geboren,
Treu und Glaube der Vorfahren.

Fried und Glück blüht aus Ruinen,
Gott ist treuem Volk ein Schützer,
läßt es wieder Größ gewinnen,
bleibt der neuen Ordnung Stützer.

Als der Hiasl das gesprochen,
wollten viele ihm nicht glauben,
hat dann alternd eins versprochen,
das soll allen Zweifel rauben:

Fahrt ihr mich einmal zum Grabe,
werd ich euch noch tot entlaufen,
mit des Totenhemdes Habe
will ich aus dem Sarg mich raufen.

Als man fährt den steilen Abhang,
rutscht der Sarg herab vom Wagen,
Deckel hebt sich wie ein Vorhang,
Hiasl will noch Amen sagen.

Der das alles hat erkundet,
war des Glaubens Allerschwächster.
Zeiterlebnis hat gerundet,
Hiasl ward im Rat ein Nächster.

An die Heimat tief gebunden,
sah er wohl der Endzeit Zeichen,
Zukunft ist von Leid umwunden,
Unheil kann kein Mensch entweichen.

Doch sein Letztes ist der Friede,
geben Menschen Gott die Ehre,
Welten leuchten in der Blüte.
Nicht vergesset Hiasls Lehre!

10. Februar 1949

Literatur über den Mühlhiasl

Buchveröffentlichungen

Adlmaier, Conrad: Blick in die Zukunft. Traunstein 1950, 1957, 1961

Backmund, Norbert: Hellseher schauen die Zukunft. Windberg 1961, Grafenau 1972, 1974

Becsi, Kurt: Aufmarsch zur Apokalypse. Wien 1971

Bekh, Wolfgang Johannes: Bayerische Hellseher. Pfaffenhofen 1976 ff, München ab 1989

Bekh, Wolfgang Johannes: Das dritte Weltgeschehen. Knaur-Taschenbuch 4139, München 1985

Böckl, Manfred: Mühlhiasl, der Seher von Rabenstein (Einzeldarstellung). Passau 1991

Brik, Hans Theodor: Die Vision der letzten Tage. Würzburg 1987

Carossa, Hans: Das Jahr der schönen Täuschungen. Leipzig 1942

Friedl, Paul (genannt Baumsteftenlenz): Die Stormberger-Prophezeiung (Einzeldarstellung). Zwiesel 1925 und 1930

Friedl, Paul: Mühlhiasl – der Waldprophet (Einzeldarstellung, Roman). 2. Auflage Rosenheim 1968, Verlag »Museumsdorf Bayerischer Wald, Tittling« seit 1987

Friedl, Paul: Prophezeiungen aus dem bayerisch-böhmischen Raum. Rosenheim 1974

Hagl, Siegfried: Die Apokalypse als Hoffnung. München 1984

Haller, Reinhard: Der Starnberger, Stormberger, Sturmberger (Einzeldarstellung). Grafenau 1976

Haller, Reinhard: Prophezeiungen aus Bayern und Böhmen. Grafenau 1982

Hubensteiner, Benno: Bayerische Geschichte. München 1950, 1977, 1980 f.

Hübscher, Arthur: Die große Weissagung, Geschichte der Prophezeiungen mit Texten und Deutungen vom Altertum bis zur Neuzeit. München 1952

Kirmayer, Antonius: Die Prophezeiungen des Waldpropheten »Mühlhiasl«, auch »Stormberger« genannt (Einzeldarstellung). Passau 1949

Klee, Konrad: Nostradamus, Prophet der Zeiten und Momente. München 1982

Ortner, Reinhold: Die Berge werden erheben. Stein a. Rh. 1982

Pörnbacher, Hans (Hrsg.): Bayerische Bibliothek, Bd. 3. München 1990

Pohl, Erwin: Große Ereignisse stehen bevor. Wien 1989

Putzien, Rudolf: Nostradamus, Weissagungen über den Atomkrieg. München 1958

Retlaw, E. G.: Prophezeiungen über Ausbruch und Verlauf des dritten Weltkrieges. Murnau 1961

Schönhammer, Adalbert: PSI und der Dritte Weltkrieg. Bietigheim 1978

Schrönghamer-Heimdal, Franz: Alle guten Geister. Passau 1954, unter dem Titel: Post aus dem Jenseits. Passau 1977

Silver, Jules: Prophezeiungen bis zur Schwelle des 3. Jahrtausends. Genf 1974

Stocker, Josef: Der 3. Weltkrieg und was danach kommt. Wien, 3. Auflage 1978

Vegesack, Siegfried von: Der Waldprophet (Einzeldarstellung). Heilbronn 1967, später Grafenau 1972

Widler, Walter: Buch der Weissagungen. Gröbenzell, 9. Auflage 1961

Zeitler, Walther: Der Mühlhiasl und seine Prophezeiungen (Einzeldarstellung). Amberg, 1. Auflage 1987

Zöllner, Johann Nepomuk: Historische Skizzen aus dem Bezirke Regen. Regen 1879

Aufsätze

Backmund, Norbert: Neues zur Mühlhiesl-Frage. In: Der Bayerwald 1954/1

Backmund, Norbert: Prophetie am Beispiel des bayerischen Waldpropheten. In: Straubinger Kalender 1983

Bauer, Josef Martin: Der Mühl-Hiasl. In: Gehört-gelesen (Programmzeitschrift des Bayerischen Rundfunks) München 1955, Heft 1

Böckl, Manfred: Vom Mühlhiasl, dem Volk der sieben Sterne ... In: lichtung, ostbayerisches magazin, Jan./Feb. 1992/1

Breibeck, Otto Ernst: Der Mühlhiasl – seine Prophezeiungen aus dem Bayerischen Wald, die auch heute noch zu denken geben. In: Münchner Merkur 17./18. Februar 1979

Fragner, Wolfram: Bayerische Propheten. In: Bayerland, 72. Jahrgang, Nr. 4, München 1970

Friedl, Paul: Gab es einen Waldpropheten Stormberger? In: Der Bayerwald 61/1969

Hofmann, Georg: Dem Mühlhiasl auf der Spur. In: Der Familienforscher in Bayern, 1952

Hofmann, Georg: Der Mühlhiasl. In: Der Bayerwald 87/1957

Haller, Reinhard: Die Leut werden sich verlaufen ohne Hunger und Sterb. Die denkwürdige Prophezeiung eines Waldhirten namens Stormberger. Manuskript einer Sendung des Bayerischen Rundfunks, 6. Jan. 1976

Hirtreiter, Franz Xaver: Der Mühlhiasl und das große Weltabräumen. In: Straubinger Tagblatt, sechs Folgen, 10. 3. bis 14. 4. 1984

Hirtreiter, Franz Xaver: Mühlhiasl, der Waldprophet. In: Straubinger Tagblatt, sechs Folgen, beginnend am 9. 3. 1987

Hübscher, Arthur: Das Rätsel des Waldpropheten. In: Unser Bayern, Heimatbeilage der Bayerischen Staatszeitung, 1953/5

Kapfinger, Hans: Die Stormberger-Prophezeiung des Mühl-Hiasl. In: Passauer Neue Presse, 31. Dez. 1947

Karl, R.: Auf den Spuren des Waldpropheten Mühlhiasl. In: Passauer Neue Presse, Juli 1960

Landstorfer, Johann Evangelist: Ein Zukunftsseher aus Großväterzeiten. In: Straubinger Tagblatt, 28. Feb. 1923

Landstorfer, Johann Evangelist: Derselbe Titel in: Altöttinger Liebfrauenbote, Juni 1923

Neumeyer, Hermann: Waldprophet Mühlhiasl im Spiegel der Forschung. In: Heimatglocken, 11. Jahrgang, Nr. 14, Passau 1959, 2. Julifolge

Peinkofer, Max: Mühlhiasl, der Waldprophet. In: Süddeutsche Sonntagspost 1949, Nr. 31

Pflieger, M.: Der Prophet aus dem Walde. In: Niederbayerische Nachrichten, 2. April 1948

Retzer, Wugg: Der Mühlhiasl. In: Landshuter Zeitung, Beilage zu Nr. 25 vom 22. Juni 1929

Schrönghamer-Heimdal, Franz: Was der Waldprophet geweissagt. In: Bayerische Heimat, Unterhaltungsblatt der Bayerischen Zeitung, 13. Jahrgang, München 14. Oktober 1931

Schrönghamer-Heimdal, Franz: Der Waldprophet. In: Monatszeitschrift »Der Armenseelenfreund«, Donauwörth, Juli 1932

Schrönghamer-Heimdal, Franz: Was der Waldprophet geweissagt. In: Unser Blatt, München 1934, Nr. 5 11/14

Seewald, Peter: Der Erdball wird schlingern. Apokalypsen in Niederbayern. SPIEGEL Nr. 46, Hamburg 10. Nov. 1986

Sigl, Rupert: Die Weissagungen des Mühlhiasl. In: Der Bayerwald 1969/1

Sigl, Rupert: Die Mühlhiasl-Weissagung schon überfällig. In: Straubinger Tagblatt, sechs Folgen, beginnend am 26. August 1969

Sigl, Rupert: Der Streit um die Mühlhiasl-Weissagungen. In: Altbayerische Heimatpost, Nr. 20, 1974

Sigl, Rupert: Der Mühlhiasl vor und nach Tschernobyl. In: Kötztinger Zeitung, fünf Folgen, beginnend am 23. Mai 1987

Sigl, Rupert: Das Mühlhiasl-Kreuz und das Kreuz mit dem Mühlhiasl. In: Straubinger Kalender 1989

Westermayer, Heribert: Die 100 Jahre alte Prophezeiung eines Hundertjährigen. In: Der Bayerwald, Dez. 1932, S. 183 f.

Westermayer, Heribert: Der Mühlhiasl hatte das Zweite Gesicht. In: Bunte Illustrierte, Nr. 52/1969

Wolzogen, Ernst von: Die Verkündigung des Waldhirten. In: Berliner Tageblatt, 1. Dez. 1931

Zöllner, Johann Nepomuk: Der Mühlhiasl von Apoig, ein vergessener niederbayerischer Prophet. In: Gäu und Wald, 1930, Nr. 4

Zöllner, Johann Nepomuk: Stormberger am Kreuzweg. In: Herrgottswinkel, Beilage zum Straubinger Tagblatt 1930, Nr. 29 (Wiederholung vom Bayerwald 1929, S. 8)

Archivalien

Bayerisches Staatsarchiv Landshut: Klosterliteralien Windberg fasc. 838

Diözesanarchiv Passau: Pfarrarchiv Zwiesel, Kirchenbücher ab 1721
Bayerisches Hauptstaatsarchiv München: Plansammlung Nr. 5812–5814 (Die Glashütten des Landkreises Regen)
Diözesanarchiv Regensburg: Kirchenbücher der Pfarrei Hunderdorf ab 1740
Stormberger-Archiv, Waldmuseum Zwiesel

Weitere benützte, erwähnte oder zitierte Literatur

1. Bücher

Backmund, Norbert: Kloster Windberg, Studien zu seiner Geschichte. Windberg 1977
Billinger, Richard: Rosse/Rauhnacht, zwei Dramen. Leipzig 1931
Biberger, August: Scheichtsame Gschichten um Rachel und Lusen. 1. Auflage München o. J., 2. Auflage Grafenau 1969
Dick, Uwe: Sauwaldprosa, München 1976 f.
Fruth, Josef: Über dem Urgrund der Wälder. Bilder, Grafik, Lyrik, Prosa. Grafenau 1970, 1975
Grueber, Bernhard und Müller, Adalbert: Der bayerische Wald (Böhmerwald). Regensburg 1846
Koeppel, Reinhold: Reinhold Koeppel, herausgegeben und eingeleitet von Walter Boll, mit einem Beitrag von Siegfried von Vegesack. Kallmünz o. J.
Kristl, Wilhelm Lukas: Und morgen steigt ein Licht herab. Vom Leben und Dichten des Heinrich Lautensack. München 1962
Kubin, Alfred: Mappe »Stilzel, der Kobold des Böhmerwaldes« (nach Watzlik). München 1930
Kubin, Alfred: Ausstattung des Dramas »Rauhnacht« von Billinger. München 1931
Kubin, Alfred: Dämonen und Nachtgesichte. Eine Autobiographie mit 24 Bildern. München 1959
Lautensack, Heinrich: Unpaar, Erzählung (Illustrationen Alfred Kubin). München 1926
Link, Robert: Waldlerisch gsunga, sieben Bände. Grafenau 1952 bis 1969

Matheis, Max: Bayerisches Bauernbrot. 2. Auflage München 1941, alle weiteren Auflagen Grafenau
Meier, Emerenz: Gesammelte Werke in zwei Bänden, herausgegeben von Hans Göttler. Grafenau 1991
Peinkofer, Max: Werke in drei Bänden. Passau 1977 bis 1982
Rilke, Rainer Maria: Sonette an Orpheus. Inselbücherei Nr. 115, 1946
Schematismen des Erzbistums München und Freising sowie der Bistümer Passau und Regensburg
Schrönghamer-Heimdal, Franz: Gleich und ungleich, Kurzgeschichten (Nachwort Reinhard Haller). Grafenau 1981
Stifter, Adalbert: Der Hochwald. In: Studien, Bd. 1,4 der Historisch-Kritischen Gesamtausgabe. Stuttgart, Berlin, Köln, Mainz 1980
Watzlik, Hans: Die Abenteuer des Florian Regenbogner. 1919, Grafenau 1969
Watzlik, Hans: Stilzel, der Kobold des Böhmerwaldes. 1926
Zeitler, Walther: Vom Eisernen Hund zum Trans-Europa-Expreß. Eisenbahnen im Bayerischen Wald – gestern und heute. Grafenau, 2. Auflage 1974

2. Aufsätze

Bilgri, Anselm: München – lebenslange Liebe zum eigenen Stall. In: Abendzeitung, München 28. Nov. 1991
Bojarsky, Hannes: Globale Zerstörung durch unser aller Lebensstil, Leserbrief. In: Süddeutsche Zeitung, München 13. Dez. 1986
Eibl-Eibesfeldt, Irenäus: Fremdenfurcht und Ausgrenzung. Das Schlagwort von der »Multikulturellen Gesellschaft«. In: SZ-Magazin, München Heft 6, 1992
Joffe, Josef: Brücken, die zu einem Gruselszenario führen. In: Süddeutsche Zeitung, München 8. Okt. 1991
Kaiser, Alfred: Stellarum Dominae stellatum templum. Ein Beitrag zur Ikonologie der Prämonstratenserstiftskirche in Windberg. In: Festschrift zum 850jährigen Jubiläum des Prämonstratenserstifts Windberg im Mai 1992. Windberg 1992
Moser, Dietz-Rüdiger: Wie katholisch war Mozart? In: Literatur in Bayern, Nr. 27. März 1992

Ochs, Robert: Kirchenträume erden. In: Bundesforum, Zeitschrift der Katholischen Landjugendbewegung Deutschlands, Nr. 9. Nov./Dez. 1991
Ritter, Klaus: Die sogenannte Liturgiereform. In: Fraktur, Magstadt 13. Okt. 1991 und Weihnachten 1991
Schütze, Christian: Klare Konturen der Katastrophe. In: Süddeutsche Zeitung, München 23. Jan. 1992
Sterzl, Anton: Der Papst als Mörder im Niemandsland. In: Münchner Merkur, München Silvester 1991/Neujahr 1992
Vormweg, Christoph: Unterwegs zu Hause. In: Süddeutsche Zeitung, München 5. Feb. 1992
Wehowsky, Stephan: Über den Aufstand der Natur. In: Süddeutsche Zeitung, München 17. Sept. 1991

Danksagung

Für vielfältige Unterstützung bei der Arbeit an diesem Buch sei Dank gesagt:
Ernst Faehndrich, München, Erwin Steckbauer, Zwiesel, Dr. Rupert Sigl, Straubing, Dr. Reinhard Haller, Frauenau, Georg Schneider, Apoig bei Hunderdorf, Ingrid Waschto, Straubing, Silvia Chatziioannou, Straubing, Peter Haimerl, Kötzting und St. Englmar, Franz Wanninger, St. Englmar, Max Sagstetter, St. Englmar, Josef Fruth, Fürsteneck, Johann Gruber, Regensburg.

Abbildungsverzeichnis